WARHAMMER 40,000

黑暗帝国 2
纳垢战争

DARK IMPERIUM PLAGUE WAR

［英］盖伊·哈雷 著 韩之昱 译

浙江科学技术出版社

English version originally published in Great Britain in 2018 by Black Library.

Games Workshop Limited, Willow Road, Nottingham, NG7 2WS, UK.

Cover illustration by Igor Sid.

This edition published in China by Zhejiang Science and Technology Publishing House in 2021.

Copyright © Games Workshop Limited 2017.

This translation copyright © Games Workshop Limited 2018.

Translated and used under licence by Zhejiang Science and Technology Publishing House. All rights reserved.

Dark Imperium: Plague War © Copyright Games Workshop Limited 2018. Dark Imperium, GW, Games Workshop, Black Library, The Horus Heresy, The Horus Heresy Eye logo, SpaceMarine, 40K, Warhammer, Warhammer 40,000, the 'Aquila' Double-headed Eagle logo, and all associated logos, illustrations, images, names, creatures, races, vehicles, locations, weapons, characters, and the distinctive likenesses thereof, are either ® or TM, and/or © GamesWorkshop Limited, variably registered around the world. All Rights Reserved.

No part of this publication may be reproduced, stored in a retrieval system, or transmitted in any form or by any means, electronic, mechanical, photocopying, recording or otherwise, without the prior permission of the publishers.

This is a work of fiction. All the characters and events portrayed in this book are fictional, and any resemblance to real people or incidents is purely coincidental.

本书英文版由 Black Library 于 2018 年出版

Games Workshop Limited，地址：Willow Road, Nottingham, NG7 2WS, UK.

封面插图：Igor Sid

本书中文版由浙江科学技术出版社于 2021 年出版

Copyright © Games Workshop Limited 2017.

This translation copyright © Games Workshop Limited 2018.

浙江科学技术出版社可在授权下翻译与使用。

Dark Imperium: Plague War © Copyright Games Workshop Limited 2018。黑暗帝国、GW、Games Workshop、Black Library、荷鲁斯之乱、荷鲁斯之眼标识、星际战士、40K、战锤、战锤 40,000、"天鹰"双头鹰标识、以及所有相关标识、插图、图像、名称、生物、种族、载具、地点、武器、角色及其中的特色同类物，所有带有 ®、TM、以及 © Games Workshop Limited 的标识均为在全世界注册的商标或为 Games Workshop Limited 版权所有。

未经许可，不得将本书任何部分以任何形式复制、存储在某个检索系统中，也不得以任何形式或手段，包括电子、机械、影印、记录或其他方式，传播本书的任何部分。

本书为虚构作品。书中人物、事件均为虚构，如有雷同，纯属巧合。

WARHAMMER 40,000

导　言

　　这是人类历史的第四十一个千年。自从原体荷鲁斯转向混沌，背叛了他的父亲帝皇，将银河推入毁灭内战以来，一万年的漫长岁月已经过去。

　　在这一百多个世纪里，帝国承受着异形入侵、内部纷争，以及亚空间黑暗诸神包藏祸心的注视。帝皇在泰拉的黄金王座上纹丝不动，犹如一座对抗邪恶之力的灵能堡垒。唯有他的意志，才能保持星炬明亮，将帝国联结在一起。但在这漫长的时间中，帝皇从未开口说过只言片语。失去了他的指引，人类已经偏离了开明的道路。

　　昔日奇迹时代的光辉理想，已枯萎死亡。在这个时代的生活是一场悲惨的厄运，人们最大的奢望，只不过是在奴役折磨中苟且偷生，一场痛快的死亡被视为最仁慈的结局。

　　随着帝国无法逆转地衰落下去。原体荷鲁斯的最后一个真正的子嗣阿巴顿，如今已取代他成为战帅。阿巴顿数千年来酝酿的一个宏伟计划终于到达了高潮，大裂隙横贯整个银河，撕裂了现实空间，释放出前所未闻的力量。在许多个世纪的英勇斗争后，人类的末日似乎终于要降临了。

　　一道苍白的光芒刺破了黑暗。原体罗保特·基里曼被异形巫术和神秘科学的力量从死亡般的沉睡中唤醒。他返回泰拉，决心纠正这可怕的危局，彻底击败混沌，并重新启动帝皇为人类制定的大计划。

　　但是首先，他必须先拯救帝国。银河如今已被一分为二。在一边，是帝国圣域，虽被围困，但仍誓死反抗。另一边，则是帝国暗面，被视为已沦陷在永夜之中。为了夺回帝国并恢复它的荣耀，一场伟大的远征已经发起。全人类都已做好准备，迎接这一时代最激烈的对决。失败意味着毁灭，通往胜利的道路上只有战争。

　　这是不屈远征的时代。

故事简介

银河的衰亡末世已经降临。卡迪亚沦陷，在混沌的猛攻下遭到毁灭。亚空间出现了巨大的裂缝，从深处涌出恶魔与旧日暗夜的恐怖。

但希望仍未全部逝去……一位久违的英雄昂首归来，与他并肩而至的是重生的极限战士们的怒涛。罗保特·基里曼挺身而起，发起了一场自从帝皇传说时代以来从未有过的宏大远征，带领帝国走出黑暗。

但是，灭世之力以史上空前的规模聚集，没有方寸安全之地可以逃过劫数。从可怕的天灾群星中出现了瘟疫之父纳垢的大军，它们生满脓疮的眼睛直盯着马库拉格。随着不屈远征的进行，基里曼将奔向奥特拉玛，与死亡守卫展开激斗。

目录

1	第一章	帝国新纪元史
13	第二章	行商浪人
19	第三章	新星战士
27	第四章	被召唤的古加斯
40	第五章	提洛斯之围
53	第六章	泰丰斯的挑战
66	第七章	马库拉格之耀号上的一夜
78	第八章	噩梦的本质
89	第九章	加拉坦出动
97	第十章	向行星前进
105	第十一章	莫塔瑞恩的神殿
112	第十二章	反应堆核心
124	第十三章	圣徒与罪人
133	第十四章	血肉之路
139	第十五章	解　救
150	第十六章	帝皇保佑
158	第十七章	帕梅尼奥的集结
166	第十八章	突袭加拉坦

目录

第十九章	查士丁尼的战争	176
第二十章	奥伯龙军团行进	184
第二十一章	十字堡第二门防御战	202
第二十二章	帝皇的意志	213
第二十三章	基里曼现身	225
第二十四章	英雄折戟	235
第二十五章	世界的命运	243
第二十六章	无生者	252
第二十七章	帝皇的计划	261
第二十八章	亲缘关系	277

第一章
帝国新纪元史

一团微弱的光透过深邃的黑暗，在光滑的蓝色大理石板上投下明灭不定的苍白光圈。这些大理石板，采自某个多年前早已化作废土的世界。反重力马达发出的嗡嗡声在这座寂静的废弃大厅中响起，但这响声还是无法驱散笼罩着大厅的漫长岁月的沉寂。那提灯就像烛火般暗淡，被铁质灯架遮挡了大半光线，携带提灯的那颗伺服颅骨的斜度更缩小了照明的面积。但在如此微弱的照明下，大理石板上依然反射着斑驳的金色闪光。随着伺服颅骨从它上方飘过，地板犹如苏醒般在灯光下反射出星云般的壮丽色彩，随着灯光离去又再度陷入黑暗之中。

一个孤单的人影在提灯下移动，偶尔被灯光完全笼罩，但大多数时候它只是光照边缘的一团光影交错的组合。粗劣土布长袍的兜帽覆盖着他的头部，麻绳编织的凉鞋随着灯光坚定地迈出步伐。光圈所及的面积虽小，但他的足音回声显示出此地空间极为巨大。就算有人看到他，也不太可能会留意他。他是一名国教牧师，除此之外少有其他特征。对一名粗心大意的观众而言，当然不会发现这名修士正是帝国摄政麾下的战争使徒。他并未身着和佩戴符合他职位的锦缎华服和珠宝饰品，因此并不让人觉得尊贵。但战争使徒对此毫不在意。在他心中，以及那些他用帝皇的祝福来拯救的可怜人们的眼中，他只是马蒂厄。

马蒂厄是一位充满信仰的人。他本以为星际战士们全无信仰，对帝皇神性的真正威严视而不见，然而，这座墓地纪念堂大厅却笼罩着圣洁的气氛。

为此，马蒂厄很喜欢这个地方。

墓地纪念堂的沉寂是如此彻底，孤独感是如此透彻，不要说牧师凉鞋的声响与伺服颅骨飘过的嗡鸣，甚至就连推动马库拉格之耀号穿越亚空间的巨大引擎发出的背景噪声，也无法侵入这片静谧之中。这艘船的其他地方都喧嚣吵闹，偶尔狂暴巨响，偶尔声音轻柔，但始终伴随着隆隆的引擎运转声，唯有牧师此时行走之地例外。这座寂静的古代大厅抗拒着喧哗。甚至连时间本身，在这片领域内也要屏息轻声。

自从逃脱大漩涡以来，马蒂厄就经常在空闲的日子里来漫步探索这座大厅。这里唯一的醒目特征，是簇拥在大厅边缘的众多雕塑。它们并非三三两两零星排布，在周围留出供人们通过和瞻仰的空间；它们也并未安置在壁龛中，用作装饰或是用作纪念。恰恰相反，它们是成群密集的石像，队列长达十多米，每个都是披挂着古代式样铠甲的阿斯塔特。过去它们或许被小心照顾，但如今已并非如此。越是深入大厅，它们的排列就越是杂乱无章。当红海盗们夺取这艘船时，他们充满恶意地疯狂破坏了靠近大门的那些雕像。但还有许多雕像完好无损，仿佛那些变节者在将此地彻底摧毁之前，怒火就已经平息了。马蒂厄觉得这里有一些破坏是很早之前留下的。举个例子，在一处被丑陋地修补过的墙面周围，随意堆放着许多雕像残肢。这表明古时候这里的船体就曾经被攻破过。他猜测这些雕像早在红海盗们进入大厅大肆破坏并撤退之前就已经损坏了。或是被漫长的岁月所磨损和摧毁。

早在马蒂厄出生前一万年，这些雕像所纪念的战士们即已去世，还可能是在帝皇创立帝国的那些战争中牺牲的。如此不可思议的漫长年月，甚至令人难以理解。当年那位曾带领这些死者们作战的英雄人物，如今却再次指挥着这艘战舰。

想到自己侍奉的是帝皇的一位儿子，马蒂厄便不由得头晕目眩。即使已经发生过那么多事情，目睹了那么多情景，他还是很难相信这个现实。

马蒂厄在黑暗中停下，面对着一群拥挤在一起的雕像。白色的石块在昏暗中显得发灰。他有个可怕的念头，仿佛雕像们都活了过来，聚集在一起堵住他的去路，犹如一个因受亵渎而愤怒的鬼魂方阵。马蒂厄抛开自己的胡思乱想，努力忘掉从背后升起的一股恐惧寒意。他只不过是走偏了路而已。在这样一个边长约八百米的大厅里，迷路是很正常的事。

伺服颅骨的前额上刻着大大的 HV 字母，但马蒂厄只用 V 这个字母来呼唤它，因为他不忍心想到它的本名。

"V。"马蒂厄说。他的嗓音清澈而强劲，好像能斩断阴影，驱散黑暗。马蒂厄年轻、消瘦，算不上相貌威严，但他的嗓音令人印象深刻。这是一件比他挂在左腿旁的手枪或是比他在战场上使用的链锯剑都要更加强大的武器。在前来听他讲道的会众面前，这声音响亮且威风凛凛；在为逝者哀悼时，这声音又变得轻柔低回，仿佛是严冬森林的深处传来的银铃声，清澈、明快而又悦耳。

V播放出一个单调而沙沙作响的电子音表示确认。

"抬高一点五米，升起提灯，从左到右移动。"

颅骨的马达摆动起来，它升入纪念堂的高空。光芒远离了马蒂厄，转而照亮他周围的那些雕像。许多石质脸庞从黑暗中涌现，就像是急于抓住机会想让人记住它们，但随着V的转向又迅速被黑暗吞没。马蒂厄的恐惧感一瞬间又涌上心头。直到V那苍白的灯光照到了一座不知什么年代的星际战士连长雕像，他才认出自己身在何处。那座连长雕像的手臂在齐肘处被折断，马蒂厄记得这座雕像。

马蒂厄宽慰地松了口气："降至初始高度。向下旋转提灯，照亮我的前方道路。行动！"

V用支离破碎的电子音表示了服从。让信号音乐化的行为实在是太过虚荣，但这个劣质的发声元件至少已经是第五手货了，就像V的其他部件一样都是捡来的回收品，过度使用已经损害了它的音律。

"继续前往隐修室，快点！我已经没多少时间来做这项工作了。"

V斜飞着转了一圈，向前移动。马蒂厄加快了脚步。

阿斯塔特修士们假装蔑视信仰。国教教会也很清楚他们并不把帝皇看作是神灵。马蒂厄早在被基里曼传唤时就已亲身体验过了，但真相并非如此简单。在这艘船上有许多座神龛，上面精心装饰着代表死亡的图像，内部盛放着英雄们的骨骸，其装饰之浮华，足以和国教的那些保管最受推崇的圣徒遗体的圣骨箱相媲美。尽管极限战士们并不敬神，他们依然有很坚定的信仰。在否认国教信仰的圣堂里，那些戴着骷髅面具的牧师们一口咬定帝皇与原体具有人类的本质。但除了名义上之外，他们在各方面都把帝皇与原体视若神明。引导他们追求荣誉、尽守职责和服从命令的，其实只是狂热的献身精神。

在他们的行为当中，有一种故意视而不见的成分。马蒂厄心想。

阿斯塔特修士们对罗保特·基里曼的态度近乎敬畏。从一开始，基里曼就已告诫马蒂厄，他不应该被崇拜，因为他不是神之子。马蒂厄见识过当有人不听从原体的话时，原体会变得多么愤怒。而他的那些不信神的子嗣们簇拥着基里曼时，却根本无法掩饰自己对他的狂热。

马蒂厄按照命令行事。他装作认同基里曼对自身的看法，但他和原体的轻松日常交流其实大部分只是在演戏。在内心深处，马蒂厄真诚地崇敬原体。

这艘巨大的战舰在不久前才回到基里曼的手中，但战争使徒杰森很快就在基里曼宫殿尖塔中占据了一小块地方，杰森给自己安排了一个适合自己身份的豪华套房，并将其中最大的一个房间改造成了帝国国教的圣堂，不过他现在已经去世了。那是个华而不实的场所，过分强调财富和影响力，而非虔诚。马蒂厄尽力把它变得更加朴素。他移走了某些低俗的器具，把里面古代大主教们的雕像换成了他喜爱的圣徒雕像。在祭坛上方，曾经有一尊手持宝剑高傲挺立的帝皇雕塑。马蒂厄换上了一尊表现帝皇奉献的雕像：一具被黄金王座束缚着的痛苦干尸。马蒂厄选择这个主题，是因为它更能表现帝皇为人类做出伟大牺牲的光荣。帝皇为人类的奉献牺牲，比他身为战士、统治者、科学家或是先知的那些行为要宝贵得多。马蒂厄总是试图以帝皇的奉献为榜样，放弃一切能给他带来舒适的东西，去帮助那些受苦受难的大众。

战争使徒的圣堂已被包括杰森在内的神职人员的虚伪所玷污。马蒂厄更愿意在船员们的那些油腻肮脏的教堂里传播信仰，就像那些船员们遭受红海盗的奴役时，马蒂厄秘密地为他们举行仪式一样。之所以还留着那座圣堂，仅仅是因为人们觉得战争使徒应该拥有那样一个场所而已。他很少会在那里做祈祷。

为了他自己的奉献，他往下来到这座被无信仰的人们修建的荒废的宗教纪念馆。在这座大厅的背后，有一间小小的骨骸室，战死的英雄们的头骨在那里被浇铸在一起，排列成可怕的图形。当马蒂厄发现那个地方的时候，厚厚的灰尘已经覆盖了所有的装饰。可见很长时间都没人来这里了。

在那些死去的超级战士们空洞眼窝的注视下，他安放了一座简易的木制祭坛，在祭坛上也同样放置了表现帝皇奉献场景的雕像。就像在其他任何圣所一样，在周围摆放了更小一些的九位忠诚原体的雕塑。代表罗保特·基里曼的雕像比其原体的要大三倍。马蒂厄向帝皇和他的复仇之子跪拜行礼，如果真正的基里曼知道他做这种事的话，保准会直接赏他一发爆矢枪。

他向雕像跪拜祈祷了片刻，先是帝皇，然后是帝皇其他的儿子，最后则是基里曼。随后马蒂厄起身，从一个巨大的弹药箱里取出三十六根蜡烛，放置在环绕房间边缘的上百个支架上。等到所有蜡烛都已插进铁尖之后，他打着了一个小小的钽素打火机，用火焰将灯芯一个个点燃，每一次都庄严地低声祈祷。

"帝皇庇佑着你们，"他说，"帝皇庇佑着你们。"

每一根蜡烛都代表了来自某处的一个卑微的祷告，来自那些组成了帝国民众主体的默默无闻的普通人。每当有人向他祈求光明的祝福时，无论对方身份贵贱，马蒂厄从未拒绝，而是承诺为他们的请愿点亮一根蜡烛。哪怕在一艘星舰这个小小的世界里，都有那么多的恳求和那么多的痛苦，就连他自己都无法确信能一一倾听。最后，正如他的执事们坚持要求的那样，马蒂厄只能让他们也帮助自己去倾听人们的诉求。马蒂厄一向拒绝使用仆人或是机仆，因此他对自己如此轻易地使唤执事们去做事而感到苦恼。他从未想过自己有一天也会变得像其他高级神职人员一样，身边带着成百上千的跟班随从，他害怕自己因为迈出了这一步，也会逐渐改变自己。

当马蒂厄发现自己对使用仆从习以为常时，他进行了忏悔，并将自动鞭挞器开到最大功率来鞭打身躯。狠狠地责罚了自己后，马蒂厄便着手将这个地方改造为自己的隐修室，他徒手清扫，擦洗地板，手工制作信仰所需的器具。完工之后，他在架子上的所有蜡烛旁又摆上了同样数量的蜡烛，来表示自己的诚意。这样一来，每个迷失的灵魂都会有两根蜡烛为他们而点燃，其中一根代表马蒂厄的仆从们，另一根代表他自己。

在他刚进来时，隐修室里一片黑暗。每次马蒂厄离开时会熄灭所有的蜡烛，而当他再次回来时又点燃它们，直到旧的蜡烛燃尽才会放上新的蜡烛。而且，每次都会有更多的蜡烛需要放置。

"基里曼大人因为我的谦卑而选择了我。"他告诉自己，并用一只坚定的手握着钽火点燃每一根蜡烛。而他的另一只手则用力紧握，在烛光下能看见他的指节都捏得发白。他的自动鞭挞器正以轻微痛苦程度的设定功率运作着。马蒂厄用这痛苦来警醒自己的躯体，将他自私的想法清除出去："啊，帝皇，不要让我在这个职位上迷失了自己。不要让我低贱到忘却了您的慈悲和您给我的使命。让我远离自负。让我一心一意。让我帮助基里曼大人认识到您的光明本质。帮帮我。啊，人类之主，请让我达成您赐予我的使命。"

一个小时后，马蒂厄的忏悔结束了。他从长袍中取出一件至圣导航器，让它找出泰拉可能所在的方位。虽然他不知道这东西在亚空间是否还管用，马蒂厄还是按照导航器的指示，向人类祖先家园的方向跪拜行礼。帝皇正在那里经受着庄严的痛苦。

结束了。他起身走到书桌前。

马蒂厄点燃了安放在一对颅骨凿开的头顶处的六支大蜡烛。它们都是在混沌的侵袭中殉教的无名信徒的尸骨。马蒂厄感谢它们提供了驱散黑暗的光亮，随后坐下打开了放在书桌上的皮革书本。这本书的纸张乳白光滑，比他过去用过的任何纸的质地都要好。这是他身为原体的一件工具所能得到的福利之一。这个本子的标题页上写着"大瘟疫战争记"。马蒂厄翻着书页，浏览那些他已经写完的章节，里面的插图还是很简陋的草图。在把他的思想记录到这部历史书中之前，马蒂厄在廉价小册子上一遍一遍地重写修改，直到他认为已经准备好正式誊抄了为止。今天是一个重要的日子。他著作的下一个部分已经完成，他可以为后人书写下来了。

基里曼对他要求甚少。正如马蒂厄的看法，战争使徒确实只是一个政治喉舌。有时他被召唤去向原体提供如何应对教会的建议，或是向人群发表雄辩布道。不过基里曼经常会大幅修改马蒂厄要发表的布道辞。

在业余时间里，马蒂厄会去做那些侍奉帝皇的宗教行为。正如在马库拉格之耀号被夺还之前他所做的一样，马蒂厄会在工作的战团仆从和船员们中间分发救济品或药品，并给他们带去心灵的慰藉。在下层甲板的小教堂里，他讲述着帝皇的慈悲。尽管极限战士们很讨厌公开的宗教崇拜，使得舰队的底层人员为之气馁，但哪怕是在红海盗们的死亡和痛苦的统治下，他们谁也没有放弃信仰。马蒂厄尽力安慰他们。对这些人的艰辛生活，马蒂厄深感同情。

除此之外，剩下的时间，马蒂厄用来写作。正如基里曼将所有的空闲时间都花在书房里，马蒂厄的创作或许有一部分是出于对神圣原体的拙劣模仿。但主要还是因为他认为，应该有一位信徒记录下罗保特·基里曼的作为，而不是让这一切历史埋藏在罕有人至的极限战士图书馆之中。

马蒂厄翻到了下一张空白页，打开了墨水瓶。他的目光离开书本，手指在纸上铺开，让自己平静了一会儿，清空杂念，让他的灵魂为这件圣洁的任务做好准备。随后他才拿起羽毛笔，将笔尖蘸入墨水中，一丝不苟地写下一个华丽的章节标题。

神圣的基里曼在艾斯潘多上对抗不洁之力的恐怖之物的辉煌胜利

马蒂厄缓缓写下这些字母，每一笔都加上了装饰性的花体。如果之后这些文字能够经得起他挑剔的目光，他还会在绘画上进一步加工，用精美的图画来装点文本。至于现在，马蒂厄只是轻描淡写地速写出他的一点灵感，方便以后将它们擦掉。等到标题全部写完后，马蒂厄考虑了一下是否要把他的名字作为这一章的作者写下来。他陷入了犹豫，最后做了决定，并在自己改变主意之前快速写下了名字。

叙述者为战争使徒——阿奎那托钵僧的马蒂厄修士，三阶见习牧师，亲身经历了这场战役。

刚写完这个句子他就为自己的虚荣后悔了。每次开始新的篇章时，马蒂厄都会有一次徒劳的内心挣扎。他很清楚随着时间流逝，这些文本会变得多么支离破碎，所以他在每一章的标题下方都放上了自己的名字。尽管他确实去过艾斯潘多，并且写下了自己的亲眼见闻，但其实没必要非得写出作者，更没必要解释作者是谁、有什么身份。他自己的事情绝非文章的重点，原体才是主角。然而，马蒂厄其实很渴望被人知道自己是作者。在这个句子里带有双重的自豪，既指出了他的尊荣头衔，又强调了他低微的出身，这样所有读者都会知道他取得了多么大的成就。

马蒂厄沉思了片刻，为他的自负请求帝皇的宽恕。他决定在写下战争的整个过程后，再抹去他的名字。这是个解决办法。他还会一次又一次经历这种仪式般的内心挣扎，直到全书结束，最后将自己的名字从所有篇幅中抹除干净。

让呼吸平静下来，以免干扰他的书写，随后马蒂厄开始了这篇文章。

在艾斯潘多，神圣的基里曼赶走了可怕的原体莫塔瑞恩的军队，但愿莫塔瑞恩为他的背叛永受帝皇惩罚！帝国摄政基里曼，在世神皇的最后和最虔诚的儿子，以强大的力量和智慧，统率大军对抗那些不可名状之物，终于将它们从艾斯潘多世界和它的附属行星上连根拔起。在邻近的星系间，基里曼势如破竹驱散了敌军的堕落星舰，解除了围困。艾斯潘多就这样完全解放了。在被收复的城市里，神圣的基里曼为他父亲的神庙遭到玷污而落泪。在瘟疫和战乱中，泰拉的臣民人数锐减，在艾斯潘多仅有十分之一的人活着回到了奥特拉玛之主、泰拉的统治者——神圣的基里曼的统御之下。

为了打垮恶魔与异端阿斯塔特一党的大军，原体在艾斯潘多连续战斗了十五天。他使用巧妙的策略，将敌军驱使到自己面前，彻底击溃了他们的军力，用自己的怒火将他们撕成碎片。原体运用闪电战和奇袭，将敌人各个击破。在佩里安德的尖塔群，他击倒了苛虐军团那些腐化的恶魔泰坦。恒格特留姆河被恶魔的脓血染黑，甚至要动用二十二位大主教的祈祷才能将其净化。在贝拉尼卡省、埃博拉省、艾罗塞拉省，敌军都被击溃和杀死。原体的进军是如此迅速而又可怕，无论是敌方的恶魔、凡人，还是不死的堕落军团战士，都陷入了混乱。在原体每次亲率军队冲锋时，他父亲的宝剑都在他手中发出明亮的火光。环绕并守护神圣的基里曼的那些天使和圣徒们，背后的光环熠熠生辉，以巨大的力量照亮了信徒们的灵魂，光芒所至，敌人的奴仆们如受重创。那些以绝望和无助为食粮的瘟疫之主的走狗们，终于发现自身也陷入了绝望。是的！它们的皮肤在圣光照耀下冒烟，它们的武器失去了力量，那些不该存在的恶魔引擎都变成了冒着蒸汽的碎片，它们全都永远被赶出了这个世界。

为了蔑视瘟疫之主，原体发起了七场战役，在第七次，瘟疫之主的力量降临了。第七场战役也成了规模最大的一场战役。

在每次战斗的开始阶段，基里曼都会大步走到他的军队面前，向敌人说出以下的话：

"我是原体罗保特·基里曼，我是帝皇的怒火！这些世界现在已在我的保护之下。尔等必将被赶走，被击倒，被全数杀死。尔等背叛泰拉的圣光，蔑视帝皇的慈悲，绝无可能得到宽恕！我警告尔等，立刻将我的兄弟、堕落原体和大恶魔、叛逆之首莫塔瑞恩带到我面前，让我逮捕并处死他，尔等党徒才能得到痛快一死的慈悲！"

我，战争使徒马蒂厄，知道这些都是真实的事迹，因我当时就伴随在神圣的基里曼身旁，在原体眼前为帝皇而战。

事实上，基里曼从未说过这种挑战式的台词，文中对原体实力的表现也有那么一点点的夸大。但马蒂厄很确信帝皇与他的儿子在并肩作战。他几乎都能亲眼看见帝皇。总有一天基里曼会明白他父亲的真实本质，并感谢马蒂厄将他引向了信仰之路。尽管马蒂厄写的文章或许不够精确，但他很确信那是真诚可信的。

这种小问题对他而言其实无伤大雅，但马蒂厄为另一件事开始感到不安。

他那可耻的自负竟然又浮出了水面。马蒂厄痛苦地咬着嘴唇，重读了一遍他描述自己的那些章句。他说他在那里战斗。马蒂厄几乎脱口喊出帝皇的名字。他心中的震撼更甚于被帝皇用那把发射镭光毁灭无数罪人的圣枪所击中。他确实在那里，但他只不过是微不足道的一个小分子。许多帝国的忠诚战士为进攻奉献了祈祷和炮火。他们的名字并未记录下来。为什么偏偏要记录他马蒂厄的名字？

不过，把他在这场战斗中的渺小作用记载下来当真是错得离谱吗？在许多圣徒传记里，叙事者向读者们分享了自己在圣徒身旁的所作所为。但不可否认，他也读过许多记载，其中并没有提及作者和故事之间的关系，这是不是因为这些作者让自己的谦逊占了上风，哪怕他们的行为其实比马蒂厄还要更伟大，他们也宁愿更尊重自己的作品主题。

马蒂厄涨红了脖子。他忍不住想要把最后的句子擦掉。他其实并不想记录这些内容，是自负和骄傲控制他的手写下的。

马蒂厄的笔悬停在那个冒渎的句子上方。他回忆起了一件事。在艾斯潘多那灼热的赤道上发生的冷却塔之战后，基里曼曾经对马蒂厄说过他打得不错。既然原体曾经赞许过他，难道他就没有权利来赞扬一下自己吗？哪怕只是一点点？

马蒂厄暂时搁置了这个问题。他有事需要去一趟下层甲板。他希望在动身前能结束手头上的事情。自动鞭挞器的快速一击让马蒂厄集中起精神。疼痛刚刚消退，他马上重新投入工作。书写的动作仿佛释放着魔力，令他全身心都融入了叙述者的节奏。

敌人的势力逐渐崩溃，但在艾斯潘多上并未进行决定性的光荣决战。只因敌人怯懦避战，宁愿改用疫病和绝望的静默方式对抗。在几百场孤注一掷的小型冲突后，他们最终被连根拔起。这场斗争肮脏而艰苦，让人感觉永无止境。除了帝皇最忠诚的仆人们之外，疾病和心灵腐化让其他人都付出了代价。但感谢帝皇的慈悲，恶魔大军并非无穷无尽。在这种作战方式下，艾斯潘多被一块一块夺回，最后只剩下零星成群的敌人还残留在艾斯潘多的神圣土地上。复仇大军用包围网将他们困在其中，并且定下了对这些残敌进行猛烈扫荡的计划。

原体对他的副手们下达了在艾斯潘多的最后一个任务。战争甚至将越过这座行星的天空。是的，包括了从塔拉萨到亚克斯，以及这些星系之间的所有空间。

睿智的基里曼大人向他的将领们说："单单一个人是不可能出现在所有地方的，但是他可以通过快速移动，投入他的全部力量来守护最虚弱之处。因此，我们要在对敌军的防御施加压力的同时，粉碎他们的补给线。只要这么做，我们就将取得胜利，再度净化奥特拉玛。"

说完后，他立刻带着麾下百分之八十九点三兵力的主力部队开始行动。在原体罗保特·基里曼大人的指挥下，他的大军从艾斯潘多凋敝枯败的森林中井然有序地出发，赶往可怕的混沌大军蜂拥聚集的帕梅尼奥。

这样写好多了。马蒂厄心想。这样的记录方式更加诚实。

当神圣原体开始航行时，亚空间正处在恐怖的风暴当中，巨舰亚达纳顿号带着全体船员消失了，其他船也被风暴吹散了。星炬之光暗淡明灭，甚至有一段时间被完全遮蔽，舰队已四分五裂。看啊！就连盖勒场的神圣领域也已被突破，恶魔们疯狂地进入了帝皇臣仆们的舰船，原体与他的子嗣和凡人们并肩作战，将亚空间造物逐出了他的旗舰。在他的鼓舞下，其他船的人们也同样成功赶跑了恶魔。

信徒们一边战斗，一边高声向帝皇祈祷，星炬的光芒也再度亮起，亚空间变得平静下来，恶魔们的残留痕迹被信徒们用赞美诗焚尽，很快所有的不洁之物都被清除，那些感染了非自然的疫病的人们也奇迹般恢复了健康，甚至垂死之人都站起身，伤口自动痊愈了！

我亲眼见证。我当时就在那里。

马蒂厄的表情有点扭曲。他的自负再度占了上风。这一回，他大幅提高了痛苦装置的力度，当鞭挞器被激活时他不由惨叫出声。

此后，在人类帝皇的旨意下，无垠的亚空间变得平静无波。原体的舰队及时赶到了距离帕梅尼奥星系不远的图森星系，在那里大家都松了一口气，那些原本被认为迷失了的船都已归来，损坏也大部分都修好了。

为了让舰队重新整顿，原体做了一系列的事务安排，并且宣布休整三个泰拉周的时间。

在第九天发生了一件可喜可贺之事。一百零一艘侍奉帝皇的舰船从亚空间赶来，遮蔽了天空。许多人类的忠诚子弟们仿佛不约而同地从帝国各处赶来。在这一巧合之下，基里曼的大军实力得到了大幅增强。借此契机，基里曼命令他麾下的全体星语者发出一条讯息——亚空间正在休憩，无须担忧混沌的干扰。原体吩咐星语者召唤所有能前来奥特拉玛相助之人。虽然已经有许多人带着武器和战争机器赶赴他的麾下，但原体还需要更多的战士，数以百万计的战士们承诺前来支援。

随后，他返回战略室，陷入长久的思索之中。

十个小时后，原体再次出现在大家面前。看！他的脸上带着胜利的希望，他的头顶环绕着闪耀的光芒："让我最好的星语者告诉他们在加拉坦星堡的手足，让加拉坦星堡前往帕梅尼奥首都世界的轨道上空，向不信帝皇之徒倾泻炮火。我确信用这种方式将能摧毁我的兄弟，破坏那不可名状的瘟疫之神的恶行。"

穿梭亚空间的通路顺利开启了，在全知的帝皇的光芒照耀下，舰队以整齐的队列驶向亚空间之海。

从图森前往帕梅尼奥只需要两个星期的航程，在亚空间中星炬之光强劲地闪耀着，途中经过的这片灵魂之海平静无比，甚至基里曼的座舰马库拉格之耀号的导航员从他的导航室走出来后，也带着惊奇的心情和信仰的目光，述说他在另一个地方的亚空间潮流上看到的景象：恶魔企图用潮水倾覆我方的船，将我们的灵魂从身体里带走，但天使们、圣徒们以及许多面黄金墙壁将潮水挡了回去。

在帝皇的护佑下，星语讯息顺利地从舰队传递到了加拉坦星堡。此时掌管星堡的是新星战士的战团长巴丹·多瓦罗。多瓦罗立刻接受了命令，但同时也致上真挚的歉意。星堡现在正驻扎在德罗尔，由于体积巨大而行动缓慢，被自身的重量所拖累。星堡上搭载了大量枪炮、搭乘着一支帝皇的大军，要让它从德罗尔移动到帕梅尼奥并非易事。复仇之子不愿一直等待，因此告诉多瓦罗要尽一切可能及早赶到，以帝皇的名义火速部署加拉坦的巨大的上古力量。

基里曼决意带领他的大部分兵力火速赶往帕梅尼奥星系的首都世界。敌军已齐聚该处。他必须从痛苦的死亡和灵魂的湮灭中拯救帝国的良善人民。在他的指挥下我们必将取得胜利，正如一切善男信女所知，帝皇将保佑我们。

第二章

行商浪人

马蒂厄放下了笔。他已经尽量长话短说。这次他没有提到太多他自己在艾斯潘多和周边世界的功绩。他没有记录下自己曾经高声祈祷放逐了恶魔。他没有提及他从五十米外打出的绝妙的那一枪，子弹打穿了一个瘟疫使者的独眼，在生死关头救出了一名寂静修女。他也没有提及他为垂死者们送去的祝福和安慰。他甚至没有讲述自己走入了死亡守卫们的毒雾，以及自己被他们的剧毒武器击中，然而竟没有被瘟疫感染的事情。

在其他任何情况下，他的行为都值得记载下来。但与原体的伟业相比，它们就不值一提了。马蒂厄很庆幸自己能生活在这样一个英雄时代。

"也许我不算太骄傲。"马蒂厄有些犹豫地告诉自己。

他浪费了太多功夫于内心纠结，时间已经来不及了。他还有必须要履行的职责。马蒂厄匆匆修饰了一下最后几个单词。让墨水风干了一会儿，合上了书本。

电铃声响彻了整艘船，这意味着五分钟后船上的几千名凡人船员将要进行轮班替换。他把书留在原处。没有人会来这里，而且他的作品也没有什么见不得人的地方。

说不定他其实希望有人来读一读？马蒂厄犹豫了一下，或许他应该把书藏起来。把书留在外面让人看见会不会过于自负？那么，把书藏起来是否又会因为他把这本书看得重要而显得过分虚荣？

马蒂厄思索着拍了拍封面，还是让它留下了。他还可以用祈祷和禁欲来弥补他的自负。等他下次再来墓地纪念堂，马蒂厄要再多点燃一百支蜡烛以表虔诚。

马蒂厄做完决定后，正准备起身要走，忽然感觉到后面轻响了一下，他不由转过身。

从一个黑暗的空置神龛里，亚辛莉·苏里曼亚那黝黑如午夜的脸庞探了出来。

"你坐在那里多久了？"马蒂厄喝问，心中涌起一阵怒火。像这样不知情地被人窥视，让他有一种赤身裸体和被侵犯的感觉。苏里曼亚是最恶劣的那种人，身为凡人却不相信帝皇的神性，她就是个异端。马蒂厄毫不掩饰对她的轻蔑。

"我比你早来十分钟。"她说。与马蒂厄的怒火形成对照的是，苏里曼亚微笑着，轻言细语回答。她从神龛中爬了下来，伸了个懒腰，往后靠在空神龛的基座上，每个动作都带着不拘小节的灵活感，利落直接。她很高，身材瘦削结实，显得头的比例比身体要大，脖子又太长，但她优雅的仪态使得这些缺点成了有魅力的特征。她柔若柳枝，仿佛一株享受着微风吹拂的弯曲小树。

既然已经现身，苏里曼亚激活了自己的电讯网络。在她脸庞周围闪烁的字符和大块的文本仿佛在宣告她正是行商浪人苏里曼亚家的一员。但她身上却穿着理性信史协会的制服。这个协会里的人其实是基里曼的密探干员，尽管他们本该是历史学家，马蒂厄却认为他们关注的事务早已超出了历史学的范畴。

"你到这里来干什么？"马蒂厄说，"这是我的隐修室。你这是在侵犯我的隐私。"

"这是基里曼大人的船。不是你的。"苏里曼亚回敬说，"你在指挥塔那里有宿舍。为什么要来这里？我知道你的套房里有写作间。"

"那么你是来这里刺探我的行踪？"

"刺探？"苏里曼亚大笑起来。苏里曼亚的家族基业所在的世界，是个经常被本星系的太阳暴晒的灼热行星。不断适应变化的人类基因唤醒了远古时代泰拉赤道地区的人类本能来保护自己，因此苏里曼亚的肌肤柔软而黝黑，黑到在柔光照耀下甚至有些发蓝。她那浓密的长发，此时在头部一侧编成了复杂的脏辫。头发要是披散开，就会围绕着头部全部竖立起来，就像一颗暗物质星球一样。苏里曼亚是个非常漂亮的女人。身为一名神职人员，马蒂厄关注的境界早已超脱了肉欲。但他还是被苏里曼亚的外表吸引，而且觉得苏里曼亚应该也知道这一点。马蒂厄静下心来反思，怀疑是否因为自己感受到了来自她的吸引力，才会产生这种憎恶。

"我看了你的书，马蒂厄，"苏里曼亚说。"我是个历史学者，所以对你写的内容很感兴趣。不过我还是得说，对我而言这本书的口味有点重。我更喜欢那种忠于历史的史书。"苏里曼亚以开玩笑的口吻说。在这个昏暗的室内，她绽放的笑容宛如一轮满月。

"我只是在讲述这场战役的真相。必须要有人为这场战争写一部符合国教信仰的史书，否则谁来鼓舞我们的信徒？"马蒂厄愤愤不平地说。

在苏里曼亚的腰间有个小生物，用八条腿爬上了她的胳膊。要不是那些腿上的灰色软毛与她那深蓝色的制服形成了鲜明对比，简直很难分辨出来是什么东西。就算那个生物有脑袋，马蒂厄也分辨不出到底在哪里。所有的腿都向下逐渐变细，最后都变成可以弯曲的锥形脚尖，这些脚尖偶尔被高高举起，在空中抽搐。

"宗教可不是真相。马蒂厄，那是最大的谎言。你的作品在教会学者当中会大受欢迎，但它过于肤浅，除此之外还有许多其他的缺点。"苏里曼亚补充说。她宠溺地给那只生物挠了挠痒，它发出含糊的声音蠕动了一下。"我的宠物完全不知道帝皇的事，也不知道黑暗诸神，更不知道什么叫宗教。尽管这一切力量都在摆布着它，但在它的世界里信仰毫无意义。你觉得有没有道理？"

"道理两个字和它没关系。不能因为你的宠物缺乏见识，就让你觉得生活里可以没有信仰了。"马蒂厄一边说着，一边从椅子上站起来面对着苏里曼亚，身体靠在书桌的边缘。但是他发现自己很难直视苏里曼亚的目光。她的表情很生动，眼神中闪烁着狡黠。"你有智识，它没有。你是可以理解神性的庄严的。"马蒂厄接着说。

"我可以理解现在宇宙正在被拥有巨大力量的存在所侵袭。但这并不意味着它们是神。"

"你既不承认帝皇的神性，又否认他的力量？"

"我可没这么说，"苏里曼亚说。她挺直了腰，让那只生物爬到她肩膀上，舒舒服服地趴在她的肩章上头。"事实上，你要是仔细思考了我的话，就会发现我说的完全是相反的意思。力量是很容易判断的东西。可是，我们的团体一直在钻研人类历史背后的秘密。有些更古老的智能物种对你称作神的那些事物的了解程度，要远胜于人类所知。确实曾有过一些非常强大的存在。但我并不认为那些东西是真正的神。"

"灵族就认为他们有所谓的神。"马蒂厄说。

"你要知道，我会说两种灵族的方言，"苏里曼亚说，"很少有其他人类能说得比我好。灵族词汇里的神，跟我们的语言中的神是不一样的。这个词可以用来指神，也能用来指代几十种其他东西。你不能一边说他们的神是'所谓的'，只有你的神是真正的，另一边又引用他们的神秘主义理论来支撑你的观点。哪有这么方便的事情！"

马蒂厄说："身为进化到生物顶点的人类，神性一直包围着我们。就算星际战士们拒绝承认，他们其实也能感受到神圣。这座大厅是多么宽广。我很肯定，除了最近一段时间外，在过去一万年中的大部分时间里，这艘船上都没有出现过数量足够多的极限战士。当我登上这艘船的时候，舰队几乎都要被战士们挤爆了，却依然没有人踏足此地。这里甚至都没有人来修缮一下。你想想，这是为什么？"

"洗耳恭听。"苏里曼亚说。

"敬畏、虔诚和对逝者的回忆。星际战士们有自己的宗教信仰。

苏里曼亚用她那修长的手指从嵌入墙壁的一颗星际战士头骨的巨大前额上划过："如果他是神，那么还有许多与他拥有同样特征的其他存在。就算有什么事物展现出了一个神能拥有的所有特质，也不代表它就是个神，更不意味着它就应该被崇拜。要真像你说的那样，我们所有人都应该向灭世之力的黑暗诸神们屈膝臣服了。"

"真是亵渎！"马蒂厄啐了一口，"你是个一文不值的异端。"

"以你的立场而言是这样。但从我的立场出发，你的神志不太正常。牧师，但愿你能在这艘船上找到能把我当作异端烧死的人。"苏里曼亚说，"我不否认帝皇很强大，也不否认他一直在关照我们，但这仅仅是超越物质领域的一种物理现象。无须你那呆板笨拙的嘟哝来解释，灵能领域是可以像科学一样被理解的。不过科学在这个时代也不怎么受欢迎就是了。"她低声补充了一句。

"信仰远比理性要更加强大。"

"一万年前的人类愚蠢地教导我们这件事。但这并不意味着信仰就是正确的。"她说，"有时你该听听原体的话。他教会了我许多事情。你应该会很高兴地知道，我曾经因为自己的信仰被判处死刑。哪怕我自己的家族也救不了我，幸好有基里曼从像你一样谴责我的人手中救了我。你不觉得这有一点点的讽刺吗？"

"是原体让你来监视我的？"

苏里曼亚假装吃惊地瞪大眼睛："那你觉得他为什么要做这种事呢？"

有的是理由。马蒂厄心想。

"你到这里来刺探和引诱我，是因为你觉得自己可以这么做。你不懂，苏里曼亚。我并不想对你处以火刑。我想尽力拯救你。"

"你也可能会用火刑的方式来拯救我，"苏里曼亚说，"对了，我做了什么让你觉得我引诱你？"她的目光让马蒂厄感到很不舒服。马蒂厄尽力让自己不要脸红。

"你让我为理性放弃信仰。"他回答。尽管这其实不是主要的诱惑，马蒂厄还是不敢接触对方的眼神："你一定很恨我。你想毁了我。"

苏里曼亚朝着他大笑起来。马蒂厄的害羞发酵成了愤怒，但当苏里曼亚走过来把她那精致的手放在他肩膀上时，愤怒的情绪又溶解成了难堪。在她的触碰下，马蒂厄那粗糙的僧袍仿佛也有了生命。

"我喜欢你，马蒂厄。真的，我想要了解你。你是个好人，但你的努力用错了方向。"

"你有完没完？"马蒂厄粗鲁地喊了起来，"时钟几分钟前就响过了。我侍奉帝皇的工作快要迟到了。那些刚轮班结束的人都已经精疲力竭，只盼着在睡觉之前能得到帝皇的一声祝福。我们眼下还有许多场战斗，但我认为这艘船上的卑微信徒们的精神需求远比战斗的荣耀更为重要。这是一场比原体的战斗还要巨大的战争，在每个男人、女人和孩子的心中展开的战争。你或许忘了，这艘船曾经落入敌手。他们的腐化或许还没有完全清除。我们必须时刻警觉。在这场战争的威胁中，我既是将军，又是士兵，还是装甲车和太空船。我决不能逃避我的职责。"

"你的职责是指监护原体的精神回归信仰？"苏里曼亚说，"你未免过于高估自己了。"

"他为此而聘用了我。"

"果真如此？"

"如果你认为我的工作毫无价值，去跟帝国摄政告状好了。"马蒂厄在她的无礼冒犯面前镇静自若。

"我并没有说你的工作毫无价值，"苏里曼亚说，"而且我很确定原体也不这么认为。他们只是用错了方向。"她重复了一遍刚才的话。

　　电铃声再度响起，三声鸣响标志着时钟到点了。随着整艘船的微微震动，数以万计的男人和女人们从持续一整天的残酷工作中离开，去进行四个小时的短暂休息。其他人则接替了他们的岗位。

　　"我必须走了，"马蒂厄说，"V，激活！"他离开苏里曼亚，匆匆收拾起他的著作。

　　休眠中的伺服颅骨哔哔作响地急忙启动。随着运转中的提示灯发出的旋转响声，颅骨歪歪扭扭地升到空中。

　　"像这样一直把自己的导师的头骨带在身边，让我总觉得你有点心理不正常。"苏里曼亚的目光追随着伺服颅骨。

　　这话实在太过分了，马蒂厄拼命克制住自己的怒火："这又有什么错！这只是对帝皇臣仆的尊崇，对她为我牺牲的一切的尊崇。"

　　苏里曼亚很感兴趣地侧了侧头："她？"

　　马蒂厄觉得自己说了太多不该说的话。他将历史学者抛在身后快步离开，V在他身后嗡嗡相伴。

　　苏里曼亚一直注视着战争使徒，直到他消失在黑暗之中。

　　"她。"苏里曼亚自言自语，指尖下意识地敲击着墙壁。苏里曼亚发现了一个敏感的弱点，尽管她现在并不想揭开它。苏里曼亚坐着沉思了片刻，随后突然起身。她按了按肩部的一个黄铜按钮，激活了内部的通讯装置。她接通了此地上方一百层甲板处的理性信史协会总部："请禀告基里曼大人，我想要尽快和他谈话。等我们的船脱离亚空间后我就得走了。"

　　不等回复，苏里曼亚切断了通讯。马蒂厄忘了熄灭他的那些蜡烛。随着苏里曼亚离去的动作，烛火轻微晃动，光影变幻，照见镶嵌在墙上的那些阴沉的头骨就像是在模仿活物般狰狞抽搐。

第三章

新星战士

　　整个银河中到处都是野心与战争的遗迹，有许多环绕着恒星的巨型建筑遍布着宇宙。某些建筑，已经是制造它的人们的最后遗物。其中有人造平台世界，有足以容纳十万个地球那么多的行星的空心巨球还有包裹着许多恒星的合金巨环；还有的建筑早已被破坏殆尽，化为闪闪发光的金属材质的人造小行星带。尽管有不少巨型建筑是为和平目的而建造，但百倍于此数量的其他同类都充当了战争的工具。

　　加拉坦是奥特拉玛的星堡当中最大的一个。它周长一百公里，居民数以百万计。它的工厂足以与月球的船坞相抗衡，它的武器装备足以匹敌一支帝国星区舰队。它大到足以自己组建奥特拉玛辅助军兵团，并且配备了一支数万人的特殊宇宙作战部队进行防守。自从瘟疫战争爆发以来，数百名星际战士和其他更秘密的特殊部队也补充进了这支大军。

　　加拉坦本身就是一个世界，拥有足以摧毁一颗行星的强大武力。它远比基里曼的属地中把守宇宙航路的其他五个堡垒强大。尽管近来泰丰斯在持续地消灭奥特拉玛的星际要塞，堡垒被摧毁的噩耗不断传来，但即使傲慢如他也还不敢把庞大的加拉坦作为攻击目标。

　　原铸星际战士查士丁尼·帕里斯正是被派往了加拉坦，派到了为原体守卫这座要塞的新星战团。

　　"此地是巨神峰。我们用它来纪念战团的英雄们。这里是荣誉星，是我们的家园。此地是巨神峰。向英雄们的雕像致敬吧，他们是我们的兄弟，正如我们是你的兄弟。"一个令人平静的温和声音在一个异乎寻常的高原场景上空响起。

　　查士丁尼站在一条山脉的平坦顶部。围绕着这片高原的其他山峰都已经被切除，人们不辞劳苦地在岩石上雕刻出了数以百计的五十米高的雕像，雕像的双脚都牢牢地固定在山石里。这些雕像都是高大而自豪的星际战士。最古老的那些雕像坏绕着高原的边缘排布，由于年代久远，它们铠甲边缘的锋利处都已经被侵蚀，脸庞也已分辨不清。最新的那些雕像则向中心延伸排布，但它们也已经受到了大自然的侵蚀。从这些雕像的外观来看，这条山脉从很早以前就已经被用于雕刻了。当所有的空间都被占用了之后，雕刻家们又会转到下一个山顶工作，一个山顶接着另一个山顶。

查士丁尼目之所及，所有的山脉都已经用这种方式雕刻过了。横飞的雨点在刺骨寒风中拍打着雕像。

每座雕像下方都蹲着一个年轻凡人，许多人背靠着自己的长矛休息。在光荣的雕塑投下的阴影中只能分辨出人们的轮廓。雷电偶尔照亮了他们，随后又再度将他们抛回黑暗之中。他们用凶狠的眼神注视着其他看守雕像的年轻人。

"他们是荣誉星上的部落民，为守卫雕像做出了巨大贡献。"查士丁尼头顶的声音说，"他们守望和保护着过去的英雄们。这是试炼的一种方式。他们都是自告奋勇接受这个职责的，如果当中有人因为困顿无法清醒地工作，就会有人来挑战他的位置。凭借这种方式，一个有潜力的志愿者将有机会逐步上升去守卫更高等级的英雄雕像。等级取决于年龄。等级也取决于勇气。服务得更久，服务得更好，你就将会获得更高的等级。你们以后也会像这样被他们纪念。此地是巨神峰。这里是荣誉星，是我们的家园。向逝者致敬！"

那些年轻人看都不看查士丁尼。他们只不过是数据里的幽魂，由沉思者和数据水晶生成，是查士丁尼的入团教程的一部分。或许，查士丁尼自己才是幽魂？他被这项技术带入了沉迷的状态。视觉效果真实得令人不安，他过去在被催眠时从未有过如此的体验。那些机器在他一万年的漫长生命中所植入的人造记忆，他回想起来感觉很真实，甚至他几乎无法把它们和真正经历过的记忆分清楚。不过，那些经历回想起来从来不是他的直接体验，只要查士丁尼仔细思考就能分辨出它们是虚构的。但这次不一样。查士丁尼感觉自己并不是在一个与外界隔绝的水箱里，而是真的走在新星战士的家园世界上。有人告诉过他，只要在这里待一段时间之后，他用不着进入水箱或催眠状态，就可以任意进入这种状态，与荣誉星的逝者们交流。牧师们称这种现象叫"新星之影"。

君士坦丁当时说，这听起来就像巫术一样危险。但对方向他保证，这只是一种利用星际战士的天赋和谨慎的冥想进行的精神训练。

他的心灵在彷徨，自身的记忆与机器产生的记忆搏斗着。在这种被催眠的状态下，他再度体验着这一切。另一层画面和声音慢慢将其笼罩。他眼前闪现出拉科斯大捷的那个夜晚，不屈远征军已宣布解散，他的编外之子的兄弟们都在等候命令。最让他难忘的是可怜的比亚德尼脸上的表情。他和远征军中其他的鲁斯之子们都被派去组建一个看守拉科斯星坑的新战团。那是比亚德尼最害怕的事情，他无法回到芬里斯的家了。

查士丁尼也同样回不了家园，但至少，这里离家园不远。他一度希望能被初创战团选中，想要荣耀地披上属于极限战士的蓝色。当时他用颤抖的手从压缩胶囊里取出命令状展开。文字内容很少，但意思很清楚：他将会加入新星战士战团，那是一个出自基里曼基因的著名的始祖战团，由一位伟大英雄创建。

但他们不是极限战士。

查士丁尼是奥特拉玛人，他倾心于极限战士的传统。而新星战士的文化对他而言是全然陌生的，怪诞而又神秘。极限战士的方式在这里被取代、改变，或是扭曲了，就像是一首熟悉的曲调，却被异国乐器演奏出来。

这段催眠录像的内容，是针对那些将要加入新星战士外派连的新兵。新星战团竭尽所能从寒冷荒凉的家园世界中招募所有人员，但它只是一个移动而分散的兄弟会组织。他们的主要战力已经远离要塞修道院好几个世纪，因此战团只得从外派部队当前所在的地方进行招募。

画面摇晃了一下。查士丁尼正在脱离这台机器所构造的虚拟现实。别人告诉过他，不，事实上是命令过他要集中注意力，但他没有。查士丁尼咒骂着，竭尽全力想要回到那个幻影世界。

当他再度把注意力投向催眠术的幻象时，他发现自己刚才卡在一座山脉脚下，山脉周围雕刻着大面积的整片浮雕，描绘着正在作战的新星战士们。浮雕的故事画卷从山脚盘旋向上升到山顶，最后的浮雕形象是一位古代的战团长一手举着断剑，另一手扬起拳头宣告胜利。

"让我们欣赏这光荣的全景。这里是荣誉星，所有世界当中最美丽的一个。"

那个声音说。

随着一阵比最艰难的战斗空降还要让人难受的颠簸，查士丁尼的意识被抛向上空。巨神峰渐渐变小，成了巨大的冲天山脉的一部分。这条山脉将这颗行星唯一的大陆——荣誉大陆分割为两半。从在群山环绕下人们居住的新星森林开始，雕像群向四面八方延伸而去。除了山脉的最远端之外，全都被重塑成了巨大的人像。整条山脉形成了一只硕大无朋的天鹰，对着群星张嘴嗥鸣。天鹰的每一片羽毛都硕大如同星舰，甚至在太空中都能分辨清楚。有一个区域专门用来雕刻出新星战士战团长们的半身像。半身像中最谦逊的是创始战团长卢克莱修·科尔武。或许一切都是从他的雕像开始，从一次致敬渐渐演变成了一个传统，人们执着于一次次的重复，到最后变得痴迷不已。在地表之下也是同样。荣誉星的山脉上遍布着深入地心的洞窟房间。这条山脉，曾经是新星战士的要塞修道院。自从战团创建以来，就一直在增加这里的空间，甚至容纳一百个战团也绰绰有余。

对查士丁尼而言，这种事简直浪费人力物力到了荒诞的地步。

荣誉星是一个由灰色、黑色和白色构成的世界，给人以单调和严酷的印象。荣誉大陆牢牢地占据了行星的西半球。雕像山脉的顶端覆盖着皑皑白雪。大部分陆地是不适宜居住的高原。褐色的沼泽和铺满碎石的荒原被黑暗的峡谷撕裂。从大洋上卷起巨大的风暴，残酷无情地不断旋转着扫过大陆。潮湿、寒冷、阴郁，这里比马库拉格还要像马库拉格。查士丁尼心想：这就是极端版本的马库拉格。新星战团恐怕正是因为这相似之处才选择了这颗行星。值得嘉奖的选择！这个战团刚创建时，肯定有一部分人很想保存他们家园的文化。但很可惜失败了。新星战士与他们的起源偏离得越来越远，直到变成了一件对极限战士的拙劣仿制品。

"这里是环海，我们的大洋。我们战团的新人有一种传统，就是潜入大海深处猎杀海怪来证明自己的实力。"

这片海洋漆黑如燧石。只有在大陆架上方，海水才呈现出另一种颜色。上百万条小河从陆地上掠夺走了最后一点肥力，冲刷进海洋形成泥炭般的棕色。环海上的波涛巨大到不可思议的程度，而海洋的寒冷又侵入骨髓。在这冰冷的水中仿佛有什么东西让它甚至比真空还要更加酷寒。一个机械教贤者或许会说这是由于水有导热性，而真空则是完美的绝缘体。陈词滥调！查士丁尼对这片大洋感到不安，是出于更原始的理由。那是一种远祖记忆，来自古代人类对早已从泰拉消失的海洋的恐惧。

星球两极的地方环绕着厚厚的白色冰盖，那些冰山，就像这颗令人生畏的行星上的所有其他事物一样壮观，它们就像一群大舰队般，碾过不断破碎的浮冰行进着。

"这里是荣誉星，是我们的家园。这也是你的家。我们现在再去看……"

可怜的比亚德尼！查士丁尼心想。在菲利克斯离开之后，他终于完全失控了。比亚德尼做了即使对鲁斯之子而言也极为恶劣的一次发泄，无论从破坏程度还是凶猛程度上。等他的暴力宣泄平息之后，鲁登斯号的兵营区不得不重新搭建一个食堂。

平心而论，我比他又好得了多少？查士丁尼心想。

他无话可说。

"够了！"查士丁尼开口了。这句话在水箱里带起了一个无声的小旋涡。查士丁尼扯掉覆盖了他整个头部的笨重设备。当那件装置从他脑袋边上漂过时，查士丁尼感到一阵来自磁感应场的眩晕，就像针扎在他大脑上般难受。

现在他漂浮在装满生理盐水的水箱里。他的多重肺呼吸着富含氧气的盐水，吐出一串气泡。外头有警钟响了起来。不悦的机械发出抱怨的鸣叫。

查士丁尼透过玻璃望去，在左右两边水箱里接受催眠的两名星际战士看起来也不怎么高兴。

他箱子里的水涌了出来，从地板上的栅格中流走。查士丁尼又湿又冷，仿佛荣誉星的恶寒也从机器影像中跟着他一起出来了。难道这就是成为一名新星战士的必经之路，从此永远背负这种寒意？

查士丁尼的精神还处在麻木状态，他沿着台阶爬出了催眠舱。这里共有十二个水箱和他的水箱排列在一起，每个里面都有一名被分配到新星战团的原铸星际战士正在接受催眠。他们中有好几个人现在属于他的小队，成为了他的兄弟，但查士丁尼之前都不认识他们。有另一个水箱也开着盖子。看来查士丁尼并不是唯一一个抗拒接受同化的人。

他很好奇那会是谁。

"帕里斯士官兄弟，下来吧。"奥雷斯蒂尼连长对他招呼。他和身边的沃尔·迪拉兹牧师都穿着全副铠甲。奥雷斯蒂尼没戴头盔，一道道文身图案从他的脖颈的铠甲软密封处一直延伸到咽喉最前端，又环绕着下巴边缘向上弯曲延伸至他的嘴角两边。沃尔·迪拉兹的脸则隐藏在牧师的头骨面具背后。和其他某些战团一样，这里的牧师从不向较低阶级的战士显露自己的面容。尽管看不见脸，查士丁尼还是能感觉到迪拉兹的不快。

查士丁尼下来走到他们面前。他赤脚踩在正在震动作响的钢甲板上。加拉坦星堡比任何一艘战舰都要强大许多倍，船体结构的每一次震动都传达出星堡反应堆阵列的运转力量。在经历了荣誉星上墓地的寂静之后，查士丁尼很乐于接受这里的活力。酷寒大理石世界的宁静，绝非他想要的环境。

奥雷斯蒂尼连长带着几分悲哀的神色，抬头望向他——查士丁尼要比他高一个头。从他的神态气质，查士丁尼很容易分辨出这位连长出生于荣誉星，那是一副每天都只能面对凄风冷雨的表情。

"机器坏了。"查士丁尼粗声粗气地说。自己做出的鲁莽行为让他心里更加生气。他挥手赶走了两名拿毛巾过来的身上戴着新星战士四方形纹章的机仆。查士丁尼想让这些水全都从身上滴下去，这样就能摆脱对那片黑暗大洋的记忆，就好像如果他太快擦干了水，那片黑海就会发怒并让他做噩梦。这个荒谬的念头始终在查士丁尼心里挥之不去。

他就像一条病狗般浑身剧烈颤抖了一下。

"你没有好好接受催眠，兄弟。"沃尔·迪拉兹说。他的嗓音就像奥雷斯蒂尼的脸庞一样悲哀，或许是面具上的通讯发声器带来的效果。"你不应该那样做。你必须了解你的新家园。你必须成为我们当中的一员。"

"我很抱歉，"查士丁尼说，"或许是因为我年纪太大了。或许我的大脑已经开发了太多区域，所以较难接受机器的灌输。"

"新星催眠器对任何大脑都可以正常工作，"迪拉兹说，"这些机器不只是用于我们的新兵，我们所有兄弟都会使用它。"

"那它针对原铸星际战士调整过吗？"

"是的，"迪拉兹说，"按贝利撒留·考尔的技术参数调整过。"

"考尔？"

"我们询问过，他给了回答，兄弟。"迪拉兹说。

查士丁尼被愤怒冲昏了头："但它没起作用！它……"

"我的兄弟，"连长温和地打断了他，"我能理解你的难处。刚结束了一场漫长的兄弟情谊，对谁都不是容易的事。"

查士丁尼的目光从牧师毫无表情的白骨头盔转到奥雷斯蒂尼身上。他明白自己应该控制住情绪，但是他做不到。

"你又能理解什么？你是个荣誉星人，生来就是一名新星战士。"查士丁尼的腔调变尖锐了。

"你最好控制一下自己的言论，兄弟。"牧师说，"你正在跟上级讲话。惹麻烦的人是你，不是我们。"

"不要这样，牧师兄弟。"奥雷斯蒂尼说。但他没有看战士神父，而是举起手，手指形成一个没有攻击性的松散握拳。那并不是握紧武器的手法，而仿佛是要捏住某种脆弱易碎的东西。"听我说，查士丁尼·帕里斯。我能理解，"奥雷斯蒂尼说，"我们有一个家园，荣誉星，我们的灵魂都留在了那里。但我们是一个四处流动的战团。因此我们才把荣誉星和纪念逝者看得如此重要。当我们四处分离时，是这些事物将我们连接在一起。我们都早已习惯于彼此相隔遥远。"

"那这跟我的过去有什么关系？"查士丁尼说。

奥雷斯蒂尼带有警告意味地歪了歪头。但他没有生气。查士丁尼能感觉到对方觉得有所愧疚："我还没说完呢，兄弟。我们会像你和其他编外之子一样多年并肩作战，有时候还会更久。我们可能一起加入战团，在一个小团体里共同生活好多年。我们之间的感情逐渐变深。但当职责来临，我们必须去需要的地方。当我们最终回家时，我们的兄弟情谊可能因为战争造成的分离而难以维系。我们甚至再也看不到我们的昔日友人。现在你感觉到有点类似了吗？"

我再也见不到我的兄弟们了。查士丁尼想。

奥雷斯蒂尼伸出手搭上查士丁尼的肩膀："总是会有新的兄弟情谊，兄弟。总是这样。在你的生命中，你已经做出了许多伟大的事情。我看过你的战斗报告。我们全都很欢迎你的加入。"

查士丁尼犹豫地点了点头。

"跟我一起来吧。我们会举行一场纪念会。你将会像我们一样，得到铭刻自己过去荣耀的文身。"奥雷斯蒂尼拉下自己脖颈处的动力甲密封条，露出一幅描绘一个垂死灵族的精致墨水文身。

"这样一来,当我们战死时,帝皇就能评价我们行为的价值了。"牧师说。

"通常情况下,我们需要测谎仪的确认和本战团兄弟的证词,"奥雷斯蒂尼说,"这样我们才能知道这个行为是真是假。但是,我们将会信任你告诉我们的你的功劳。这样可以帮助你产生归属感。趁现在我们还没到帕梅尼奥,你最好现在就开始做这件事。"

"下次吧。"查士丁尼说。他移开了目光,不敢再面对连长真挚的眼神:"那边是我的过去,这边是我的新人生。我会用这个战团的方式来记录我在这个战团的贡献。我过去的行为属于过去。"

"很好,"奥雷斯蒂尼说,他有点失望,但并不勉强,"如你所愿。"

透过牧师头骨面具的黑色护目镜,查士丁尼感到迪拉兹正对他漠视战团传统的行为怒目而视。

"要是可以的话,我想告辞了,"查士丁尼说,"我的小队的轮班时间还有两个小时才开始。我想先去做一下训练。等我们到了帕梅尼奥,可能就没什么机会了。"

"战争是我们的使命。我的祝福与你同在。"奥雷斯蒂尼说。

但沃尔·迪拉兹牧师没有祝福他。

第四章

被召唤的古加斯

"再来点脏水！再来点血块！再来点腐烂！多来点！多来点！"败血病·赛文叫嚷着。它是第七魔殿的第七领主，纳垢的大不净者之一，最受纳垢宠爱的瘟疫之父古加斯最幸运的仆人。

或许，这只是败血病的自以为是。今天可不是个幸运的日子。尽管那位荣耀、自负而又高贵的古加斯从不露出笑脸，但在今天它特别沮丧。它的情绪正在逐渐恶化。

"更多的绝望！更多的痛苦！更多的悲伤！快点！快点！快点！"败血病对着瘟疫工厂里的苦力们大叫大嚷，就像闹剧里的推销员般滑稽可笑，"瞧瞧我们的领主多么哀伤。别让它再感到如此悲惨！"败血病举起肥胖松弛的胳膊指向古加斯："天啊！瞧，它在哭了！"

这个号召大家行动的呼吁有点虚伪。瘟疫之父古加斯其实总是很悲哀。它从高处恶狠狠瞪了一眼自己的副手。带着厌烦的表情，古加斯在纳垢巨釜里搅动了几下硕大的木勺，麻木地朝里面看了看，悲哀地喷了一声，然后一屁股朝后坐了回去。恶心的绿光照亮了它腐烂的脸庞，让脸上的脓疮和獠牙变得格外显眼，使得古加斯看起来异常丑陋。但即便如此也无法让它高兴起来。古加斯痛苦地缩成一团，它那蜕皮的肩膀在这座医院改造成的瘟疫工厂的破碎房顶上蹭着。天上下着大雨，沿着它油腻的肉体像河水般流下。古加斯现在的形态变得如此庞大，以至于它的跟班们都被它的身躯所遮蔽，就连强大的败血病也不例外。

让古加斯永远气愤的是，无论自己的心情多么阴沉，这群恶魔大军却总是很有干劲。悲惨的人需要同病相怜，但古加斯却找不到同伴。欢快劳作的喧闹声充斥着瘟疫工厂。魔性的狂欢让每只耳朵里都塞满了疯狂的傻笑。纳垢灵们一边工作一边咯咯发笑。成群的瘟疫使者念念有词地统计着恶魔昆虫、致命病菌、新出现的疾病、超自然的腐化、苍蝇、寄生虫，以及它们四处张望偶尔掠过的任何东西。它们对工作的投入令人厌烦。

被瘟疫工厂取代的那座医院，现在已几乎看不出残留的痕迹。地板被砸出了大洞，直通到地基深处。天花板则向被污染的天空完全敞开。曾经洁白的墙壁上涂满了黑色的黏液。崩塌的混凝土块上面布满了湿淋淋的苔藓、真菌和枯黄的野草。病床的生锈铁栏杆埋藏在茂密的植被中间。黏糊糊的树叶丛中露出了玻璃橱柜，破碎的玻璃窗如同正在窥视的巨眼。污物就像沼泽般覆盖着地板，其中有白骨依稀可见。

这些东西，就是医院的设备和病人们所残留的所有痕迹。其余都已被混沌吞噬。纳垢的花园从亚空间中溢出，已将亚克斯这个世界化作了人间地狱。医院围墙外的黑泽湿地，已经被转化成了一个臭气熏天、漂浮着各种非自然怪物的沼泽。污染早已越过了沼泽那潮湿的边界，每天都在不断扩张，使得整个星球都在患病，亚克斯的居民们都在纳垢瘟疫的作用下陷入了病态的狂欢。

恶魔们刚一降临，就破坏了医院，用各种方法来玷污和腐化它，把这个治病救人的地方改造为疾病的制造厂。纳垢巨釜占据了工厂建筑内最醒目的位置。这口大锅和物理宇宙全无关联，自从瘟疫大军抵达之后，它的体积就变得越来越庞大。

为了容纳这口巨釜，医院大部分的内墙已经拆掉了。外墙上也留下了一个巨大的缺口，以方便将它拖进医院内部。从亚克斯垂死的树林中，许多泡过水的潮湿树木被连根拔起，堆在这里缓慢地燃烧来加热巨釜。日复一日，巨釜中缓缓升腾着带有毒性的蒸汽。蒸汽的能量不足以让它们爬升到高空，便沿着锅边形成冒烟的瀑布倾泻出医院。涌到外面的浓烟和蒸汽进一步增加了毒雾的厚度，让这个世界上的生命逐渐陷入窒息。

为了匹配纳垢巨釜，古加斯的身躯也日渐膨胀，受到吹入凡间的混沌妖风的滋养，它已经壮如一座小山。败血病现在只到古加斯膝盖的高度，而那些纳垢灵与它相比不过是跳蚤而已。它本身的存在就已经不可思议，普通生物的骨骼根本无法支撑这种体形，但对古加斯而言一切皆有可能。此时的亚克斯，巫术正兴，物质衰退，只要古加斯乐意，它可以变化成任何体形。

瘟疫之父的计划与它的身躯一样庞大，为此需要对这座医院进行许多改造。某些楼层的边缘地板被保留下来，内部的隔断墙则都被清理掉，用来充当工作台。在昔日的病房里，摆放了许多冒着气泡的肮脏玻璃容器。办公室很适合用来安放古加斯的那些盛放补给品的烂木箱。

为了创造这个巨大的实验室，古加斯可谓不遗余力。无须莫塔瑞恩的巫术时钟来扩展亚克斯的腐化网络，这口巨釜就是纳垢本尊的神器，纳垢身体的一部分，因此也正是瘟疫之神在奥特拉玛的力量中心。它是莫塔瑞恩和古加斯的密谋的关键。在巨釜那翻腾冒泡的深处，混沌的恶意不断涌出，通过莫塔瑞恩的可憎装置创造的亚空间裂缝的网络，扩散到整个奥特拉玛。

为了确保这个计划成功，大批恶魔在瘟疫工厂中辛苦劳作。一条腐烂的木头坡道从下方围绕着巨釜边缘螺旋上升到顶部，许多纳垢灵沿着这条木道爬上来到锅边，将携带的污秽之物倾倒入巨釜中。为了搬运这些不停晃荡的货物，纳垢灵们从凡人的世界里搬来了一切可能的临时器具。它们带着瓶子、偷来的食槽、葫芦、杯子、生锈的浴缸、头盔、水壶、口粮罐头、空的食物容器、半截轮胎和铠甲的破片。所有的东西都生锈了，腐烂了，沾满了厚厚的污垢，以至于有些东西根本看不出来以前到底是什么。

一滴一滴地、一拨一拨地、一把一把地，纳垢灵们不停地向巨釜里倒入令人作呕的材料。数量众多的纳垢灵争先恐后地投入这项工作，而其他围观的纳垢灵则都为之兴高采烈。

败血病紧张地抬头看了看它的主人，对小恶魔们叫嚷："快点！你们这些腐烂的可怜虫，填满巨釜！你们正在用自己的懒散搞砸伟大的事业！"

"这没用，没用！"古加斯嘟囔着。在它那被黏液糊住的视野中，一个绿色的旋涡正汩汩作响。旋涡中那光亮的传送深井已经超出了这个凋敝的昔日花园世界，完全进入了其他时空。古加斯从里面看到了自己的影子，为自己在此地释放出的腐化力量而咧嘴微笑了一下。

"但不在这儿！"它吼叫起来，"不！永远不会在这儿！"古加斯在挫败感中全身战栗。

"我……我……会更努力鞭策它们！"败血病强迫自己保持笑容说，"我会命令大军开进沼泽去找来更多的疾病。我们会带更多的凡人来孵化纳垢的瘟疫。让你的仆人们都好好听我败血病的吩咐。不用担心，亲爱的主人。败血病会搞定这一切！"

"不，不，这也没用。"古加斯痛苦地说。

"那么，说不定一支小曲能让它们打起精神来，"败血病兴致勃勃地说。"禁止吹奏！"古加斯咆哮。它的怒气直冲云霄，色泽恶心的天空霎时电闪雷鸣。纳垢灵们都收起了傻笑，惊愕地朝主人眨着眼睛，往后小步挪动，生怕引起古加斯的注意。瘟疫使者们单调沉闷的计数声也逐渐变小、消失了。

"绝对禁止吹奏。禁止音乐。禁止所有这类东西！禁止！禁止！禁止！"古加斯说，"让我清静一下！让我清静一下！"但刚等它转过头去关注巨釜，那些噪声又回来了。刚开始还没人敢说话，但纳垢灵们实在控制不了自己的傻笑。当瘟疫使者们意识到自己必须重新计数后，它们发出的无奈呻吟变得比以前更大声了。

"你们的努力全都是白费力气，败血病。这口巨釜是从圣父本尊那里借来的。我们能得到它是莫大的荣幸！它可以容纳无穷无尽的污秽，永远也不会被填满。就算把一整个宇宙的脏污全都倒进去，这些混合物也永远不会溢出。真的，这是个奇迹。这是我的出生之处，我的痛苦所在。"

从古加斯的一个脓疮里爬出一只纳垢灵，它站在古加斯脸颊上一块突出的血痂上，居高临下。和它那些蹦蹦跳跳的同类们不同，这只纳垢灵是个阴沉的小恶魔，带着失望的鉴赏家般的神态望向巨釜。

"它很清楚，"古加斯用硕大的黑指甲挠了挠小恶魔颤动的下巴，"它知道陷入悲伤无法自拔的滋味。"古加斯慈爱地微笑了一下，"别担心，小东西。我不会犯下尊父在我身上犯下的同样错误。""把一个生灵带到这个世上来受苦，是一件可怕的事。真可怕。"古加斯说。它忧郁地看向巨釜，用大木勺搅来搅去，"也许有一天我能成功，制造出终结其他一切疾病的疾病，足以干掉原体的瘟疫，这场瘟疫将会把奥特拉玛的整个疆域永远带进丰饶的纳垢花园。但是……啊，那个麻烦又来了。"古加斯用力叹了口气，低头盯着自己的脚爪，"这总是从疼痛和灼烧开始！像真菌感染般紧紧爬上来的感觉，噢！"

"听起来好像还挺舒服的。"败血病说。

"不舒服！一点也不舒服！"古加斯抱怨，"这是真菌深渊的糟糕疼痛。是莫塔瑞恩大人在召唤我。"

古加斯的嘴唇边开始出现纹理，随后又变成了黑色。

"真是麻烦透了！败血病，帮我搅拌一下锅。我尽快回来。"

"是，主人！"败血病说。

古加斯突然僵直了，巨嘴张得老大。败血病屏住自己恶臭的呼吸，注视着古加斯的庞大身躯在血肉崩塌的边缘挣扎。

瘟疫之父颓然缩小下去，但还是保持着站姿。

败血病宽慰地松了口气，走向坡道，双手交替地沿着吱呀作响的木材费力地爬上去。

"都给我让开点！"败血病声如洪钟，"你们听到它说的话了吗？我得去搅拌！可不能让混合物凝固了！"

古加斯发现自己被缩小重塑，成了被菌类根茎托着的一尊活生生的半身像。巫术把它的头部和双肩的每一个细节都复制了出来，甚至连原本看不见的内部血肉，如今也一清二楚。恶魔缺乏凡人般对自己身躯的感受，因为它的外形是永恒不灭并且变幻无常的。尽管古加斯在它那无法以常理衡量的生涯中以许多不同形态出现过，它还是觉得真菌深渊带给他的感觉有那么点儿古怪。实际上，它还挺喜欢这种感觉。在恶魔的永恒生命中，很少能遇到新鲜的体验。

真菌深渊通常只会设置在莫塔瑞恩的时钟房内部，一般而言，这个时钟房的物理位置变化无常——通常在瘟疫星的黑色魔殿内，或在腐窟星的腐朽巢都里，或是安置在亚空间中纳垢本尊的府邸侧翼——但是在过去十年当中，这个时钟房却一直安置在坚韧号上，那是自从恶魔原体服侍帝皇起一直沿用到现在的旗舰。未经受污染的凡世星光透过墙上的裂缝照射进来，让古加斯感到憎恶。它仿佛能嗅到外头真空的纯净味道，那里没有被纳垢的腐化触及。

莫塔瑞恩在离古加斯的化身不足三米的地方。黑色菌丝从脚下一直向上覆盖到他的脖颈，两人正是借助它们才得以交流。房间中央的巨钟已经停止摆动。莫塔瑞恩的战斗巨镰"沉寂之刃"原本被用来当作巨钟的钟摆，但现在正被原体紧握手中。巨大时钟顶部的钟罩里，莫塔瑞恩那位异形养父的幽魂正向外注视。

"啊，最擅长召来大瘟疫的，伟大的莫塔瑞恩！"在满屋的钟表齿轮声中，古加斯高声说，"我能为您做些什么？您召唤了瘟疫之父古加斯，现在我已经来了！"古加斯察觉到自己现在像败血病奉承自己一样在莫塔瑞恩面前扮演一个可笑的仆人，内心不由大为恼火。

莫塔瑞恩的嘴隐藏在丑陋的呼吸面具背后。尽管如此，他的嗓音依然清晰而阴森，深沉如同一座被淹没在水下的大教堂里的午夜钟声，为受诅咒者们鸣响。

"我的兄弟就要来了。几天后他就会到达帕梅尼奥星系。我早已洞见此事。计划有变，我需要你的帮助。"

"但这不正是符合计划的吗？"古加斯说，"你引诱他前来帕梅尼奥。如你所愿，他走上了七个阶段的毁灭之路。"

"基里曼的动作太快了。他比预期更早地揭开了我的亚空间时钟的秘密。他将末日守卫卡拉马放逐回了亚空间。没有了卡拉马的不懈守护，链接各个世界的腐化网络现在很脆弱。"

"我能感觉到它的离去。它是纳垢的第五宠爱者。把它送回纳垢花园的那场风暴所掀起的臭气，所有恶魔都能闻到。"

"你对卡拉马被放逐好像不怎么在意。"莫塔瑞恩说。

"我的性情很平和。我并不像血神的子孙们那样看什么都觉得愤怒；也不像那些永远被诅咒的变化者，他们预见自己阴谋诡计的结局，并因为不完美而苦恼。我很清楚结果。罗保特·基里曼完全有能力永远消灭卡拉马这种级别的对象。他拿的那把剑……"古加斯战栗了一下。

"你害怕他了，纳垢的第一宠儿？"

"确实如此。"古加斯说，他认为实话实说比较好，"基里曼拿的那把剑上燃烧着诅咒的灼伤火焰。死在那把剑下将会被永远终结，无法重生。这把剑是那个不可提起名字者的造物。那是一件可以杀死我的武器。它也能杀死你。"

"什么都杀不了我。"

"啊，莫塔瑞恩大人，别这么自信。"古加斯露出了夸张的智者般的表情，"卡拉马很幸运。它被安排在终结时出场，一直如此，因此也永远如此。它拥有命运的保护。而我们必须谨慎。"

"那么，最重要的是让我们的计划能够顺利执行。基里曼的行动太快了。"莫塔瑞恩那双白色的盲眼令人刺痛地盯着古加斯。

"我们能经受这些压力。我们会赢。"

"你的瘟疫病菌完成了吗？"

古加斯露出不快的表情："这不关你的事。"

"如果没有完成，那么基里曼的行动就太快了！"莫塔瑞恩斥责说，"他一到帕梅尼奥，我就必须把他抓住带去亚克斯。等他在那里死去后，他的王国就将属于我，无论是从物质层面还是在亚空间意义上。但是，他现在来得太快，我还没有准备好，连接各个时钟之间的根系还未完全长好。"

"啊，我感觉到失败的预兆！不能减慢他的速度吗？也许可以用你掌握的力量来扰乱亚空间？"

"我已经尝试过了。"莫塔瑞恩迟疑了一下说，"但亚空间风暴失败了。我派去攻击他的第一波恶魔军团被击败了。后来派去的恶魔，还没等靠近他的舰队就又被全部消灭了。我想让基里曼偏离航向的种种努力一无所成。"

"真糟糕。"古加斯说。

"不只是糟糕。"莫塔瑞恩说，"我担心基里曼现在正处于该被三重诅咒的帝皇的保护之下。"

听到有人公然说出这个禁忌之名，古加斯不禁害怕地退缩了一下。

"我说过我不想提起他的名字，你为什么一定要提？"恶魔发出悲呼。

"亚空间已经平静下来了。头脑死板的基里曼没有意识到，是一道可憎的光芒平息了他舰队前方的风暴。这很有可能是我父亲做的。"

"除他之外还可能会是谁？"

"也可能是我的兄弟马格努斯。他也是我的宿敌。"

"最好是猩红独眼做的！如果你所谓的父亲能再次如此自如地运用他的意志力量，我们今后要害怕的事情可就多了！"古加斯惊慌地说，"除了那把剑，还有那令人诅咒者的本尊？决不能这样！面对那样的敌人我们就死定了。"

"冷静点，瘟疫之父，"莫塔瑞恩咽下一口浓痰，嗓子里咯咯作响，黄色的蒸汽从他呼吸面具的通风口里喷涌而出，"我那个令人诅咒的父皇在这片领域的影响早已减弱了。如果他正在聚集更多力量的话，我们应该会知道的。有可能是那些凡人们的错误信仰让基里曼得以通行。基里曼虽然故作清高，但却让一群巫师、牧师和灵能者围绕在他身边。也许是这些人干的。还有可能只是他交了好运。或者我的父亲现在已经不再是一具无用的僵尸，又开始活动了。我说不准。我的占卜无法取得明确的数字，没有任何结果。"

"我对此并不乐观。"古加斯说。

"你什么时候乐观过，瘟疫之父？"

古加斯不安地脊背打颤："我总是倾向于悲观。这一点我同意。但这次的事情太超出预料了。一名忠诚原体在群星间活动，该诅咒者的圣徒们和他手下的亡灵军团四处出没。这些都是泰拉的那人正再度聚集力量的信号。"

"也许吧，"莫塔瑞恩说，"如果这样的话，他也晚了一万年。我们的主人和它那些互相争斗的兄弟们的计划已经取得了太多进展。人类注定要灭绝。混沌将会把整个银河拖进亚空间深处，众神将会饱食各个物种的灵魂。在此之前，我们必须尽可能地抢到更多的领地，否则就会被其他恶魔夺走变成它们的王国。如果你现在能帮助我，奥特拉玛将会属于我们。"

"我很忙，"古加斯说，"按照计划我应该待在大疫星上。"

"计划变了。你必须带上你的瘟疫守卫们来帕梅尼奥。我的战士们需要纳垢麾下光荣的恶魔们的支持。"

"那灭神大疫怎么办？如果我现在离开，那它就有可能无法完成，我们之前所做的一切都将化为泡影。"

"如果我那位死板的兄弟不去那里领受它，你的大工程将毫无用处。正如世间的常理，古加斯，再多的努力也必须和时机相结合才能奏效。帕梅尼奥是第六个瘟疫之地。灭神大疫不会是第六场瘟疫，一定是第七场。倘若不是第七场，它便不可能是灭神大疫。亚克斯——那颗未来的大疫星——将会是第七个瘟疫之地。这是注定了的。数字就是一切，顺序就是一切。计划必将于神圣的第三次和第七次取得成果。奥特拉玛以及其他总共七百个世界要么将会全部落入我们之手，要么我们一个也不会得到。"

古加斯低声抱怨了一句。

"你身体不舒服吗？"莫塔瑞恩说，"莫非你不太赞成我的话？"他向古加斯投去一个威胁的眼神。

"不，不，我们必须将纳垢的圣数好好放在心上。只不过是一阵被祝福的风吹过了我。我没事。"古加斯强颜欢笑。

莫塔瑞恩并未被糊弄过去："我知道你的想法，古加斯。你并不赞成我。让我换一种方式来谈谈。基里曼从奥特拉玛之外召来了众多的士兵和舰船。他的远征军遍及整个帝国。他的王国已经变成了一个大军集结点。你可能不太关心凡人们的所作所为，也不关心你的瘟疫乐园之外的肉体世界。但现在凡间发生的事情将会影响到你。纳垢的伟大胜利将会被推迟。或许我们努力争取到的优势局面将会被逆转。或许战帅阿巴顿会被击败。而你将被迫从头来过。为了偿还祖父赐予你的生命，重新创造你曾经贪婪地吞噬掉的纳垢最伟大的疾病，你到现在已经失败过多少次了？这一次你已经很接近成功了。但如果我的兄弟继续增加他的势力，你还会再度失败。"

古加斯目光游离，因为对方提到自己的身世而感到尴尬。它毫无价值，只不过是一个偶然被变强的可怜虫。莫塔瑞恩毫不留情地拨弄着古加斯不安的心弦。

"我需要增援，"莫塔瑞恩说，"至少我必须延缓基里曼的攻势，迫使他花费一些时日来恢复力量，以便亚克斯能彻底转变为大疫星，成为一颗在奥特拉玛的心脏照耀邪恶之光的新的灾厄之星。"

"你还有更进一步的计划？"

"我要活捉他，从基里曼的军队里生擒他。如果我们能交上好运，足够有勇气，我们就能抓住他，将他囚禁起来。你就可以在他身上任意施展你的高超手段了。"

"那可就太好了。"

莫塔瑞恩点点头。"是的。"他说，"无论我们是否能生擒他，基里曼都必须死在亚克斯。只有这样，所有时钟才会发出悲怆的合奏，将时钟联接在一起的根系网络就能将这个可怜的王国拖进圣父的花园。腐烂之主会为之大悦。如果你不帮助我，基里曼就会把我们全都赶出帕梅尼奥，从他的王国中夺走我们所有的战利品。那样纳垢主人还会高兴吗？倘若数以兆亿计的病毒全都被消灭殆尽，它还能笑着宠爱我们吗？"

"它肯定不会了。"古加斯失落地说，"那么泰丰斯呢？他不能帮助你吗？我知道在上次大战中，他带领着你的军团中的一支大部队。把他找来。"

莫塔瑞恩皱起了伤痕累累的脸："我的那个儿子不会理我。他比我更早加入混沌，泰丰斯一直拿这件事来唱反调，与我争夺纳垢的宠爱。泰丰斯并不知道，只用瘟疫和刀剑来蹂躏奥特拉玛是不够的。他看不到更崇高的目标。泰丰斯仅仅在乎他个人的发迹。基里曼必须在我们设定的时间和地点去死，然后被瘟疫污染。他的王国必须在我们的掌管之下献给纳垢，否则四神中的其他神就会夺走这里。我们两人必须推进这一计划。有三个人当然好，但两人已经足够了。"

古加斯从染病的肺里吐出一声叹息。他并不想离开自己的巨釜。"很好。"古加斯说，"瘟疫守卫们会和你们并肩作战。不过需要你给我几大时间，好让我在花园里开辟一条从我那里过来的通道。这条路很曲折，不容易穿行。我——"

莫塔瑞恩吃力地举起一只手。真菌深渊的束缚妨碍了他的动作。但这个姿态表达的意思很清楚：闭嘴。

"一切都已就绪。你们很容易就能到这里来。大疫星是一个可利用的支点。你无须经由圣父庭院的那条漫长道路。一群瘟疫巫师已经在此地开始召唤仪式。他们正大显身手。我将会让他们证明身为邪恶巫师的那点卑贱的价值。"莫塔瑞恩一提到巫师们就嗤之以鼻。尽管他本人深受魔法的影响，但却依然企图否认自己的真实本质。

"您真有礼貌，先通知了我，否则我就会莫名其妙地被您的召唤仪式从工作中一把拖走。"古加斯说。这句话有一半是真心的。召唤仪式经常是突然而令人不快的。古加斯对那些胆敢用愚蠢的要求和变强的企图来打断它手头实验的凡人一向冷酷无情。

"虽然我知道你会怨恨我，但我确实不希望你的努力用错了方向，因为这是我们的共同努力。"莫塔瑞恩用和解的语气说，"罗保特·基里曼必须死在瘟疫之下，而且必须是死在亚克斯。瘟疫之父，除你之外，无论多么神通广大的其他恶魔都无法做到这一点。你将会得到救赎；而我将赢得纳垢永恒的宠爱。你必须出现在帕梅尼奥一号，确保以某种方式把我的兄弟带往亚克斯。没有你，我做不成这件事。"

"我差点觉得你在拍我马屁了。"

"我确实如此。"莫塔瑞恩说。毫无预警地，他从缠绕着他的纤维菌丝中挣脱出来。沉寂之刃闪电般一挥切断了托举着古加斯化身的菌茎。半身像摔了下去，缩小的脑袋在地板上炸裂成一摊臭肉，将古加斯送回了自己的真实身躯。

古加斯闷哼一声，睁开双眼。它那肥大的身躯颤抖着，撕破了缠绕它的菌丝毯子。菌丝枯萎的速度比生长时还要快。一瞬间后古加斯身上就只残留下一层黑色黏液。败血病赶紧从巨釜边缘退开，把大勺交还原主。它一边踩踏着纳垢灵，一边从螺旋形的踏板跑了下去，回到了古加斯膝盖边的位置。

　　瘟疫之父朝下望着败血病。古加斯那阴郁的气场与它仆人的快活形成了鲜明对照。

　　"我最恶臭的恩主大人，死亡之主找您想干什么？"

　　"一大堆破事。"古加斯说，"作为一个喜欢沉默的人，莫塔瑞恩这次说的话简直太多了。但他没说出他的担忧。"

　　"为什么？"败血病问。

　　"莫塔瑞恩担心我不能履行诺言！"古加斯愤慨地说。它拿起大勺，用力搅拌巨釜中的混合液："我可是全宇宙最精妙的病毒的酿造者，他居然敢腆着脸来教导我正确使用圣数的重要性！"古加斯补充，"其实那根本没关系。他所谓非常重要的在什么地点、按照什么顺序，或是按什么时间来做，根本都不会影响大疫的效果！呸！"古加斯用力哼了一下，"一会儿七，一会儿三，他根本就是鬼迷心窍！就好像用数字就可以解释自己和亚空间扯上的联系。数字！莫塔瑞恩为了逃离巫术所做的努力简直可笑至极。原体们在他们降生前本就是属于我们亚空间的生物，他现在早已成了一个大巫术师。莫塔瑞恩根本就是个骗子。而且，他还侮辱我！侮辱我这个艺术家！"古加斯悲伤地看着败血病。随着情绪低落下来，它的激动也渐渐平复了。

　　"您是位艺术家，我的主人。您是一位最具天赋的大艺术家！"败血病说。

　　古加斯抽了抽鼻子。"如果莫塔瑞恩想要一场瘟疫来杀死那位该诅咒者的产物之一，那么我还是会给他一场瘟疫。"它阴沉地望向巨釜，"莫塔瑞恩是个麻烦。他还保留着凡人的嫉妒心。但是，记住我的话，败血病，好好记住。这是我的看法，整个战役都是他为了证明自己比他的兄弟要更坚韧而进行的，仅此而已。可能想证明自己要更强七倍吧。"古加斯抱怨着说。

　　"这是他向我们祖父显示忠诚的一个好办法。尊父在许多领域都是以坚韧著称的。"败血病说，试着安慰古加斯，"现在也是您来向纳垢证明自己的机会，创造出有史以来最强大的疾病！"但它刚一说完，古加斯就满脸怒容。很明显败血病只是在白费力气。它脸上讨好的笑容随着古加斯的怒吼顿时消失。

　　"啊，或许！或许又是一次失败！"

　　"再也不会了，我的主人！"败血病说。它摇摇晃晃地走上前，关切地把手掌放在古加斯肥胖的大腿上。

"噢会的。又再来一次。亲爱的败血病，我不妨跟你透露一下。我每次的尝试，都失败了！"

"您可以的！"

古加斯的声音低得就像嘶嘶的耳语。"恐怕我再也无法重造出祖父的大瘟疫了。"它搅拌的速度慢了下来，直到完全停止，"罗提古斯正在等着取代我在祖父心中的宠爱地位。它将会成为第一宠儿，甚至永远如此！我已经不能再失败了，否则我将被迫让出祖父右手边的宝座。"

"您只需要一点点时间，最丑陋的殿下。"

古加斯发出粗重的喘气。纳垢灵们都抬头关心地望着它，甚至忘了手头的游戏。"你懂什么？莫塔瑞恩当然是对的，我只不过是个卑微的疾病调制工。而莫塔瑞恩生来就是个将军。现在我们必须听从他的领导。如果他说大瘟疫的孕育必须推迟，那我们就要按他的吩咐做，败血病。"古加斯说。

"最肮脏的殿下？"

"拿起你那些恶心的乐器，召唤瘟疫守卫到我们这儿来。从这个即将变为大疫星的亚克斯召回我们的半数军团，把我的轿夫们从臭水沟和粪坑里找来集合。我们要去感染一个新的世界。"古加斯拿起了大木勺搅拌了一下，"这里的事要等一等了。不过也许还没有前功尽弃，说不定我们能再搞到一些新鲜的配料来催化这些混合液。"它点了点头，"是的，用不了多久！"

"我会亲眼看着您大功告成，我的主人！"败血病说。它一挥手，从地板上抓起一大把纳垢灵。

它从自己上半身堆积的层叠皮肤里的巨大空间中掏出一个象牙口琴，一个令人厌恶的噪声从白骨管中鸣响，周围的纳垢灵们都被吓疯了。败血病肿胀的嘴唇上露出了雀跃的笑容，他把口琴放到自己的牙齿间，深吸一口气吹响了它。

古加斯的猛烈动作使得整个瘟疫工厂都为之惊愕。它的巨躯撞断了木板坡道，一部分碎片掉落下去。瘟疫之父凶狠地俯视着败血病说："如果你在我能听见的地方吹这些难听的乐器。第七魔殿的败血病·赛文，我会当着你面把它们都吃掉。"

败血病小心翼翼地鞠了个躬："是的，主人。"它很有风度地让口琴滚到地上，一边离开，一边大声呼喊古加斯的其他六名护卫跟他集合。

纳垢灵们笑得尖叫起来。瘟疫使者们疯狂地开始尝试统计每一次欢快的呼吸。

"你们也统统闭嘴！"古加斯发出沉闷的吼声。它摇晃着巨大的脑袋怒视周围，目光所及之处立刻陷入死寂。它的臣仆们都陷入了恐惧的沉默，就连瘟疫使者们也改成在自己脑子里默念计算。

刚才的激动让古加斯摆脱了痛苦的情绪。但它只享受了片刻的宁静，败血病的管乐器的刺耳噪声又从瘟疫工厂围墙外传来。纳垢灵们再度爆发出大笑，正在害怕的瘟疫使者们吓了一跳，重新开始计数。随着锤子的响声，木头坡道很快就被修复了。

古加斯疲惫地摇了摇头，蹲在巨釜前。在它那颗腐烂的黑色心脏里，期盼着这些家伙全都赶紧消失。

第五章

提洛斯之围

考斯第九十九团的德沃罗斯少校放下了眼前的望远镜，俯身趴在前线观察哨所的沙袋上，好像只要往前挪这么几厘米，就能看穿笼罩着整个赫卡顿海岸的浓雾似的。漆黑的海水拍打着离此地不远的混凝土石桩。那些石桩从对岸码头边缘开始延伸，形成了一条横贯大海的浅灰色直线。在不远处，敌人出现了，正在修建着这座石壁。

风正从河海另一边的凯尔托大陆吹来，味道很清新。德沃罗斯决定冒险呼吸一下现在的空气，他把防护服的兜帽拉到后面，呼吸面罩被摘下来挂在脖子上。他的每个动作，都让防护服里的温热臭气向外涌出。他身体散发出的味道，几乎和笼罩在东面那些凋零沼泽上的气味一样难闻；呼吸面罩里面的气味则更加无法忍受。因此德沃罗斯才决定碰碰运气。另外，拿掉挡在眼前的那块布满划痕的塑胶护目镜，也让他的视野变得开阔了点。

德沃罗斯的脸因为困倦而消瘦，他用力眨了眨眼眶周围沾满污垢的眼睛，眯起眼，想试试在没有望远镜的情况下能看到什么。望远镜的放大倍率增加意味着视野会变得更狭小，反之亦然。

但不管使用哪种方式，他看到的结果都只有一个——提洛斯末日将至。

这座港口城市曾是个令人自豪的地方。提洛斯离海岸线有八百米的距离，在此地成长的岛民们拥有独立的思想。如果风向合适的话，甚至从岛上一口唾沫就能吐到大陆上。"我们是赫卡顿大陆的一部分，但又永远与众不同。"提洛斯人常常提起这句古谚语，尤其是在有外地人能听到的时候。

在现在的状况下，这种说法变得更恰如其分了。提洛斯未受到瘟疫或非自然事物的影响。而在城市与群山之间的广袤的赫卡顿平原，则被黄色浓雾遮蔽，深受其害。那座与提洛斯向来关系恶劣的宿敌城市——山城赫卡托，已经化作了一个污秽的粪坑。

死亡守卫从赫卡顿大陆夺走了想要的一切，又摧毁了其他所有的东西。不过，尽管他们在入侵刚开始的几天内就占领了提洛斯在大陆那部分的港口设施，几个月时间过去了，敌人还是没能攻下提洛斯本岛。只要提洛斯还健在，敌军就无法越过这座城市背后的河海。河海是一片狭窄的浅水，最宽处也只有五十公里。而对河海对岸的凯尔托来说，只要提洛斯还健在，就还能保持安心。

由于提洛斯人的努力，半个帕梅尼奥得以幸免于难。德沃罗斯提醒自己，提洛斯还健在。他回想起这座城市在战争开始时被轨道轰炸造成的破坏。在凯尔托的轨道防御武器击退瘟疫舰队前，坐落在主要防线背后的提洛斯城墙已经被严重摧毁了。城墙上出现了一个巨大的缺口，大到足以让一个游行队伍唱着颂歌从中间穿过。德沃罗斯的指挥地堡就位于缺口前方一百米处。

凯尔托人就是这样。德沃罗斯心想。当你需要他们的时候，他们从不会及时出现，但总会正好在结束时赶到。

河海彼岸的防御激光炮组开始还击的时间虽然太晚，但自从开火以后就一直没有停下过。没有任何敌人能从轨道或是天空中靠近这座城市，谁也不能。提洛斯成了敌人的难关。

莫塔瑞恩的子嗣们努力想改变这种局面。他们开始在海岸边缓慢地建造起一座防波堤。日复一日，他们的铲车将数千吨石块推入水中，一寸一寸地横贯整个海峡。堤道尽头和提洛斯的距离已经缩短了四分之三，死亡守卫们用来保护工程队的巨大履带盾车正在逐渐推进。他们现在离此地只有两百米远了，这个距离确实近得能让双方互相吐唾沫。

当死亡守卫们越过海面后，一切就要见分晓了。敌军将从开阔的道路大举突入，挡在他们前方的只有一道由壕沟和地堡构成的脆弱的屏障。

一道装饰性的屏障。德沃罗斯心想，只是为了证明我们做过努力了。

他并不蠢。德沃罗斯知道敌人可以轻而易举地拿下这座城市。

在死亡守卫的工事不断向帝国防线逼近的同时，奥特拉玛军也同样在用尽一切办法修建工事。他们在城墙下方的码头平地上挖掘出战壕，堆砌起棱堡，面对着海面。开始时，帝国部队的炮火能覆盖前进中的死亡守卫。但不久后，敌人也一样能还击了。德沃罗斯不得不更加警惕。现在他已经完全进入了敌人爆矢枪的射程范围。

德沃罗斯瞥了一眼他的表。这块表直接套在了他的橡胶防护服上。德沃罗斯几乎不再把防护服当作一件衣服，有时觉得它是第二层皮肤，有时又觉得它像是自己的监狱。

"时间差不多了。"德沃罗斯说。他单手举起望远镜。

果然，对面的工程停下了。他们没有把堤道的最后一小段修完。盾车在浓雾中不祥地森然浮现。

"每一个该死的日子，同一个时间点，这帮异端阿斯塔特似乎想让我们记住。"

德沃罗斯向后离开沙袋墙，用尽全身力气对他部下的指挥小队大喊，尽管他们就在自己身边。

"敌军又开始了！所有人寻找掩护！立刻！强制执行生化武器预防方案！"

通讯操作员巴克勒斯用力转动固定在主通讯仪器上的发电机手柄。敌人的战争伎俩不但伤害了帝国士兵们的身体，也损坏了他们的装备。小队在短短四周内就用光了通讯装置一年的替换零件。尽管他们还没有被击败，但不得不在修理器材上绞尽脑汁。德沃罗斯注视着巴克勒斯把命令传达下去，心里默默感谢工程师4-9所罗门心灵手巧地修好了这件装置。

在峡湾对面的死亡守卫工事中，数十门坦克炮轰出了可怕的炮弹。先是浓烟从炮口冲出，驱散了迷雾，随后才传来沉闷的炮响，听起来就像是面粉袋拍打在磨坊地板上般缺乏力度。而那时炮弹已经飞到了抛物线的最顶端。

随着第二轮警报的响起，炮弹呼啸着穿过了天空。

从战场幸存下来的德沃罗斯的军官们都长了记性，观察周围情况永远是最优先的任务。他们中的大部分人像老鹰般紧盯死亡守卫的队列，在德沃罗斯下达通讯命令之前，这些军官已经在喝令部下们寻找掩体，并穿好防护装备了。

在地堡和战壕防线的前方三十米处，炮弹落下炸开，膨胀的棕色爆炸云充满了黄色的天空。就像用力拍打纸袋喷出的大片颜料粉末，烟雾如球状旋涡般翻滚。爆炸产生的烟尘又在重力作用下，形成无数斑驳的条纹落向大地。

"巴克勒斯，出去！"德沃罗斯说，"其他人也都出去！出去！毒气，是毒气！"他朝部下们用力挥手，把他们从观察哨所往外赶。

指挥小队们的成员们抓起命令书、地图和其他的重要文件，夹在怀里，镇定而快速地离开了哨所。德沃罗斯为他们感到自豪。他留到最后才走，一直注视着那团翻滚着的褐色烟尘伸出长长的、可怕的触手触碰到战壕。大气压将烟尘向旁边驱赶，风将它们搅拌成了致命的毒雾。但德沃罗斯注意到风还不够大，不足以把毒气吹走。这股异常浓厚的毒雾，已经稠密到了不太自然的程度。德沃罗斯就像系紧鞋带般出于本能地拉紧了防护服。先用固定带密封住了他的手套，然后从身体前面拉上拉链，扣好纽扣。他瞥了一眼双腿上的绑腿，不管密封是否良好，现在再纠结已经无济于事了。

直到最后关头，德沃罗斯才拉上了兜帽，用呼吸面具盖住自己的口鼻，扣紧了橡胶带上的压力钉，将自己的身躯囚禁在一个充斥着陈年的汗水、恶劣的臭味和深深的恐惧的汗蒸空间内。

当他从前线哨所中离开时，生化毒气已无法阻挡地飘过了战壕，毒雾浓厚到足以遮蔽提洛斯的城墙。德沃罗斯沿着支线战壕小步跑向城墙缺口前方的主战壕。旋转着的榴弹手柄刮擦到地堡射击孔的强化塑料外框时发出的尖锐响声，刺耳怪诞地穿过毒雾传了过来。死亡守卫偶尔也会投掷几枚高爆手榴弹来袭击那些匆忙寻找掩体的人，但现在他们通常只使用毒气来达成目的。这些手榴弹里的物质有可能是病毒性的，也有可能是纯粹的生化毒气，或是两者的混合物。瘟疫战士们最喜欢让守军提心吊胆地猜测。德沃罗斯事后会找 4-9 所罗门要一份报告。然后把这个报告跟其余报告一起放进他的官方记录里，添加到敌军对他们使用的多种致命武器的详细表格当中。

德沃罗斯跑到了支线战壕的尽头，转入主战壕。城墙就在前方某处矗立着。虽然在迷雾中看不见它，但却依然能感受到它的存在。毒雾正在加重。从黑暗处传来哭喊声。德沃罗斯在面具下沉重喘着气，转身循声望去。一时分心，他的脚被什么柔软的障碍物绊了一下，差点让德沃罗斯扑倒在地。

脚下是具尸体。德沃罗斯停下来检查他是否还有生命体征。他知道这其实毫无意义，但德沃罗斯有一颗善良的心，他不想因为战争而失去良知。

因为戴着防护手套，德沃罗斯的动作很笨拙。他把地上那名士兵翻过身。面罩立刻掉了下来。毒雾腐蚀了面罩的皮带，剧毒已经结束了士兵的生命。在那张起泡水肿的脸上，死者的惨白眼珠向外凸出。

德沃罗斯没能认出这个人是谁，他的脸已经严重变形。他摘下了士兵的身份牌，塞进了一个巨大的防护服外置口袋里。等净化手续结束后，他会把里面的身份牌都移交给派驻到这座城市的军务部兵团分部。这名士兵的名字将会被记录到某处的一个本子里,然后很快就被遗忘。但这是必须执行的程序。

"可怜人。"德沃罗斯说。

他那激光手枪的保险栓在皮革枪套上卡住了,德沃罗斯心想得快点修好它才行。

德沃罗斯对着士兵的眼睛射出一道激光,将他的大脑整个烧煳了。热气从士兵破损的眼窝中腾腾冒出。尽管已经有几个星期没有爆发过行尸瘟疫了,但这也是必须要做的。

只是例行程序。

他把手枪塞了回去,保险栓又卡在了枪套上。

德沃罗靠着斯辨认地堡的排气装置发出的短促嘶嘶响声前进。排出的干净空气扰动着毒雾,频繁发出轻微爆响。不久后,他来到了他的指挥所,靠近城墙缺口处的那扇笨重的塑钢门。德沃罗斯弯着腰从净化淋浴的温热喷流中穿过,随后从另一端的气闸门走出,如同一个湿淋淋的橡胶人般走进了舒适的地堡内部。

德沃罗斯脱下面罩,他的呼吸和其他五个人带来的浑浊气息夹杂在一起。消毒水、汗臭和抗生素药剂混合散发出一种不协调的植物香皂的气味,呛得德沃罗斯眼睛流泪。但他还是大口呼吸着难闻的循环空气,犹如一个刚冒出水面的溺水者。

"你刚才去哪了?"巴克勒斯问。

他的指挥小队成员都在这里,在弹药箱上挤成一团,就像乞丐挂着拐棍般倚靠着各自的激光枪。

"叫长官。"德沃罗斯说。他反复检查着自己防护服的密封。

"长官。"巴克勒斯说,"遇到什么事了?"他因为担心德沃罗斯而显得烦躁不安。

"我留下来观察了一会儿。"德沃罗斯说。

"你冒的风险太大了,"巴克勒斯说,"长官。"他补充了一句:"我的意思是,我们很喜欢你。我不想你为这点小事去死。不过主要还是因为你已经是我们分队里最后一个高级军官了。要是你死了,管事的人就只能是特伦克军法官了。"

"你的好意我心领了。"德沃罗斯说。

"我甚至可以想象到，特伦克会怎么谈论那些留在外头'观察'的人。"巴克勒斯狡黠一笑。他也在检查自己的防护服的密封性，拍打、拉扯、伸展。星界军一向都有点过于唠叨地反复向帝国士兵们灌输军规教条，但即便是最严厉的操练教官，也不如死亡守卫的多种多样的杀戮手段对士兵们的教育更有成效。密封失效，死路一条。每个士兵都明白这一点。因此，继续拍打、拉扯、伸展。

"我想特伦克会一枪打死他。"德沃罗斯说，"特伦克随时都会朝别人开枪，尤其是那些不管上级叫长官的人。所以，巴克勒斯，你最好还是期待我不会出事。"德沃罗斯再次拍打着防护服。他觉得这已经是某种强迫症了。还好他的脑子只是会烦躁而已，而无须像其他有些人的脑子那样得打个稀烂。

"我祝愿你平平安安。"巴克勒斯说。

"好吧，好吧，"德沃罗斯不耐烦地说，"什么意外也没有。"

巴克勒斯抠着通讯装置沾上的泥。"收到，长官。"他说。

其他人都默不作声。他们心绪不宁地关注着两人的对话。

德沃罗斯在一个倒扣的弹药箱上坐下。装在这箱子里运到前线的那些激光枪能量匣早就耗尽了，它们充一次能量本来可以支撑十年时间，但随着死亡守卫们在帕梅尼奥的行动，混沌力量开始活跃，一切都变得无序，这些能量匣才几个月就用完了。德沃罗斯把头靠在混凝土墙上。外面隆隆作响的毒气弹轰炸，犹如一个垂死巨人发出的不规则的心跳。

他是如此疲惫。睡眠已经成了一种需要小心翼翼守护的奢侈。哪怕只是片刻的休息时间，如果有人想要偷走这点休息时间，德沃罗斯都甚至可能为之开枪。

德沃罗斯的头猛地后仰了一下。他顽强地眨了眨眼，看见自己的部下们都盯着地板，犹如一幅悲惨的静物画。他们仿佛已经都死了，只是像在博物馆墙壁上的某幅油画一样被画了下来。

德沃罗斯又眨了眨眼，一次又一次。他的眼皮直打架。眼前黑暗的时间比明亮的时间要更多。德沃罗斯无法控制地要陷入沉睡。一堆混乱的回忆簇拥着出现在他的意识中，那些回忆都渴望着在被黑暗彻底淹没前涌出来。

突然一阵震耳欲聋的巨响，从他的天灵盖一直震到脚底，巨大的冲击把德沃罗斯甩到旁边的墙上。他翻过身，咳出混凝土的粉尘。室内的空气被粉尘笼罩，犹如暴风雪遮蔽了一切。

一连串致命的高爆炸弹正在轰击，炮弹很有技巧地落在了地堡和多面堡组成的这条防御线上。这帮杂种是故意把他们赶进掩体的。

一阵刺鼻的恶臭打断了德沃罗斯的思绪。墙上多了个缺口。一条褐色的烟雾之蛇悄悄爬了进来。无形的剧毒比烟雾侵入得还要更快。德沃罗斯的鼻孔塞住了，一股灼烧感在他的咽喉处愈演愈烈，随时可能向上蔓延烧光他的脑子。

"毒气！毒气！毒气！"德沃罗斯的双眼开始流泪。生化武器的灼烧令他的肺部发痒。他的恐慌被一阵尖叫和爆炸构成的巨大骚乱所淹没。德沃罗斯灰白色的手在地板上的废墟里摸索着面罩，却在沙砾间摸到了鲜血。他的喉咙已经开始窒息。人们不停尖叫着，直到一阵噼啪作响的爆炸声让他们安静下来，死亡结束了他们的喘息。

巴克勒斯已经被干掉了，但通信设备却不可思议地安然无恙。艾特宾躺在地板上，他的兜帽陷进了后脑勺里炸出的一个洞里，就像魔术师把手帕塞进了拳头里一样。雅科夫伸手抓着自己的脸，手指在咳出的鼻涕和血块中胡乱划着。另外两名手下坐的地方，正好被炮弹击中。这是一种用于穿透堡垒的钻地弹。爆炸力从一个细小的圆锥尖头向前推进，专门用于摧毁防御设施。爆炸力、瞄准和投放技巧都经过了专业的校准。按理说，这场爆炸的冲击波足以炸死掩体里所有的人。但死亡守卫故意留了一手。他们不屑于迅速消灭对手。

德沃罗斯大口喘着气，他的咽喉正在逐渐被堵塞。这种毒气是纯粹的生化武器，里面没有混入瘟疫病毒。虽然德沃罗斯看来要窒息而死了，但至少这不是最糟糕的死法。

德沃罗斯的视野中开始密布彩色斑点，这些斑点就像实验皿中的细菌一样忙碌着。死亡就要降临了。德沃罗斯二十九岁的生命将到此为止。

炸弹震动着地面。德沃罗斯剧烈咳嗽。他感觉仿佛有滚烫的玻璃在摩擦着他的喉咙，他已经无法吸入空气了。

一只金属手掌抓住他的头发，另一只手猛地伸进他腋下，把德沃罗斯已经无法自主控制的手臂挪到一边，粗暴地把他拽了起来。他的脸被盖上了一个面罩。那些坚硬的手指猛力将面罩的系带扣紧，确认了密封。另一只手把德沃罗斯制服的衣领向后拉开，一个冰冷的针管伸进来压在他的脖子上，嘶的一声在他的皮肤上留下一个刺痛的吻。

突然间，德沃罗斯又能够呼吸了。他几乎跳了起来，大口地从呼吸面罩中吸入过滤空气。

那只坚硬的金属手掌将他向后推到墙上。一个女性嗓音在说话。尽管她的通讯器把声音变得粗粝，但听起来依然很悦耳。

"冷静点，解毒剂已经生效了。你们不久后还得继续去战斗，帝皇的仆人。"

在他眼前出现的是高阶战斗修女尤兰特的头盔，她那亮红色的动力甲，比周围渗入混凝尘土中的鲜血还要醒目。尤兰特身后，有一名身穿白甲的医院修女正在给自己的医疗护手重新装上一个新的解毒剂瓶。

"他已经没事了，去下一个地方。尽可能多救几个人。"

"遵命，高阶修女。"医院修女回答着，离开了地堡。令人难以置信的是，指挥所后半部分完好无损，而且还有电力供应。净化门锁顺利开启了。当修女经过时，那些净化喷头还在喷水。与之相比，被摧毁的地堡正面就像属于另一个世界。

尤兰特将一杆激光枪塞到德沃罗斯手里。这不是他原来的那杆枪。

"起来。这里需要你。他们正在发起攻击。"

"他们就是在针对我。"

"可能吧。不过帝皇保佑，你活下来了。快跟上！"

德沃罗斯跟着尤兰特走出指挥所。她那完美无瑕的战甲犹如一盏深红色的引路灯，领着德沃罗斯走进一个被剥夺了生机的世界：棕色的毒雾、白色的尘土和灰色的烟夹杂在一起。

"走这边。"她说。尤兰特的小队成员们是外面唯一有生命气息的物体。她们以严整的队形沿着防线快速移动，无论是爆炸、碎石或是威胁都无法扰乱她们的秩序。尤兰特朝天空望去。她把通讯器切换到一个专用通讯频道，里面发出轻微的爆响。

"他们正在过来。"尤兰特对德沃罗斯说，"向上天祈祷救赎吧。我会让你看见某种奇迹。祈祷你能平安活到那一刻吧。"

西风刮得更猛烈了，吹动着德沃罗斯的兜帽，让他接触橡胶衣的皮肤冷得很难受。即便是透过呼吸面具，他依然闻到了一股恶臭。那是一种潮湿的气味，令人联想起填满发黑尸体的死水潭。

一只嗡嗡作响的怪物从毒雾的缝隙间钻了出来，接着是另一只。它们高大得就像是一辆被竖起来的地面车。

它们是用血肉和金属组合的憎恶机械，浑身上下都令人厌恶。死亡守卫称它们为引擎，尽管它们有着能发出刺目光芒的玻璃眼珠、外壳装甲和发出低沉响声的引擎块，但这些机械形态的附加物无法掩盖它们源于亚空间的本质。它们是物质与非物质的恐怖融合体，每个恶魔引擎都像是某种染病的甲壳类生物。

尤兰特举手示意。她的小队立刻停住。德沃罗斯收不住脚，撞上了她身后的动力背包。尤兰特纹丝不动，德沃罗斯则赶紧向后跳开。尤兰特说："别动。"

恶魔引擎飞了过去，管道排气扇在战场的烟雾中残留下一条条浓厚的尾烟。它们很快就看不见了。

德沃罗斯的部下们正在开火。稀薄的毒雾被红色的光束照得发亮。许多道激光射中了恶魔引擎的侧面，在生锈的装甲上迸发出黄色火花。一门激光炮发射的粗大光束从侧面击中一台恶魔引擎。

那台恶魔引擎被迫停了下来，遭受了重创，三缸发动机轻微倾斜了一下，让这台恶魔引擎在原地缓慢地转向。

从恶魔引擎的黄铜枪口内响起了发动机的嗡鸣，它的武器开始喷吐毒液。

所有的防御手段对此都无能为力。喷溅的毒液从最细小的缝隙间穿过，一瞬间就腐蚀和感染了所有接触到的东西。在被融化的皮肤表面，疖子正以超自然的速度膨胀肿大。德沃罗斯只能无助地旁观着，祈祷这些毒液不会波及他。光是那种液体的恶臭，就几乎形成了一种攻击。

"快走！"尤兰特厉声说，往前一推德沃罗斯。战甲赋予她的力量让他毫无反抗之力地被推着走。

第二台恶魔引擎也打开了毒液阀门，伴着毒素的嘶嘶灼烧声，惨叫声此起彼伏。尤兰特手下的战斗修女停下脚步一起用爆矢枪开火，卷起一场小型爆炸风暴，击退了靠近她们的那台恶魔引擎。

"走这边！"尤兰特大喊。她加快速度跑了起来。铠甲产生的额外动力让她的四肢都响起嗡鸣声。德沃罗斯奋力跟上她的步伐。他们刚跑起来，就有另一团毒液坠落在了防线上,只是好运才让他们躲过了这一劫。

他们飞奔进一个无人的炮兵阵地。尤兰特停了下来,她的圆顶头盔在混战中来回转动,好像在寻找什么,"她在哪儿?"尤兰特喊了起来。

一枚射偏了的炮弹砰的一声砸进了港口,溅起了几十米高的浪花。爆炸的巨响和溅起的泥浆的冲击震得德沃罗斯快聋了。他退后几步,耳朵里嗡嗡作响。但战斗修女们都不为所动地坚定挺立着。

等到德沃罗斯的听力恢复时,他听见了她们的兴奋叫嚷声。

"她还活着!"

"在那上面!"一名战斗修女指向一堆瓦砾的顶部,德沃罗斯记得那个瓦砾堆的位置不久前还是一座地堡。

一名身穿白裙的少女登上了废墟,但与其说她是走上去的,不如说是漂浮而上。她那如同水下漫步般的缓慢姿态,看起来就像是一个着了魔的人。

"她在干吗?快把她带下来!"德沃罗斯说,"神圣的王座啊!这女孩在这个港口做什么?"

"别动!"尤兰特大叫。她只管全神贯注地注视着上面的景象。

"王座啊!"德沃罗斯对战斗修女们的无动于衷破口大骂。他已经一跃而起,从空旷的炮兵阵地跑了出来,爬上了那座破碎的混凝石堆。在他身后,尤兰特踏过那些人工石块紧追而来。

少女一边目不转睛地盯着天空,一边登上了地堡墙的碎石堆。她的脚踢开了破裂的防弹玻璃的尖锐碎片。

她双脚赤裸。

德沃罗斯上下打量着少女。她非常年轻,只有十六到十七个标准年那么大。眼前的情景太不合常理。她全身上下只穿着一条连衣裙,没有袜子,没有鞋,没有手套,没有帽子,没有任何一丁点防护。那裙子甚至都挡不住料峭的春寒。但她却安然无恙地通过了整个毒雾区域。

德沃罗斯不敢置信地向她伸出了手掌。

少女回头看了他一眼,随后完全不看脚下地向前行走。她周围笼罩着一种宁静庄严的气氛。

德沃罗斯伸手去够她的裙角。但尤兰特那如同机器人般的铁手抓住了他的胳膊,立刻拦住了他。

德沃罗斯朝尤兰特那耀眼的护目镜望去。

"别急,注意看接下来发生的事。"她说。

"你在坐视她去死!"德沃罗斯叫嚷。

尤兰特攥紧了他的胳膊。就算戴着装甲护手,她的手掌依然很小,却有压倒性的握力。

"站住。"她命令。

"好吧!我知道你的意思了!"德沃罗斯一边说,一边试图甩掉尤兰特的手。但他无能为力。

"我理解你,德沃罗斯。如果我放了你,你就会想方设法去救她。我不会让你这么做的。"

德沃罗斯无助地望向那个女孩。

"看着。"尤兰特说,"看着!她就是我告诉过你的那个人,那个净化了水井的女孩。"

"那是真的吗?"德沃罗斯说,"那件事真的发生过吗?"

尤兰特并不回答他的疑问,只是说:"准备见证奇迹吧。"

当少女登上破碎地堡的边缘时,恶魔引擎们注意到了她。它们关闭了喷射的瘟疫洪流,对周围开火的士兵们熟视无睹,缓慢转过身,穿过交织的激光光束,飞到少女前方,向下俯视。它们的管道排风扇里响着昆虫般的嗡嗡声。

恶魔引擎们散发出腐烂千年的恶臭,有机质的液体从它们躯干上的孔洞中滴落下来。

少女毫无惧色地挺立在它们面前。她的裙子是最纯净的白色,她的肌肤也洁净无垢,在这可怕的围城状况下简直不可思议。

"纯洁挡住了腐朽。"尤兰特说。在通讯发声器的粗糙变音转换之后,她的嗓音依然透露出敬畏。

在这个时代里,惊人的景象已过于常见。德沃罗斯也曾经见过一些他无法解释,并且也不想去搞明白的事情。但眼前的这一切是截然不同的。

恶魔引擎用深红色的透镜注视着少女,流露出无言的仇恨。它们躯体前端突出的巨大压力喷管开始积蓄毒液。

少女高举起了手。

从那些机械里传出了压力泵的锤击和哀鸣声。它们的毒液管道后的容器响起了内部压力增大的汩汩声。不约而同，恶魔引擎一齐喷射出致命的洪流。

少女、战斗修女们和少校，全都被这股喷流覆盖其中。

德沃罗斯惨叫着被喷流冲刷击中。当液体从他脸上流过、渗透了面罩周围的密封条的时候，他不停地在惨叫。当液体充满了他的鼻孔，从张开的嘴唇里涌出来时，他仍然在惨叫。

直到他尝出了液体的味道，他的惨叫才终于停下。德沃罗斯怔住了。

在他嘴里的液体绝对是水，纯净的水，甚至比他这几个月来喝过的所有水都要干净。德沃罗斯眨着眼睛，困惑地朝那些恶魔引擎望去。

从喷管里射出的是污秽，但冲在人们身上的却变成了水。

有什么东西在保护少女。黏液在击中她之前就变成了一团水球，撞在一道无形的障壁上溅落下来。德沃罗斯的第一反应觉得那是某种型号的能量场，通常只有好运的牧师或是最高级官员才能随身携带——不过他想这些人现在应该已经死光了。能量场也救不了他们。但不，这肯定不是。少女只穿着一条白色的连衣裙。她没有携带任何能产生能量场的工具或装置。

"怎么回事？"德沃罗斯自言自语，他把手伸进了保护少女的那道障壁弹溅出的甜水雨中，仔细观察。

"是帝皇。"尤兰特狂喜地说。

更大的奇迹接踵而至。少女双眸中迸射出明黄色的光芒，像枪矛般射进了恶魔引擎闪烁着的玻璃单眼。

"退下。"少女说道。那并不是她的嗓音，那听起来像……听起来像……

只过了一瞬间，德沃罗斯就已经记不起那个嗓音到底像什么。但那绝不是一个女孩的声音，德沃罗斯感到一阵深入骨髓的惊骇。

不停刺耳旋转的发动机叶片卡住了。那些机械突然从空中一个接一个掉了下来，就像是受绞刑的死者被割断了绞索。冒烟的装甲板撞在瓦砾堆上，变得空空如也，里面的血肉已全都消失了。毒雾从少女身边被吹走，在她头顶正上方露出了闪耀的太阳。不，德沃罗斯发现自己又看错了。那耀眼的光芒并不是来自太阳，而是来自少女。在她头发周围闪耀着错综复杂的光晕。

她转身看着德沃罗斯，仅仅是一瞥而已，德沃罗斯却感觉他过去九个月里感受到的所有恐惧与这一刻的体验相比，根本微不足道。

"坚持信仰，德沃罗斯。"她说。光芒从她的口中和双眸中向外放射。那光是如此明亮，以至于德沃罗斯根本无法直视。少女的嗓音里蕴藏着一种古老的力量，直击他的灵魂深处，拨弄他的心弦，"你将会因为信仰而得救。"毒雾开始盘旋，退缩。"信仰，然后活下去。"少女抬起头，目光穿过正在消散的毒云，直视色泽丑恶的天空，"原体正在赶来。"突然间雷声轰隆一响，死亡守卫们的炮击吼声戛然而止。一阵疾风从她的位置涌起，掀起了战斗修女们的斗篷，卷起少女的长发飞舞着扫过她的脸庞。

狂风将毒气从防线上一扫而空。浓雾也烟消云散。这些日子以来的头一次，德沃罗斯终于能越过提洛斯破碎的城墙看见里面的城市了。

少女举起双手遮住脸，身躯摇摇欲坠，发出一声呻吟后倒了下去。

"这是个奇迹。"尤兰特说，"一个奇迹。"她对德沃罗斯说着，终于放开了他的胳膊。德沃罗斯的手臂已经完全麻木了，血液回流带来一阵阵疼痛。但他把这些抛之脑后，快步登上土堆，来到了少女倒地之处。

刚才的光芒已经熄灭了。她看起来虚弱而幼小。德沃罗斯双手将她抱起，几乎察觉不到她的体重，甚至可能完全没有重量。德沃罗斯温柔地摇晃了一下少女的身体，但她似乎还是没有恢复意识。

"我早就说过，你应该和我们一起过来。"尤兰特说。她的战斗装甲上闪烁着洁净的水滴。有的战斗修女放下手里的爆矢枪，打开小小的玻璃瓶的盖子，虔诚地把从铠甲上流下的水珠接入瓶中。"帝皇终于开始注视帕梅尼奥了。我们必将得救。"

战斗修女们走近德沃罗斯，将少女从他怀中接过。

德沃罗斯向下方望去，在壕沟的边缘可以看见敌人的身影，但他们没有从雾气中走出来，而是随着浓雾一同退去了。

"一个奇迹。"尤兰特虔诚地说。她把手放在德沃罗斯肩膀上，这次动作很轻柔："一位圣徒降临了。"

第六章

泰丰斯的挑战

泰丰斯的部队往战场行进时，聚焦光束正穿透他们前方的烟雾。数百道经过瞄准的激光以高速脉冲的频率划破空气，快得几乎无法用肉眼捕捉。只是由于长时间的持续射击，才能勉强在烟雾中分辨出断断续续穿梭不息的直线。

死亡守卫们哼唱着悲哀的颂歌，直接冲进了如雨的激光之中。他们一边前进一边射击，手中的爆矢枪虽然已经生锈，但威力依旧致命，伴随着他们笨重的步伐，子弹炸裂敌人的身躯，夺走他们的生命。泰丰斯为这些被浪费掉的肉体感到遗憾。在万年长战的过程中，子弹和刀锋一向是最有效率的工具，但他更喜欢使用瘟疫的手段。那些被瞬间炸得粉碎的敌人还来不及绝望，最多只有一点点震惊。泰丰斯热衷于咀嚼他们的绝望。他此刻的灵能力量比以往任何时候都要强大。通过巫师之眼，泰丰斯遗憾地看着那些死者的灵魂快速从他们的尸体中逃逸，进入亚空间中不确定的方向。

绝望是非常值得玩味的。泰丰斯喜欢目睹希望的彻底沦丧，但更令他兴奋的，则是遇到极为罕见的拥有超强生存意志的凡人在这种境地下参透了真相，转而信仰尊父纳垢。可惜此地还有一场硬仗要打，他只能等下次再满足自己的欲望，晚一点折磨那些垂死之人。他为自己失去了许多本有机会皈依的凡人而痛惜。泰丰斯能察觉到敌人在他威严铁腕面前的动摇，至少有一部分人是可以被腐化的。然而现在他们全都不得不白白死掉。

极限战士辅助军在此地的最后几个防守兵团，集结在环绕轨道星港指挥中心的二号活动大厅内部。在辅助军中只有寥寥无几的阿斯塔特修士。大瘟疫战争已经将奥特拉玛的防御能力压迫到了极限。在奥德修斯世界，忠于尸皇的星际战士数量并不多，他们已经全都来到了这个空间站。这些星际战士们以单调乏味的方式先进攻再后退，试图按照基里曼那种司空见惯的战斗条例来将死亡守卫引入杀戮陷阱。泰丰斯带领战士们直接向他们进军，相信凭借自身的坚韧足以安然无恙。尽管会有几人倒下，但这就是死亡守卫的作战方式：不屈不挠的突击，面对伤亡毫无惧色。少量的流血，反而会增添他们屠杀走狗原体的子嗣们时的兴奋。

泰丰斯亲自冲锋陷阵。身为纳垢的首席信徒，怎能退缩在后？得让凡人们看见泰丰斯的守护神赐予他的强大力量，他们才能明白自己信奉的伪神对他们是如何漠不关心。只有目睹过泰丰斯的荣光，这些凡人才会放弃希望和忠诚，臣服于纳垢的慈悲之下。

泰丰斯轻松地挥动着战镰。他那缓慢优雅的动作被巨镰的长柄放大，形成了不可阻挡的利刃一闪。镰刀嘶嘶作响划过空中，残留下蓝色的火花轨迹。所接触之物，都在分解力场的雷鸣巨响中湮灭。镰刀被他保养得很锐利，但大多数时候，人屠毒镰的攻击方式与其说是切割，不如说是粉碎。泰丰斯灵巧地一挥，将镰刀转了一圈，斩向一条焊接装甲板组成的防线。塑钢甲板就像血肉被切断般轻易炸裂了，这条临时防御工事顿时一分为二。泰丰斯踹开路障，又是一记横扫，将三名敌兵同时粉碎。突然，一道激光射在了笼罩着他的铁骑动力甲的能量场上。泰丰斯瞪视那名吓坏了的士兵。在呼吸面具的护目镜后，士兵惊骇地睁大着双眼。泰丰斯从这个人的气场里看出了意志动摇。

"放下武器！"泰丰斯对士兵说，"抛弃你那冷漠无情的神。加入我们。永恒的死亡和重生等待着你！圣父纳垢很慷慨——它有的是礼物来送给信徒们。在它的花园中可以容纳你们所有人。在那神圣的污秽中，受到赐福的折磨将会毫无痛苦和伤害地持续下去，唯有永恒的欢声与笑语！"

士兵对泰丰斯的脸开枪射击作为回应。光束撕裂了能量场，在泰丰斯白色的头盔上刮出一道黑线。魔化的脓水从伤痕渗出。泰丰斯的动力甲在许多世纪前就已与身躯融为一体，这一击让他感觉到热辣辣的针扎般的疼痛。

恼怒地闷哼一声，泰丰斯抬手用灵能力量杀死了士兵。

凡人们不听劝告，泰丰斯深为难过。这些凡人是多么愚蠢啊，他们眼中只能看到戴着腐烂花冠的怪物，全然不知死亡守卫们的畸变带来了多少好处，也不理解死亡守卫们的疾病其实是神的赐福。泰丰斯已经品尝到了凡人们的恐惧。他们只要能向这些所谓的缺陷背后望去，就会窥探到真正的救赎，理解纳垢的赠礼的美。不明白这一点，是他们的损失。

而泰丰斯，也就只能用暴力来收割这些灵魂了。

当大厅里最后一名士兵被他的人屠毒镰斩为两半时，一梭子爆矢弹在泰丰斯的能量场上炸开。其中两枚子弹洞穿了能量场，在泰丰斯铠甲的陶钢外壳上炸开。他缓缓转过身，寻找向他射击的对象。

通往指挥中心的道路已经化作了一片广阔的杀戮场。在外门侧翼坐落着两座突出的炮塔，形成了捍卫这条道路的防御点。确实很有战术技巧，大概是某个多恩的子嗣的手笔吧。泰丰斯想。毫无疑问，控制这些由金属甲板和崭新混凝岩建造而成的堡垒的守军们，知道自己都将战死于此，因此他们努力让自己死得更有价值。最后一群阿斯塔特修士正向死亡守卫冲来，奋力想要破坏他们的攻势并牵制住他们，希望至少能短暂地拖延死亡守卫一会儿。这真是绝望的垂死挣扎。泰丰斯率领的兵力数量比星际战士的一支战团还要远超数倍。而在这个太空港的战斗揭开序幕时，此地的星际战士守军还不足半个战团五百人。

这些星际战士们身穿不同的制服，他们本是从许多遥远的战团派遣到奥特拉玛的小分队，被基里曼组成一支联合部队送来这里。尽管他们当中有许多基里曼的子嗣，但除此之外他们别无更紧密的关系，更缺乏过去的第十三军团作战时的协调技巧。真是可笑。在荷鲁斯陨落之后，基里曼出于恐惧解散了军团，却在此过程中大大削弱了自己。泰丰斯对这位原体和陷入战力衰退的星际战士们嗤之以鼻。

这群人当中，有五名星际战士完全不顾周围的敌人，疯狂地对泰丰斯冲锋射击，试图通过击倒敌人的将领来扭转局面。倘若处在他们的立场，泰丰斯也会选择同样的战术。

在泰丰斯和他部下们周围的毒雾中，弥漫着死亡的气息。泰丰斯决定将这些雾气吸了过来，编织成一种追踪性的灵能武器，然后将它投向那几名星际战士。毒气像箭矢般刺入他们铠甲的薄弱部位，攻击他们的呼吸面具以及肘部和膝关节的柔软内侧。星际战士们又坚持射击了一小会儿，但他们的铠甲密封已经被融解，充满疾病的空气渗入了他们的战斗装甲。星际战士们双手抓着自己的喉咙倒了下去，鲜血从呼吸栅格中喷涌而出。

这场战斗已告尾声。整个太空港都开始陷入腐化状态。沉思者病毒瓦解了港口的操控系统，破坏了电缆、数据存储和机器代码。防御炮塔陷入瘫痪，武器从被腐蚀了的基座上坠落下来。照明熄灭了。通风循环系统试图净化死亡守卫第一连带来的毒气，却只能自取灭亡。受病毒感染的电线线路的绝缘外壳脱落下来，使得整个墙面都着了火。报废的机械设备向外流淌着半凝固的润滑油。就像对肉体的腐化一样，对机器的污染同样也是让纳垢愉悦的信仰行为。当那些星际战士死后，他们对纳垢力量的灵能抵抗也随之减弱。腐化的浪潮席卷了奥德修斯港的里里外外，在一瞬间就上演了本需要漫长的千年岁月的腐化进程。

有个即将损坏的电铃响了起来，宣布港口反应堆的自毁机制已被激活。它一遍一遍机械式重复着警告，直到一阵静电爆响结束了它的噪声。泰丰斯提高警惕，留意是否会出现标志着管理系统被切断和核心系统失效带来的震动。

反应堆震颤着，就像发烧病人的身体抽搐般撼动着地板。它已被泰丰斯的病毒所感染。尽管反应堆试图发动自爆，让死亡守卫们和这个轨道空间站同归于尽，但它的努力被肆虐于轨道站整个内部结构的恶魔代码再次挫败。

一台带着三叶标记的凋零引擎，对准了指挥中心大门左边的那座炮塔发射热熔炮，击穿了炮塔的墙壁。生化武器射出的另一道污秽洪流随后穿过墙壁的缺口，结束了炮塔内部所有的抵抗力量。右边的炮塔也在不久后步其后尘。被毁灭的炮塔的塑钢外壳还在嘶嘶作响的时候，一个肮脏的瘟疫散播者已经扑向大门，指挥他那些染病的凡人奴仆们射出黏稠的污秽，溅满了大门。毒浆的每个溅落点都延伸出锯齿状的腐蚀线，在大门上交汇成一张腐化之网。毒浆落点周围的金属迅速氧化，大块大块的铁锈从门上坠落。精金材料本该是不可能生锈的，但钢铁凋零病是一种亚空间瘟疫。对这种病而言，凡世的法则毫无意义。

瘟疫散播者为自己造成的腐坏而乐不可支，退了下去。它那些畸形随从也步履蹒跚地跟着离开了。瘟疫战士小队走了上来，在大门上安装好穿甲手榴弹，启动引爆装置后就退后几步，甚至连他们都尽量避免触及那些被严重污染的金属。

定向爆破的连续巨响震动着整个大厅。巨大的爆炸声足以让凡人晕厥。死亡守卫头盔里的消音器早就停止工作了，但在他们的耳膜嗡嗡作响时，毫无痛觉的死亡守卫们却被逗得开怀大笑。

被炸飞上天的大门的那些锈铁碎片还没有全部摔落到地上，死亡守卫们就已经开始行动了。配合着他们稳定的步伐，手中的武器也合着拍子开火射击。

激光光束和大片的散弹射穿了烟雾。激光闪烁着，在充满金属粉末的空气中散射而丧失了威力，但即便如此，它们依然很容易命中向大门涌来的那些肿胀的巨躯。布满凹痕的陶钢铠甲表面炸出了新的伤痕。激光嘶嘶作响着刺进了松软的患病血肉，却无法对莫塔瑞恩的子嗣们造成任何伤害。泰丰斯阴森森地笑了起来，他的每个部下都承受住了足以打垮一名忠诚星际战士的重伤。有个瘟疫战士的皮肤上甚至被烧穿了一个焦黑的大洞，但那又怎样？

死亡守卫的第一梯队，以一万年实战经验磨炼出的纯熟手法快速行军进入指挥中心。一过大门，它们就进入了自动枪炮防御体系的火力范围。死亡守卫们沐浴在枪林弹雨之中。自动炮的炮弹接连不断砸在同一名战士身上，但产生的效果就像是射进了黏土。直到第十五发炮弹才终于造成了致命伤，让那名死亡守卫呻吟了一声倒了下去。另一名战士被重型爆矢枪的交叉射击炸成了冒烟的碎片。第三名战士被一发激光炮射穿，但还继续往前走了几步，直到他意识到自己已经死了，这才跌倒在地。

"破坏他们的防御！"泰丰斯命令。他大步向前，用魁梧的身躯挤开部下们，亲自踏入了那片战斗区域，"解决那些自动防御武器！"

他甚至无须下令。从可恨的伪帝还像活人一样行走和呼吸的时候起，泰丰斯的部下们就已经在进行这场"漫长战争"了。凋零榴弹炮已经开始了咆哮，将它们的罐形炮弹射向自动炮台。热熔枪士兵在浑身长满寄生虫的战友们的火力掩护下向前冲锋。很少有敌人能与如此训练有素、纪律严明的死亡守卫相对抗。

但他们前方还有一个代价高昂的任务需要完成。受到建造者的个人品位、经历和癖好的影响，每个轨道空间站的结构都不一样。设计这个指挥中心的建筑师值得称赞。控制台比地板高出了两米。操纵者面朝外坐，他们操作台的装甲不亚于任何其他地方的防御设施。每个控制站点都是一个小小的堡垒。巧妙的排列方式，使得每组控制站点的火力足以覆盖彼此的位置以及相互间的通道。从这些相对安全的位置，指挥部成员和卫兵们朝下方的瘟疫战士们开火射击。他们的武器通常不值一提，尽管对凡人足以致命，但并不能把纳垢的宠儿怎么样。只有在这样大规模部署的情况下，他们才有机会伤到死亡守卫们。

更具威慑力的是那些伸缩防御炮塔，它们将道路变成了火力网。这里的天花板像轨道站外壁一样加装了护甲板，而且很低矮，跳跃背包在这里毫无用武之地。四周都很光滑，毫无装饰物，靠墙的承重柱采用了特殊的角度和形式，使得侵入此地的人几乎找不到任何掩护物。在墙壁内设置了大量的防御火力点。墙上每隔四块装甲板就有一个架起武器的防御堡垒。这些武器的指挥控制系统想必一定独立于外部数据网络，因为它们的瞄准和射击显然没有受到病毒代码的破坏。烟雾弥漫的空气中充斥着来回穿梭的实弹和能量光束。

瘟疫战士们损失了一些人手，但他们依然拥了进去。大概是敌人当中有某个重要人物注意到了泰丰斯，突然间向他集中了火力。有的子弹贯穿了他的能量场又被铠甲弹飞。有的则打穿铠甲射进了他毫无痛觉的血肉之中。第一连长向前直冲进中央通道。自动炮的炮弹从他的铁骑动力甲上呼啸着被弹飞，但泰丰斯视若无睹。

一座重型爆矢枪炮台爆炸了，它的弹药发生自燃，生成了一连串小小的爆炸。绿色蒸汽已经污染了战场上原本的硝烟，一股沉重的腐朽气味涌入了引爆药烟味和塑钢发热散发的气味当中。但这股恶臭扩散得太开，还来不及对那些指挥部成员造成伤害。泰丰斯猜想他们应该穿了更高安全等级的防护服。莫塔瑞恩对奥特拉玛的攻击已持续了十年，基里曼的臣民们对此早已习惯了。泰丰斯步履沉重地朝第一座堡垒走去。

在泰丰斯的影响下，毒雾渐渐变浓了。雾气就像活物般沿着堡垒两侧向前摸索着蔓延而去。对面传来了惨叫声，渐渐又变成了痛苦的干呕声。他们的开火也停止了。接着，泰丰斯把注意力转向朝他射击的自动炮。他举起手施放出一团亚空间能量，呼啸作响着穿过道路击中了自动炮。仅凭借意志的力量，泰丰斯就能将其摧毁，犹如纳垢本尊出手一击，把那门武器砸成了皱巴巴的废铁。

他的部下们利用了这个机会。七名死亡守卫冲到下一个堡垒前，从身侧拿出了瘟疫手榴弹。这些手榴弹就像他们的主人一样外形怪异、各不相同，这些手榴弹的孔窍都封得严严实实，避免里面的瘟疫感染他们自己。

死亡守卫们用笨拙的过肩投球动作，将各自的瘟疫手榴弹投掷进对面的装甲控制站点。手榴弹落地时发出了沉闷的撞击响声，而后是一阵司空见惯的爆炸声，但产生的效果立竿见影。开火停止了。黄褐色的毒气散发着恶臭翻卷着升起，涌上了墙顶。一个双手抓着自己喉咙的男人猛地从掩体里蹦了出来，他的防护服已经融解了。

死亡守卫们哈哈大笑，继续前往下一个堡垒。

泰丰斯让他的灵能力量协助部下们的攻击。他头骨内部的瘟疫蝇巢蠢蠢欲动着想要被释放，但他将它推了回去。泰丰斯要让这些凡人们认识到，他甚至无须动用自己最厉害的武器，就可以轻易攻陷他们最强的堡垒。

他的战士们已经掌控了局势。自动武器发出刺耳的爆炸声然后停止射击。瘟疫喷射器的喷嘴堵上了堡垒的射击孔，朝里面倾泻毒物。堡垒内部随之传出人们的惨叫。

太空港指挥官和他的护卫们在中央平台进行着最后的抵抗。多么高尚啊！泰丰斯想着。在自己年轻时，他会奋勇向前，以亲手击杀那名指挥官为荣。但一万年来的战争和数亿次的杀戮已经让他厌倦了，还是让自己的部下们享受这场战斗吧。瘟疫蝇巢里的无数小虫发出哀鸣，渴望能得以放纵一回。泰丰斯再一次压制了它们的骚动，并对此感到一种野蛮的愉悦。

与瘟疫蝇巢这件强大武器共生的主要乐趣，在于他拥有决定何时运用它、何时禁锢它的大权。选择权在泰丰斯手中。这证明了他并不是一个毫无自我意志的恶魔。

两名瘟疫战士拖着一个男人穿过控制站间涂满血迹的道路。在得到混沌之力赐福的超人怪物的掌控下，他的奋力挣扎只是徒劳。坦白地说，拖着他的那两个死亡守卫堪称疾病的化身。其中一个每往前迈一步都会发出剧烈的咳嗽。另一个头盔破碎，从已经不见了的护目镜片的位置可以看到一个疣状肿瘤遮住了他大半个脸，也弄瞎了他的眼睛。此外他也没有戴呼吸面具，因为他的嘴的位置是一个长长的鳄鱼鼻子，周围长了一圈丑陋的牙齿。而第一个死亡守卫的护颈甲周围则有一圈从血肉、塑钢和陶钢中融合生长出的触手。类似这样的赐福在死亡守卫军团里很常见。这些畸变会让它们的主人更加强大。

瘟疫战士们把那个男人扔到泰丰斯脚前，强迫他跪下，扯掉了他戴着的呼吸面具。刚呼吸到第一口污浊的空气，男人立刻呕吐起来。

"他是港口指挥官。"长着鳄鱼嘴的瞎眼瘟疫战士嘶哑地说。

"别的人呢？"泰丰斯问。

"死光了。大人。"另一名瘟疫战士回答。

"给我们尊父的好礼物。现在，从指挥中心撤退。扫荡附近区域的走廊和堡垒。然后把整个港口拆下来，扔到下面的行星世界上去。不要再给这里的人任何机会来挑战瘟疫之神的仆人。"

港口指挥官面无惧色对泰丰斯吐出一口血痰："你们能摧毁我的指挥部，能夺走我的生命，但你们永远无法击败我们，叛徒。"在几年前，这种人只要一看到死亡守卫就会吓得魂飞魄散。但如此频繁的交战，已经大大削弱了他们的恐惧之心。泰丰斯对此深感不满。"我们的基里曼大人已经重返人间，他会回奥特拉玛，把你们统统赶走。"港口指挥官的眼睛正在变得发红，他已离死不远。

"这个事我早就知道了。"泰丰斯冷漠地说，"你还有什么有趣的消息要带给我吗？"

旁边的瘟疫战士们都咯咯发笑。他们喜欢看泰丰斯霸凌弱者。

"我给你带来的消息只有一个，那就是你必将倒下。叛徒，帝皇会审判你的灵魂。"港口指挥官坚定地瞪着泰丰斯发亮的护目镜，"撒泡尿照照自己，你全身腐烂，遍体污秽。我不敢相信你以前还当过星际战士。"

"我依然是星际战士，只不过我现在有了个比你的主人更棒的主人。你侍奉一具尸体。"泰丰斯说，"而我，侍奉生命之神。"

"你一定会死。你一定会被打败。"

"不，"泰丰斯说，"我不这么看。"他摇了摇独角头盔，把他戴着护甲的手放在了那个男人的头顶。泰丰斯很想要对他施加纳垢的赐福。他估计这名指挥官不可能会在得到赐福后叛依，但他还是很期待看到这个人受到纳垢祝福的折磨。

但他的计划被打断了。港口指挥官的秃顶上冒出了豆大的汗珠，输入端口周围的皮肤在发红。泰丰斯注意到港口指挥官的眼白变成了深黄色。他将手掌从那个男人的头顶移开了。

"有趣。"泰丰斯喃喃自语。在他的灵能感知中，这个房间呈现出多彩的色泽。灵能能量的曲线波动着涌向港口指挥官。

"你对我做了什么？"男人大叫。奥特拉玛军人坚守纪律保持平静的素质终于被恐慌压倒了。他的嘴角不停喷出白沫，溅落在防护服上。

"我什么都还没来得及做。"泰丰斯说，"这不是我要给你加上的疾病。大概有谁正在对你做些什么。会是谁呢？"

港口指挥官干呕了起来。他四肢着地，呕吐出黑色的血块。死亡守卫们从他身边退开几步。

"你们都该被诅咒。"港口指挥官哽咽着说。

"恐怕你说得有点晚，我们早已被诅咒过了。"泰丰斯说。

指挥官牙关紧闭，痛苦地呻吟着。他抽搐着倒在地板上。双手不受控制地痉挛着，摆出扭曲的姿势。泰丰斯饶有兴致地观察着他。尽管他的身体在不停抽搐着，但他还活着，还在发出呻吟。正常情况下他早就已经死了，但纳垢圣父非常"和善"，它期望所有被它的赐福折磨的人都能充分享受这段体验。因此，这个男人的灵魂依然被囚禁在自己破碎的身躯内。

泰丰斯眼前上演着一幕急速腐坏的壮观情景。尽管战斗的喧嚣已经远离了指挥舱，沿着通道转向最后一小股残敌盘踞的机库，但泰丰斯始终目不转睛。一种盘旋不去的巫术力量攫住了他面前这名军官。纳垢所拥有的各式各样的死亡手段如恒河沙数，其庞杂的数量本身就堪称至高瑰宝。有很长一段时间，泰丰斯都没有见识到如此精致的死亡景象了。

港口指挥官的皮肤发黄萎缩，脸庞和手上都布满黑色和紫色的斑块，他的身躯仿佛在演绎着生命的光荣凋谢。他的防护服在不久之前状况还很好，但现在已经被彻底染黑，布满了霉菌，沿着缝线处裂了开来。一分钟后，这个男人看上去已经死了一个星期。两分钟后，就像死了整整一个月。但是，他依然活着。

泰丰斯向他走近了一步，铠甲上的骨质出气孔喷吐着浓厚的毒气。随着泰丰斯的移动，瘟疫蝇巢的嗡鸣声越来越大，发出使用它们的请求，但泰丰斯对这些恳求置若罔闻。死亡守卫第一连长以他那庞大躯体和终结者铠甲所能允许的最大限度的角度俯身靠在人屠毒镰上，朝下看着那个还活着的死人，他的好奇心已被完全激发出来了。

"纳垢对你的赐福真是够劲！如此强大繁衍力的腐化，如此漂亮的色泽。你的身体已变成如此丰饶的生命沃土。小家伙，要知道你们当中很少有人能体验到如此精致的死亡，更少有人能窥见你们凡俗肉体中如此壮观的重生。你是个幸运儿！"

指挥官的下巴在干硬的肌肉作用下，发出咔嗒声上下开合着。

"你还很有勇气。看起来你想说话？那么去永恒的花园里去跟生与死之父说吧。你给我留下了深刻印象，简直就是圣父的活生生的使者。告诉圣父，泰丰斯认可你的价值。或许你以后能有所成就。"

男人从被堵塞的喉咙里挤出一声低语。尽管他的肉体已不可能再说话，他的灵魂在对泰丰斯的灵能感知发声："杀……杀了我。"男人用尽全力，"可怜可怜我。"

"你今天已经得到太多垂怜了，"泰丰斯高高站起身，"不过我觉得你可能根本配不上这些宠爱。"

死者腹部的动静引起了泰丰斯的注意。在港口指挥官防护服的胶皮底下，冒出了一些正在向外推挤的角的轮廓。

在指挥舱暗淡的光线下，那些角从防护服中冒了出来，角下面又露出了一个小恶魔的疙疙瘩瘩的秃头。

小恶魔开口了："我有消息带给你，泰丰斯大人。从魔殿来的消息。"

"是吗？"泰丰斯说。

"稍等一下，"那只纳垢灵说，"现在的形态不怎么方便。"它用骨瘦如柴的胳膊撕裂了防护服残留的部分，然后开始疯狂地把手边能够到的一切东西都塞进自己嘴里。

纳垢灵发出一个响亮的饱嗝："不好意思。"它说着，随后就像一个成熟的水果般整个裂开了。

在这一团烂肉中，首先是红色的骨头构成了双脚，随后是股骨、膝盖和骨盆，这些材料就像一栋原始木屋正在搭建框架般一件一件升起。一块块的脊椎骨滚了上去，然后依次穿进了像一条鞭子般的骨髓上，互相堆叠向上。肋骨从脊骨上生长出来时，裸露的肌肉条向上爬动，覆盖到正在硬化的骨骼上。肩胛骨像树枝一样开始分叉时，皮肤在腿上铺开。手臂从烂肉中扑了出来，一端如同萌芽般迅速长出手掌。最后，当这座血污的建筑物将要落成的最后一刻，一颗头骨柔若无物地从胸腔中冒了出来，随后膨胀、硬化，牢牢地架在了脖颈上。

恶魔的头抬了起来，一只独眼睁开了。一组参差不齐的角就像王冠般在它头皮上长了出来，其中最大的那根角就像长矛一样朝前竖起。

泰丰斯鞠了一躬。他认出了这个魔物是谁。在过去亚空间力量比较虚弱的场合，泰丰斯可以对它发号施令。但在大裂隙开放、现实空间瓦解的现在，他们两者之间的地位发生了逆转。现在泰丰斯必须向对方表示尊敬，但是，他绝不会下跪。

"身为纳垢的凡人先锋，"泰丰斯用瘟疫之神赐予他的头衔自称，"我向你表示欢迎。莫卢戈斯大人，尊贵的瘟疫使者，纳垢的不朽先驱，伟大圣父所宠爱的第三百四十三位赐福者。"

莫卢戈斯眯起独眼："你对赐福顺位的善变一无所知。你的情报过时了。现在我是第三百位了。腐烂的顺序永远在变化。瘟疫时而暴发，时而衰退；恶魔们时而崛起，时而陨落。"

"你赢得了一个很珍贵的圣数，"泰丰斯说，"一百的三倍。"

"对我们一族而言，所有数字都很神圣。"恶魔先驱说，"无论是第一连长，还是第十四原体，瘟疫使者们需要计算一切，一切数字都是有价值的。"

"莫卢戈斯大人，作为这样一位身居高位的恶魔，你真是很擅长打哑谜了。"泰丰斯说，"但你的来意很清楚，想必是关于我的基因之父吧。你应该会和我谈论一下我对他的行动目的的忧虑。"

"忧虑是垂死老树上的枯叶，它们飘落时甚至不知道树干的腐烂。"莫卢戈斯咯咯笑着，"魔殿守护们向腐败管理者禀告。腐败管理者告诉混乱主宰，混乱主宰又转告给大不净者们，而大不净者们了解伟大圣父的心意。如此一来，最不洁的圣父的旨意通过大不净者，传到混乱主宰，又传到腐败管理者，然后让魔殿守护们知晓。这些话通过了三乘三乘三次口头转述，最后传到我这里，我又把它们带来给你。"莫卢戈斯的舌头从腐烂的牙齿间伸了出来，就像有自己的意识般在空中挥舞，舌尖上的一张微型的嘴咬了几下，随后又缩回到尊贵的瘟疫使者的腐臭的食道中，"你无须忧虑。你只须听从。你只须遵命。"

"被赐福的重生之神的命令是什么？"泰丰斯说，"丑话说在前头，我是不会出手帮我的基因之父的。莫塔瑞恩过于多愁善感，只渴望抚慰自己的旧伤疤，而不是去追寻新的苦痛。这场跟他兄弟赌气的任性战争，他把那颗瘟疫星，还有发现的每个世界都改造成巴巴鲁斯的镜像的计划，全都暴露了他怀旧的弱点。他顽固的意志排斥了混沌的潜力。莫塔瑞恩只想要腐烂的停滞，对无尽重生的荣耀视而不见。"

"你讲得没错。"莫卢戈斯说，"但别管那些了，圣父命令你现在结束与恶魔原体莫塔瑞恩之间的争斗。至尊下令，你必须统率你的舰队，穿过这个空间领域的无菌之海驶向帕梅尼奥。你要在那里攻击名为加拉坦的那件武器，让它为我们的主人所用。让那些凡人的枪炮对准他们自己，协助莫塔瑞恩征服那个世界，你就会获得整整七年的神恩。"

恶魔先驱带来的讯息令泰丰斯怒火攻心。是他，将死亡守卫带到了纳垢的座下。应该被采纳的是他的计划，而非莫塔瑞恩的计划。就算已经过了一万年，泰丰斯依然对过去的事耿耿于怀。但他很聪明，并未将这些话说出口。

"那么，我们的神改主意了？"泰丰斯面无表情说，"我们之前的计划是蹂躏奥特拉玛，掠夺它，使它陷入瘟疫，令它堕落。我们的胜利方式是在五百世界之主身上播撒下绝望的种子，而非大发慈悲赐予他死亡。品尝一名原体的痛苦，对我们而言将是世间美味。但让他去死则毫无意义。这不是共识吗？"

"从来没有共识。你说的话确实是身为信徒的心声，但你被永久持续性的念头所累。混沌就是变化，存续有许多种方式。而永久则意味着死亡。莫塔瑞恩的计划很自私，但依然有可取之处。不论你赞成与否，你必将协助莫塔瑞恩，窃取奥特拉玛带到纳垢的花园。你将为纳垢开疆扩土。"

"那么，倘若我的莫塔瑞恩大人这次还是没能降伏罗保特·基里曼的话，我就再也不想侍奉纳垢了。"

"别犯傻，凡人。你越界了。你竟然揣测瘟疫之神的想法。它是不可知的。永远也别去猜测像它那样的一个存在。遵从你的誓言侍奉我主，否则后果自负。它是你的主人。你只需服从。"

"要是我说不呢？"泰丰斯说。

莫卢戈斯不悦地一笑："在所有凡人当中，大概只有你傲慢到敢于藐视一位神祇。很好，你要是背弃纳垢的花园，就会知道永生被神明厌憎是怎样的下场。"不朽的恶魔先驱发出奸笑，"你为什么要反对？你不是已经在这片悲惨的星域里毁掉了三座基里曼的星堡了吗？再打破一个被诅咒之敌的小玩意，对你又有何难？除非，你不敢挑战那座古老而强大的加拉坦？泰丰斯，你到底是怯懦还是不忠呢？"

"都不是！"泰丰斯咆哮。他在心中发誓，总有一天，等他获得了公正的奖赏晋升为恶魔之后，必将会摧毁眼前这个存在。他很想现在就碾碎这个灵魂，再把它扔回亚空间，以此作为复仇的第一步，这个念头几乎难以抗拒。

"七年的神恩，抑或是永恒的折磨。好好考虑一下吧，曾名为泰丰的泰丰斯。"

恶魔先驱的独眼合上了。那只纳垢灵从正在崩坏的躯壳中滚落出来，扑通一声跌倒在地板上。指挥舱内的灵能气氛发生了变化，魔法消散了。亚空间的通道关闭了。恶魔先驱已经离开。

终于，只剩下干瘪的上半身躯体的港口指挥官被容许死亡。他发出临终的喉鸣，灵魂被送往充满恐怖的亚空间。

泰丰斯瞪视那团血肉好一会儿。加拉坦，一直以来他都没有去解决那座极限战士最庞大的星堡。它是如此雄伟而强大，除了星际战士，还有大量其他军队把守。但这是一个必须克服的挑战，又一个能证明自己坚韧不拔的机会。

"很好，"泰丰斯说，"我会攻陷加拉坦，让莫塔瑞恩为我胜利的光荣而震惊，让他对我感激涕零。"

他一边转过身，一边命令部下们重新集结，从奥德修斯轨道空港启程出发。

第七章

马库拉格之耀号上的一夜

在抵达帕梅尼奥前夕，亚辛莉·苏里曼亚终于得到了和原体会面的许可。要不是她必须在船上等到舰队脱离亚空间，这次差点就见不上原体了。她的船已经做好了准备，只要一摆脱亚空间就立刻离开舰队。在基里曼将要展开的那场战争中，她的小船根本没有可能幸存。

她在睡觉时收到了基里曼的召唤。那已经是第六刻了，一个被大致设定为夜晚的时间点。苏里曼亚立刻清醒过来，用带铁锈味的温热的舰船循环水漱了口，拿起那个要带给原体的细长的静滞场盒。与原体会面的机会很珍贵，苏里曼亚来不及穿好制服就离开了房间。她沿着走廊边跑边扣上扣子。时间缓慢但不可阻挡地从她身边溜走。苏里曼亚不再像往常那样镇定自若，她害怕浪费掉哪怕一秒会见原体的时间。

马库拉格之耀号在亚空间的波浪中发出隆隆声，它轻微地震动了两下，就像是野兽从身上把跳蚤抖下来的小动作。苏里曼亚已经很久没有经历过如此平静的航行了。

在一条偏僻的传输通道上，她遇到了罗保特·基里曼。先是听见他身上铠甲发出的声音，随后才在昏暗的光线下看到他的蓝色背影。基里曼用机械般的耐心迈着步子，朝远方的船首部走去。他穿着那件巨大的铠甲，看起来就像是智控军团的一个机器人士兵。无论身高还是体重，基里曼都足以匹敌机器人士兵。如果他戴上智控军团的金属圆顶头盔，可能就会被认作是一个机器人了，但他的脸庞露在外面——就像是安置在塑钢之间的一个人类部件，那是一张高傲而凶猛的脸庞。他是一个巨人，一个科技奇迹，一个人类进化而成的半神。

虽然基里曼的一切都表明他超越了人类，但他依然是人类。苏里曼亚本能地感觉到彼此间的亲缘关系。对同类的关心在基里曼的脸上刻下了皱纹。

他们所有人的命运，都压在基里曼的肩膀上。

因此，苏里曼亚才会不害怕他。

尽管基里曼的战斗铠甲在嘎吱作响，靴子在金属甲板上发出低沉的踏击，而且苏里曼亚的足音是如此轻快，原体还是听见了她的到来。基里曼不方便越过战甲的巨大肩甲朝身后看，因此他就直接对前方发出呼喊，响亮到她足以听见。

"亚辛莉·苏里曼亚，对真相的探寻进展如何？"

苏里曼亚快步跑到原体身边。基里曼并未放慢步伐，尽管从后面看他的脚步仿佛很笨重，但其实走得很快。苏里曼亚不得不一边说话一边小跑。

"大人，请慢一点。"苏里曼亚说着，把静滞场盒紧握着放在胸前，"我终于整理好了我的特工们在上次探险中收集到的所有讯息。抱歉花了这么久，但我的迟到，其实正是代表了我们行动的成功。"

"我很期待一睹你带给我的东西。"

"那可是一笔大收获，大人。我会在第一刻之前，尽快把资料都传输到你的私人图书馆。这是我带给你的目录。"苏里曼亚从挂在腰上的一个小皮箱里拿出一块袖珍数据板交给基里曼。他看都没看就接了过去。

"费边把你训练得不错。"基里曼说。

"他是个好老师。"苏里曼亚说。"要是能再他一面就好了。"

"可惜我们每个人都有工作要忙。"

"我也很喜欢我的工作。"苏里曼亚说。

"我很抱歉在这里和你会面，"基里曼指着狭窄的通道，"我必须充分利用每一分钟时间。步行走到船首可以让我的思维更加活跃，有时候我也喜欢低调地前往某些场合。"

"我必须说，你这么做会让船员们不敢偷懒。"

"确实如此，"基里曼拥有雄辩家的嗓音，哪怕最简单的陈述也充满了激情演说的力量。但他说话一向保持分寸，不带任何戏剧性的夸张成分："不过主要还是为了保持我自己的理智。我身边有太多的吹捧，太多惴惴不安的人像是为了保住自己的小命般向我致敬。人们需要仪式感，但我不希望每当我打开一扇门时都有牧师在旁边尖声宣布我的头衔。坦白地说，这让我很烦躁。"

苏里曼亚不知道该如何接话。

"我想，你应该已经准备好在脱离亚空间之后出发了。"

"我的船员们都准备好了，随时可以出发。"苏里曼亚骄傲地回答。

"想必你早已明白你的任务有多么重要。"基里曼一边向前方迈步，一边说，"你如此聪慧，不可能不明白。"

"这是一场冒险，一场很大的冒险。但我的家族正是靠冒险才赢得了行商浪人的特许权，靠更多的冒险打拼下家业。我不会因为畏惧挑战而让祖先蒙羞，不是吗？穿越纳克蒙德听起来很有趣，但也几乎与自杀无异。"

"对我而言，'有趣'从未成为我行动的理由，"基里曼微微一笑说，"但你的热情让我高兴，尽管这份热情无法掩饰你内心的恐惧。"

"你说我很聪慧。这话我很喜欢听。要是我对自身的处境一点都不恐惧的话，大概就可以给我开个弱智的医学证明了。"苏里曼亚把静滞场盒紧紧地抱在身前。为了将它带给原体，人们付出了难以想象的努力，许多生命为之牺牲。她必须在最合适的气氛下再把它拿出来，否则就辜负了那些奉献。苏里曼亚抬头望向基里曼的脸庞，试图辨别这尊雕像的情绪："不过，如果你担心我，或是对送我前往死地有所内疚，那会是我的光荣。"

"我曾以光荣的名义害死过无数人。"基里曼庄重地说。

"我会平安无事的，"苏里曼亚说，"我很喜欢这次航行，简直顺利得不可思议。以前我每次航行的时候，我的船都会像样品罐里的小虫般来回颠簸个没完。"

"去纳克蒙德可能会让你调整一下对'航行顺利'的定义。"基里曼淡然一笑，"在帝皇与我们一同穿行群星之间的时候，亚空间航行比现在还要更顺利。"他说，"与这个愚昧时代的亚空间的汹涌巨浪相比，那时候的亚空间简直就是平静的池塘。"

"罗保特。"苏里曼亚突然用名字来称呼他，令基里曼侧过头瞥了一眼。

她在过去有过一次这种行为，现在是第二次，尽管基里曼并未因此责备过她，但苏里曼亚知道这样做会让基里曼大吃一惊。

"怎么了？"苏里曼亚恶作剧般挑起了嘴角，"这不是你的名字吗？"

"没错，"基里曼表示同意，他的嗓音依然洪亮，"尽管我差不多已经觉得我的名字是'我的大人''帝国摄政'，还有'被赐福的原体'了。最后一个称呼格外让我讨厌。"

"你觉得我直呼你的名字无礼吗？"

"绝对是无礼。"基里曼半开玩笑地说。半神般高高在上的腔调从他的嗓音中减弱了少许，取而代之的是一丝暖意。

苏里曼亚厚颜地说："那我就道歉，我的基里曼大人。"

基里曼停下脚步，俯视那个女人："我说了是无礼。但我没有说我不允许，亚辛莉。"他的嗓音变得柔和了，更像一个凡人。他的英雄气概并未改变，但在一定程度上更平易近人了。"你的自来熟让我耳目一新，让我意识到自己除了是原体之外还是个人类。或许你听说过，我有时候爱发火。"

"我对此一无所知，大人。"

基里曼不由大笑："别骗我了。"

苏里曼亚耸耸肩："我尽量吧。"

"你确实不害怕我，是吗？"基里曼说，"我觉得这还挺有趣的，但也让我有点伤感。现在所有人都害怕我。"

苏里曼亚朝着原体露出灿烂的笑容："我本以为我会害怕你，但是并没有。在这个银河中已经有太多令人害怕的东西了。为什么我们要去害怕那个努力拯救我们的人？"

原体俯视着她，皱起眉头，眼神中流露出不悦的雷光："我乃是罗保特·基里曼，原体，人类帝皇的基因工程之子。我是复仇之子，胜利者，团结之剑，奥特拉玛之主。我是帝国摄政。无数国家在我面前颤抖。在你出生前一百个世纪，在你的家族崛起前几千年，我便已被造就。我曾与恶魔交战，我曾蔑视那些自诩为神的存在。无数物种在我的命令之下被灭绝。现在，再告诉我一次，你不害怕我吗？"

苏里曼亚抬起头凝视着她。她笑容里的自信减退了一点，但脸上依然还保留着微笑，骄傲得就像佩戴着勋章："当你这么跟我说话的时候，可能我会有点害怕。"

基里曼报以十倍的大笑。有的人在笑的时候整个脸都会改变，但基里曼不是这样。尽管他的表情令人温暖，但依然还是有一种大理石纪念浮雕般的庄重。

"厚颜无耻得很。"基里曼这么说，但语气很和蔼。他继续迈步前进："你以后可以叫我罗保特，我很怀念这种平等的感情交流。"

"谢谢，罗宝。"苏里曼亚说。

"你过分了。"基里曼说。

"抱歉，大人。"

"我觉得你的道歉不够真诚，"基里曼说，但脸上还挂着微笑，"你来找我应该是有事要谈，而不是来试探我忍耐的限度的吧。"

"对对。我确实有事，关于纳克蒙德的事。我需要这条亚空间裂隙通道的所有资料。我已经找过你的导航员了，但你知道他们的嘴有多严。他们不愿跟我说话。我还找过你的星语者。可是，根本没人告诉我任何情报。"

"纳克蒙德的信息很敏感。"基里曼说，"但你有我的批文，使用它就可以畅通无阻。如果有人碍你的事，就让他来找我，让我们看看他该听谁的。"

"你确实给了我批文。"苏里曼亚说，"只是我不喜欢对你身边这支舰队的人亮出它。那看上去有点……有点不得体，就好像我在炫耀一样。"

"我理解。那是你的处事方式。每次和你谈话，都会让我觉得当初把你选入理性信史协会非常正确。"

"那么你是在表扬我，还是在自夸？"苏里曼亚说。

基里曼被她逗笑了："你会得到需要的情报的。另外，我要你传达给但丁总司令的讯息已经准备好了。在你出发前一小时，就会送到你的船上。"

"时间点很精确。"

"我就是为精确而生的。这条讯息的内容需要保密。尽管进行了加密，而且密封在一个湮灭盔中，但不能确保万无一失。"

"一个湮灭盔？"苏里曼亚一脸震惊说，"看来我最好还是让它平安送达。"

"万一你的船落入敌手，你只会感激我让你死得痛快。"

对此，苏里曼亚无法反驳。

"所有人都知道您要去暗面。有什么事情非要保密呢？"

基里曼停下脚步，朝下俯视着她："我公布我将会去帝国暗面，这样我的敌人也都会知道。但是，我要去那里做些什么，我希望没有任何人知道。"

"您是要去巴尔吗？"

"说不定。"基里曼说，"一切皆有可能。"

"您知道，但是您不想告诉我。"

"我确实知道，而且我也确实不想告诉你。所以才有必要使用湮灭盔。"

基里曼再次往前迈步。

"现在来谈谈我很感兴趣的那件事吧。说说马蒂厄。我想你应该已经按我的命令去见过他了吧？"

"差不多吧。"苏里曼亚有点谨慎地选择了用词。

"差不多是什么意思？亚辛莉，希望你没惹他发火。"

"大概吧。"苏里曼亚说，"在船底下，他鼓捣了个小小的隐蔽所。"

"我知道。就在墓地纪念堂。"基里曼说。

"那个地方很神圣吗？"苏里曼亚问。

"我不怎么喜欢'神圣'这个词。那里曾经是纪念光荣烈士们的场所，是很久以前的事了。"

"那你不介意他偷偷躲在那里吗？"

"马蒂厄有他自己的行事方式。只要我知道他在干什么，我并不介意他拥有私人空间。马蒂厄很虔诚，是个喜欢沉思的人。我觉得让他有个不受监视的地方整理自己的思绪是件好事。马蒂厄应该觉得纪念堂很圣洁吧。你对他的看法怎样？"

"我认为他对你没有恶意。"

"那么他是出于什么动机侍奉我？"

"自从我回到您的舰队后，我已经跟马蒂厄交谈过好几次了。我还看了他在写的文章，参观了他的布道仪式，拜访了他的同僚们。我相信马蒂厄侍奉你的唯一动机，就是为帝皇和帝国服务。他说的有些话，让我觉得他想要让你皈依国教，但除此之外他并没有更坏的动机。"

基里曼点了点头："这群牧师，每个人都想要让我皈依教会。这件事中隐含着一定的风险。如果我表现得过于蔑视他的信仰，马蒂厄就有可能会背叛我。"

"真的吗？"

"已经有不止一个宗教将他们的救世主大卸八块了。"

"请恕冒昧，我能问一个有点不敬的问题吗？"

"我已经给过你不敬的特许了。亚辛莉，说吧。"

"为什么要选他？"苏里曼亚问，"为什么不找个更听话的？"

"我需要通过某种方式触及普通民众，用他们能理解的方式来进行交流。"

基里曼说，"我上一个战争使徒是硬塞给我的，而且过于保守官僚了。马蒂厄则是个新人，他更诚实，对普通人的苦难感同身受。马蒂厄和人民之间没有隔阂。我很清楚他之所以能这样是因为他更加虔诚狂热。我也明白这同时也会给我带来风险。"

"你难道不怕人们对你产生的信仰热情都转向马蒂厄吗，大人？"

"这正合我意。我并不喜欢被敬仰。我走的是一条崎岖险路。对帝皇的崇拜已经深深嵌入了帝国这座腐朽大厦的梁柱间，我不能公开否认帝皇的神性，否则就将引发内战。具备你这样见识的凡人是普罗大众中的极少数。"

"是的。"苏里曼亚说。当初要不是基里曼的特工救了她，苏里曼亚早已被火刑处死了。

"很不幸，我知道帝皇没有神性。"

"你也可以假意附和他们一下。"

"从某种意义上说，我确实在这么做。但如果我真的公开接受众人的崇拜，我就成了个不折不扣的伪君子。"

"与伪君子相比，世上更恶劣的罪行比比皆是，大人。"

"确实如此。但如果我接受国教的控制，成为教会的傀儡，也会带来和我否认国教同样严重的极端后果——先是国教陷入派系分裂，然后是宗教战争。我知道在我长眠时发生过许多类似的事。即便一切顺利，我也会被国教组织就此束缚住。"

基里曼突然停下脚步，令苏里曼亚吃了一惊。

"我永远都不会再让自己被束缚住，无论是其他人抑或别的什么。"原体坚定地说，"我曾被束缚过太多次，被利用过更多次。这次我必须亲手创造自己的道路，否则人类必将灭亡。我对付帝国国教的策略，就像是喝一杯苦酒，里面溶入了许多令人不快的杂质。但我必须饮下这杯苦酒，因为其他的选项更糟糕。我必须获得自由行动的能力。"

"就算是不惜一死？"

"擅自揣测我的心思，又是一次不敬。亚辛莉。不过，你是对的，除了让人类种族存续的伟业之外，我宁死也不会让自己屈服于其他任何事物，或是任何一个主义，当然也绝不会是任何一个宗教信仰。如果我落入某个派系的掌控，我就会为他们的目的而服务，而不是为全人类服务。我的使命必须是圣洁的，像大远征一样圣洁。"

"这能做到吗？"

基里曼露出苦笑："让我告诉你一些事，关于这件铠甲的事。"他把手掌放在胸前，铠甲上的花纹装饰反射着船上的照明，昏暗中依稀可辨他的指尖闪烁着苍白的火舌。"有人告诉我，是这件铠甲维持了我的生命。协助大贤者考尔唤醒我的那个灵族警告过我，永远不要脱下这件铠甲。"

"我见过你脱下它。"苏里曼亚说着，耸了耸肩，"我不认为灵族像大多数人说的那样天生就擅长欺骗，但他们对说谎的定义并不像我们看待说谎一样。对灵族多加小心没坏处。"

"没错，我正是这么做的。伊芙兰没有对我说谎。她相信自己说的是真相。灵族从来只会做对他们种族有利的事。他们复活我并不是为了人类，而是为了自己一族。他们把我当作是应对灭绝危机的一枚棋子。我不会做他们的棋子，正如我同样不会去做帝国国教的工具。伊芙兰告诉了我她知道的事，只是因为她需要我活着。"

"但不管怎样，你最后还是脱下了铠甲。"苏里曼亚说。她想了想："莫非你是为了反抗他们才脱的？"

"我做的任何事情，都不会只有一个目的。"基里曼说，"反抗伊芙兰只是其中一部分理由。我不喜欢别人告诉我什么能做，什么不能做。但最主要的动机，还是因为我不可以被灵族束缚。如果我对这件铠甲产生了依赖，万一铠甲发生故障，或是灵族关闭了它的功能，那要怎么办？考尔制造了这件铠甲，但我怀疑他可能并不完全理解命运铠甲的全部工作原理，他有太多事要做。为了避免引起灵族注意，我亲自对命运铠甲进行了研究。"基里曼提前说出了苏里曼亚想要提出的疑问，"别以为在第一舰队中就没有灵族的特工了。毕竟艾尔德拉德·乌斯兰手下的一只苍蝇现在就跟我们在一起，可能还有更多的人类或者灵族间谍。我并不像某些已经去世的兄弟们一样具有高超的技术能力。这件铠甲很复杂，但我确定了它的大部分功能，以及它到底做了什么工作来维持我生存。命运铠甲利用了深奥的亚空间技术。灵族不像我们，在他们眼中实体宇宙和亚空间没有什么区别。另外，我也推算出如果我把命运铠甲脱下来，理论上还是有可能生存的。"

"我和艾尔德拉德·乌斯兰谈过，在他的族人当中，我只对他有一点信任。

我听完了他的话，并且做出了决定。我等待到一个相对和平的时间点，也几乎没有告诉任何人我打算做的事。卸下这件铠甲的过程非常痛苦艰难，特别是因为我不想弄坏这么一件堪称杰作的装备。另外，尽管我很有把握，但还是希望能给自己留条退路，万一我即将死去，可以立刻再把它穿上。"

"当我刚卸下命运铠甲时，我就觉得自己做了正确的决定。即使在痛苦袭来的时候，我依然抱着信心。但是，我的身体渐渐失去了力气。我的兄弟在色萨拉给我留下的伤口裂开了，流出带着永恒的剧毒气味的血。我倒下了。我的身体在痛苦中好像燃烧了起来，我的心脏剧烈跳动，但我始终抱着一个念头——我不能死。并非我死不了，而是我不允许自己死。我害怕如果自己死了，就再也没有人能将帝国团结在一起了。这个恐惧已经被证实过无数次。现在我下的这个赌注跟过去相比要代价高昂得多。或许，就是这份恐惧给了我力量。"基里曼把手放在胸铠上，"在那个沉思和恐惧的空间里，我经历了许多甚至无法回忆起来的事。但我还是苏醒过来了。"基里曼用带着护甲的手指划过脖颈，在铠甲的软密封圈上方，露出了弗格瑞姆的剑伤所留下的黏乎乎的疤痕，"我很虚弱，但最危险的时刻已经度过了。我重新穿上铠甲，继续履行我的职责。在那个星期里，我每晚都会将命运铠甲脱下。每次我都比上一次更能忍受一点，直到我能做到不穿铠甲，忍耐痛苦到甲板上正常活动为止。"

"当你不穿铠甲的时候，你一直在忍受痛苦？"

"有一点吧。但并不像最开始那样难受了。重要的是要让别人看见我可以不穿着它。帝国摄政不应该表现出弱点，更不能依赖任何异形种族。"

当基里曼说这些话的时候，他看起来似乎不太像人类了，话语中带着凡人绝对无法比拟的强大意志。

"可能是我的身体已经恢复得差不多了，所以才能自我康复。"基里曼说，"在我血管里的毒素残留不多，因此我才能战胜它。不管我的想法正确与否，我要说的是，我绝不会让自己死。帝国需要我安然无恙，而且不受任何其他势力的支配。"

"既然这样，你完全不用担心马蒂厄。"苏里曼亚说。

"也许吧。现在令我担心的不是他，而是国教。"

"我会尽我所能帮助你，大人。"苏里曼亚说。

基里曼摇了摇头，继续迈步前进："我回忆起了尼凯亚的事。很久以前，我的兄弟原体们陷入了一场关于如何在军团里运用亚空间力量的争执。帝皇下旨让我们放弃这种做法。但后来我们发现这种亚空间能力是对抗混沌势力的最有效武器，就废止了这条禁令。或许我把信仰当作一种手段，与把巫术作为武器相比，只不过是半斤八两。"基里曼停顿了一下。

"有时候我不知道该如何是好。我承认帝国国教很有战略价值，甚至必不可少。但我并不理解它。或许我永远也不会去了解它。在我的兄弟们当中，只有洛加有真正的宗教灵性。他曾经很信仰我的父亲，就像马蒂厄一样虔诚。洛加因为他的信仰而被公开谴责。然而，他创建的帝皇信仰的其中一个版本，现在成了国家机构中不可或缺的组成部分。这真是个黑色幽默。我只能在心里嘲笑。或许你还不知道。第一位堕落的原体其实是洛加，而非荷鲁斯。"

"荷鲁斯之乱已经过去了太久，大人。对大多数人而言这已经是一个传说故事。我虽然在为你的历史著作收集资料时有幸涉猎了一部分，但对这件事也几乎一无所知。"

"这件事并未被准确地记录下来。你可知道，洛加其实才是帝国国教的奠基人？"

"我知道。"苏里曼亚说。她内心的弦突然绷紧了一下："我……我……我是在去塔尔西玛之后才知道的。"难道基里曼已经洞悉了她的秘密？

"那你应该也会知道，如果这件事广为人知的话，将会引起怎样前所未有的动荡。"

"没错。"苏里曼亚说。她的手攥紧了那个静滞场盒。基里曼为何会在此刻特意提起此事？现在苏里曼亚真的有点害怕他了。

"我还要告诉你一些已经不为人知的事。帝皇命令洛加·奥瑞利安停止对他的个人崇拜。但洛加并未照做。因此，我的父亲让我去给洛加一个教训。洛加曾经建立了一座城市来赞颂帝皇，命名为完美之城。我的军团将这座城市夷为平地，整个过程很不愉快。虽然我猜测洛加早在与帝皇见面之前就被种下了腐化的种子，但正是我的军团对他的羞辱，才将他最后推向了混沌的怀抱。"

苏里曼亚震惊地睁大了眼睛："你把那次叛乱归咎于自己？但是，你那时不可能预料到后来发生的一切啊。"

"知晓一切是我的职责。"基里曼说，"我就是为进行策划而生的。帝皇赐给了我们兄弟每个人不同的天赋。就个别人而言，我想有些天赋是重叠的。例如我和罗格·多恩大人都继承了帝皇的制定战略和应急谋划的能力。但我们各自还是有独一无二的长处。多恩比我更擅长建造，而我在管理方面远胜于他。但我们两人都没有事先预料到叛乱，甚至连预见能力仅次于帝皇的圣吉列斯也一样。我想，大概只有可怜的康拉德会知道，因为他也拥有看见未来的能力。"

"午夜游魂？"苏里曼亚小声问。

基里曼点点头。

"他真的拥有那位伟大的天使一样的能力吗？"

"是的，"基里曼说，"但康拉德也是个神经病。就算他没有预见到，假如帝皇不想让这一切发生，叛乱或许也是可以避免的。"

"你真的这么想吗？"

基里曼叹了口气。他看起来很疲惫："亚辛莉，你能理解我的头脑是如何进行思维工作的吗？"

"当然！"苏里曼亚说，"我当然无法理解！那是不可能做到的。虽然我对自己的头脑评价很高，但你的智力已经远超凡人所及。"

"那么，你可以通过推测来理解。因为我对帝皇心思的理解程度，正如你对我的心思的理解程度。"

苏里曼亚露出了陷入沉思的表情。

"我的话让你担心了吗？"基里曼问。

"你在此刻跟我提起了你的兄弟洛加，这件事很有趣。当然我指的不是'好笑'的含义。"

基里曼扬起眉毛："怎么了？"

"是不是你会读心术？"苏里曼亚直白地问，"虽然我不认为你会，但你毕竟是……唔……你应该知道你有多厉害。"

要不是苏里曼亚这么严肃，基里曼或许会再一次被逗得大笑："帝皇并未赋予我任何值得一提的灵能力量。"

苏里曼亚的心情紧张起来。她从腰间取下静滞场盒，在自己改变主意前赶紧递到了基里曼面前。

"我要把这个给你。我一看到里面的内容，就立刻想把它藏到不为人知之处。只有我和斯克潘基看过它。丹东虽然也看过，但他已经死了。"

"你不信任自己的同事？"

"我不能信任任何人。"苏里曼亚平静地说。"除了你我之外，"她举起静滞场盒说，"它就在这里面。我觉得你可能会想当场打开看看，因此最好是由我来亲自交给你。它非常脆弱，我一直很小心保管。我猜它应该至少已经有一万年的历史了。"

基里曼朝那个盒子望去。

"你相信巧合吗？"苏里曼亚问，把密码钥匙插进了静滞场盒侧面的锁孔里面。

"过去的我不相信。但现在的我，只要有足够证据，无论什么事情我都可以相信。"

盒盖翻开了。幽蓝的静滞光线照亮了基里曼的脸庞。这件装置嗡嗡作响地努力挽留着时间。那个声音仿佛是中空的。静滞场中央是一种诡异的寂静。只要时间不流逝，就不会有任何噪声。

基里曼看见了盒子里的东西。他睁大了眼睛。

"你从哪里弄到它的？"基里曼低声问。

"塔尔西玛。"苏里曼亚平静地回答。她看着里面那本书，心头涌起恨意。

"你的报告中提到你们被阻挠了，"基里曼说，"审判庭。"

想到为了夺回它而牺牲的那些人，苏里曼亚的双眸中浮现阴云。

"我并不想让理性信史协会和审判庭发生战争。"基里曼说。

"是否发动战争的决定权不在您的手上。"苏里曼亚的声音几乎比耳语还要低，"我们的使命是揭露，而审判庭的使命是掩盖。我们的本质就是敌对的。冲突不可避免。"她不愿意增添疲于奔命的主人的忧虑，停顿了一会儿，接着说："这么多有能力的人因为自相残杀而白白殒命。我们本应该站在同一个阵营。"苏里曼亚望向基里曼的眼睛，"希望你觉得这件东西值得这一切的牺牲。"

基里曼注视着盒中之物，许久之后才盖上了盒子。

"很多年前我就已学到，政治和战争都是一张数字表格。表上的字符，以鲜血书写。"他面无表情地说。

第八章

噩梦的本质

　　教会学校的女学官瓦莱莉亚很严肃，但在她的严肃当中有一种特别的美。在冰冷的学校大厅里，当她漫步走过长长的书桌行列时，马蒂厄经常注视着她。尽管孩子们人数众多，而她只有孤身一人，但孩子们都无条件地服从瓦莱莉亚。他们谁也不敢说话，更不敢在课堂上睡觉。所有人都俯身书写，手里的笔尖划过涂蜡的书写板，就像小船的船头，在知识的海洋中宁静地航行。

　　学生们都害怕瓦莱莉亚的教鞭，那根教鞭的尖头经常会刺痛不听话的学生。瓦莱莉亚很容易发火，一生气挥鞭就刺。在那些时候，她会先瞪大眼睛，张开鼻孔，之后再挺起肩，仿佛发怒引起的所有冲动都从头顶涌出，就像是火山喷发的岩浆或是山顶的雪崩般顺着手臂流淌到手指上，无从发泄的愤怒又沿着教鞭滚滚流下，伴着一道闪光，教鞭的尖刺就插进了一个不听话的学生身上。第一下起初并不很痛，而是让人感觉一阵麻痹，但随后就变成了灼痛。在这之后接下来的每一下，都会让人痛得要命。

　　但除了害怕之外，孩子们也因为爱而服从瓦莱莉亚。他们知道自己很幸运。学校给了一条与他们父母的悲惨生活不一样的人生道路。他们很幸运，帝国国教认为他们的天赋值得培养。但是，他们还是必须通过考试……好吧，只要通过考试就行。

　　在营房里的那个家，马蒂厄父亲在晚上入睡前的短短几分钟时间里，曾经对他说，如果马蒂厄努力学习的话，他有一天可能会得到一间自己的书房，还能吃到从地里种出来的食物，而不是培养皿生长的那种配给口粮。

　　除了这间教会学校之外，还有许多其他更好的学校，还有许多更值得炫耀的职业道路。但这些并不能阻碍马蒂厄的梦想。他最渴望的还是成为一名侍奉帝皇的牧师。马蒂厄不想让父亲失望。他亲眼看着父亲的青春年华在劳苦工作中一去不复返。马蒂厄看到过父亲脸上皱纹里的污垢，生活是那么劳累，他甚至没空洗把脸。马蒂厄看着父亲因为配给口粮越来越少、干的活却越来越多而消瘦下去。马蒂厄不想要那样的工作。他的工作必须有某种意义。他不想成为在芸芸众生当中被人遗忘的一个数字。那样太浪费他的人生了。

这是一种骄傲。对个人的骄傲是对帝皇的冒渎，对奉献的骄傲则可以原谅。但马蒂厄的骄傲属于前者。每当他忏悔这个罪过的时候，瓦莱莉亚的鞭打都让他心生恨意。然而，他却更频繁地去忏悔罪过。

与瓦莱莉亚的怒火相比，马蒂厄更恐惧的是落得和父亲一样的命运。正是对未来的恐惧，而非对教鞭的恐惧，迫使他努力地学习。马蒂厄爱瓦莱莉亚，只因瓦莱莉亚能带他走上一条通往不同命运的道路。马蒂厄甚至爱她的鞭打，因为疼痛会促使他加倍努力。

侍奉、骄傲和恐惧，塑造了马蒂厄的灵魂。

但除此之外，还有另一个关键因素参与了这一塑造。马蒂厄有个绝对不会告诉其他孩子的秘密。他既担心说出来会被嘲笑，又害怕不只有自己一个人这样想，而他无法忍受别人也有同样的念头。马蒂厄觉得瓦莱莉亚很漂亮。尽管她还算不上老，但也不年轻了，生理的魅力已经有所减退。她的脸上有了皱纹，眼窝下陷，头发干枯。马蒂厄认识的每个人都因为无休止的劳碌而未老先衰。但马蒂厄能在瓦莱莉亚的身上感受到光芒。在瓦莱莉亚板起的脸后面，马蒂厄看出了瓦莱莉亚对他们的关心，对他们登上神学阶梯取得成功的渴望。瓦莱莉亚很虔诚。她爱帝皇，为学生们将会侍奉帝皇而爱他们。每当瓦莱莉亚对马蒂厄取得的成绩轻轻点头表示赞许时，马蒂厄年轻的心脏几乎都要蹦出嗓子眼了。他渴望获得更多的表扬。

每当马蒂厄学到异形们的名字，以及每种异形的可恨罪行时，瓦莱莉亚都会告诉他："帝皇会保佑我们。"

帝皇确实在保佑马蒂厄。很多学生没能通过考试而被带走了，留下的人甚至不敢谈论他们的下场。但马蒂厄一直留了下来。

岁月流逝。马蒂厄觉得书桌似乎越来越小，但其实是他自己在逐渐长大。他的书法越来越自信了。每次擦掉书写板上的一层蜡，就像是擦掉了过去的一部分自己。童年的时光里塞满了本属于成人的忙碌，马蒂厄参加了一次次考试，每次他都通过了。随着童年过去，孩子们的数量也变得越来越少。当他们接近青春期时，人数更少了。而当他们终于长成年轻人的时候，最后留下的学生已所剩无几。

　　五年、六年、七年……十年弹指一挥间。马蒂厄比其他所有学生都更快领悟了《幼学问答集》的教义。在他十四岁前，就已经开始学习正式的圣诗。到十六岁，马蒂厄已经学会了上百种福音和诗篇。他深刻学习和思考过了国教教会的历史。对帝皇塔罗牌的理解也名列前茅。很快，马蒂厄就要步入十七岁了。当他在长大的同时，瓦莱莉亚女士也变老了，但马蒂厄却觉得她比以往任何时候都更加圣洁。当马蒂厄心中涌出对瓦莱莉亚的奇怪情愫时，他就去抄写室，让自己全神贯注向儿童学生们讲解他们抄写的经书，直到那股悸动从胸中消退。

　　在马蒂厄十七岁生日前四周的时候，他的班上还剩二十三名同学。其余人都已经转到其他出路去了。一开始的二百名男孩和女孩，有的顺理成章地离开，有的则因为出乎意料的原因离开，最后只留下了这二十三个男人和女人。他们将会成为牧师。马蒂厄喜悦而自豪。他多年来一直很虔诚，因此这是一种可以原谅的骄傲。现在马蒂厄有了自己的职责，他要去大教堂里帮忙，咏唱朴实无华的圣歌，让日常的敬拜仪式也变得激情澎湃。但他最期待的，是去那些穷苦人家里分发施舍。这并不是因为他觉得有趣——这些事情并不有趣，而是艰苦和低贱的，总的来说，甚至有点糟糕。在帝国里，很少有人的生活是富裕的，甚至也谈不上舒适。即使是对过去最蒙昧的时代的人们而言，帝国大多数人的贫穷程度都会令他们震惊。而那些处于这个残酷体制的底层的人，更面临着恐怖的困境。马蒂厄在帮助他们的时候获得了极大的心灵满足。即便他的行为只是杯水车薪，这么做会让他自己的生活更加艰苦，但他也尽可能地把自己本就少得可怜的食物施舍出去。他把分配给他做僧袍的布也送给了别人。因此他自己变得衣衫褴褛。他还好几次把脚上穿的凉鞋送人。每次他都会因为这些事情挨鞭子。但痛苦是对他行为的认可。接受马蒂厄施舍的人们都在受苦，因此他也必须一样受苦。

　　马蒂厄找到了自己的使命。

　　但一场大火，改变了他的人生轨迹。

　　火，是一种急速氧化过程。火，能使一种物质转变为另一种状态。火会将木头和骨骼转变为热气和灰烬。火也能转变某些更为抽象的东西。火能改变命运，火能改变灵魂，火还能改变生命。

第八章

　　大火从天而降。火焰、死亡和鲜血交织在一起。没有世界能免于冲突。没有生命能免于痛苦。也没有人能永不改变。

　　那天马蒂厄出门去农场看望包身奴工。他用施舍的食物来帮助他们的肉体，用美好的言辞来抚慰他们的心灵，用自己的信仰来激励他们的灵魂。

　　最初出现在马蒂厄眼前的，是从轨道上降下的突击飞行器射出的人造雷电。那些飞行器速度极快而又攻击精准，首先摧毁了防空和通讯枢纽，然后把军队投放到地面上，扫荡那些可怜的防卫部队。

　　敌人是穿着蓝绿相间铠甲的异端阿斯塔特。他们的肩甲上涂绘着九头蛇的图案。他们的人数很少，或许只有二十名。马蒂厄家乡小镇的防卫军虽然有一个连的士兵，但就算再多五倍人手也都会被这些叛徒轻易消灭。异端星际战士们轻蔑地屠杀了所有的驻军。他们甚至把杀戮变成了一场表演。后来马蒂厄回想起来，觉得他们只是在打发时间。等士兵们全都死去后，异端星际战士们的屠刀又转向了牧师们。

　　他们特意前往教会学校，在那里犯下了罄竹难书的恶行。

　　多亏了穷人们将他藏起来，马蒂厄才活了下来。当他沿着泥泞的土路逃跑时，人们把他抱着放倒在地。他们不让马蒂厄回去，将他拖走，捆在一间粮仓里。直到一切都结束之后，才放他走了。

　　穷人们的行为非常英勇。要不是敌人自以为完成了所有的任务，离开此地的话，那些帮助他的人恐怕都会因此惨死。除了牧师和士兵，其他人都没受到伤害。敌人纵火烧掉了内政部的办公楼，处死了那里的主官，但没有杀死其他的职员。异端星际战士在那里向所有人演讲，表明自己的观点。

　　到傍晚，包身奴工们释放了马蒂厄。他首先看到的是一排向上升起的灰烟，浓烟的东面被落日照得一片金黄。那些烟柱很厚，甚至感觉像是固体。它们狭小的底部根本不可能支撑如此扩散涌出的巨大烟团。马蒂厄朝着浓烟狂奔。

　　这一次，奴工们没有再阻拦他。

　　镇上一片混乱。人们都吓坏了。但他们很高兴看到马蒂厄还活着。其他城镇的援助军还没有赶到，马蒂厄不清楚这个行星的其他地方是否也遭到了同样的袭击。

　　但这些事可以留到以后再想。马蒂厄最先要做的是确认同伴们的安危。

　　他必须要知道瓦莱莉亚现在怎么样了。

马蒂厄匆忙爬上山坡，沿着那条会让路过的车轮发出降隆响声的鹅卵石街道奔跑着。他冲进了神学院的大广场，穿过大门进入教会学校。大门的门板已经从金属合页上撕裂了下来。

学校建筑已经烧塌了。在昔日帝皇壁画所在的位置，夜晚的第一颗星星正冉冉升起。烧焦的木料在散发着最后的余热。

最小的那些孩童们幸免于难。他们或是躲在各个隐蔽处，或是惊慌失措地四处乱窜，或是在外面哭泣。但那些大一点的，刚成年的年轻男女学生，全都被屠杀了。马蒂厄的同学们全都死了。残酷的敌人用各种别出心裁的手段杀了他们。然而，敌人把最邪恶的创造力留给了这个学校的女学官。正是她，把像马蒂厄这样的一张白纸变成了牧师，用帝皇的慈爱填满了他们的心灵。

马蒂厄最珍视的瓦莱莉亚，此刻就在她的学生们的尸骸当中，被钉在一张漆成艳黄色的椅子上。她的前额被精心刻上了一行整齐的字："神圣的帝皇"。

目睹这一幕，马蒂厄跪倒在满地血泥之中，痛哭号泣。

"看着我。"一个声音响起。

马蒂厄没有抬头。他深陷痛苦中无法自拔。他的爱，他的心灵启迪，他的瓦莱莉亚已经死了。

"看着我。"那个声音命令道。

这一次，马蒂厄不知为何无法再抗拒，唯有听命。他缓缓抬起头。

在教会学校大门前有一个身影。它放射着耀眼的金光，照得周围的灰烬犹如财宝，照得这片废墟宛如宫室。在马蒂厄的回忆里，这个身影总与周围有点格格不入，它放射着灿烂耀眼的完美光晕，使得马蒂厄无法分辨出任何细节。然而，他明白地知道这是谁。马蒂厄的心脏几乎停止跳动。

"看着我，用心倾听。牧师。"那个存在说。他的声音如同雷鸣却又听来甜美，他的言辞令人疼痛又带来祝福："借由往事的悲哀和梦中的痛苦，我与你交谈。好好记住我的话：我会在帕梅尼奥等你。找到我，让我发挥作用，胜利就会来临。"

在那个身影消逝之前，或是马蒂厄从幻觉中醒来之前——他并不确定其中某些事情是否真的发生过，或者说所有的事情都只是虚幻——他注意到了另一个人。一个少女，她并不是孩子，但也算不上成年女子。马蒂厄可以辨认出她的样子，而且看得很清楚，尽管少女的双眸中燃烧着令人刺痛的光，那光芒就像等离子熔炉般炽热。

"找到她，就找到了我。"少女说。

幻象迅速流逝，马蒂厄在他的宿舍中醒来。就像过去无数次一样，他又梦见了旧日的梦魇。

噩梦的本质是对人思维的干扰。在做了这样一场梦之后，马蒂厄已经睡不着了。他祈祷了片刻，用自动鞭挞器所产生的疼痛感来净化身躯，以此忏悔他在回忆里对瓦莱莉亚的渴求。可就算是鞭挞也无济于事。当第六刻的铃声响起时，马蒂厄抱起瓦莱莉亚的头颅，没有启动这个伺服颅骨的驱动装置，迈步前往一个不会被人打扰的清净场所。

"他们已经攻入船体。他们来了。"

当西卡留斯说完最后这句话之后，他的世界就被颠覆了，他自己也被永远改变了。现在的他已经不再是昔日的那个西卡留斯。尽管还有同样的面容，同样的姓氏，现在他已彻头彻尾成了另一个人。

一个无时无刻不被那些惨叫声纠缠的人。

很早以前并不是这样的。他的世界总是充斥着各种惨叫。异形们的惨叫，异端们的哀号，还有那些无论恐怖还是恶意都远远超出人类想象的怪物们的尖啸。无论是西卡留斯一声令下，或是亲自动手，他们要么一击丧命，要么垂死待毙。他们被爆矢枪、钢靴和利刃歼灭殆尽。死亡，无尽的死亡。他们的血和痛早已浸透了西卡留斯的灵魂。

但在大裂隙时代之前，西卡留斯从未在意过那些死者的惨叫。彼时他代表正义在行动。他从来不会为敌人困扰，更不会为他们的死亡烦恼。

但他部下们的惨叫，西卡留斯永远也无法遗忘，那些惨叫让他刻骨铭心。

苦涩的唾液从他的贝彻腺体中涌出。西卡留斯咽下了自己分泌的毒液。惨叫声一瞬间响彻他的脑海。那是在血红色的痛苦之爪下的星际战士们发出的高声惨叫。他早就知道那些没有阿斯塔特修士天赋的凡人们会在死亡面前发出如此刺耳的惨叫，但西卡留斯从未想过自己的兄弟们也会发出这种声音。

西卡留斯闭上眼，低下了头。他默默数着死去的战友们，回忆着那些在亚空间中迷失的同伴，在心中请求帝皇的宽恕，尽管他知道这样做很愚蠢。

他已深陷恍惚。西卡留斯回想起兄弟们的一张张脸庞，强迫自己重温当时的景象。他一边开火一边无助地看着战友们一个一个死去。西卡留斯就这样长时间沉浸在过去的恐怖回忆里,直到牧师轻声咳嗽提醒他,西卡留斯才注意到观景廊上除了他之外多了一个人。

西卡留斯抬起头,带血丝的眼睛锐利地盯着马蒂厄。

马蒂厄身材细瘦,外表看起来有点纤弱,比他的真实年龄看起来年轻不少。他还保留着本属于二十来岁年轻人的真诚,既满怀希望而又绝望无力。他是那样一种人,一心想要改变整个银河系,却无法动摇那些冷漠的群星。西卡留斯曾经目睹过马蒂厄的战斗,很清楚在他褴褛的僧袍下隐藏着的力量。西卡留斯也听过他的演说。或许,马蒂厄是那种会吸引群星注意的罕见人物。

西卡留斯抛开那些胡思乱想。马蒂厄是个凡人,而自己是个星际战士,但是……

马蒂厄脑袋两侧的头发都剃光了,又长又油亮的顶发垂到脸上,遮住了一只眼睛,但并未削弱他锋利的目光。马蒂厄的注视让人很不自在。西卡留斯虽然并不想怪他,心里还是有点不爽。马蒂厄带着他的伺服颅骨。要是它启动了,西卡留斯刚才一定会先听见马达的动静的。但现在马蒂厄很小心地把颅骨拿在手上,关闭了电力开关。马蒂厄一只手的修长手指紧握着象牙白色的颅骨,另一只手的手指则无意识地摸索着颅骨额头上刻着的"HV"两个字母。这些手指都很纤细,就像是美学鉴赏家应该有的手。这些手指很适合用来拨弄算盘,或是用来挥笔决定无数遥远地方的人们的命运。很多人有这样的一双手。它们是属于毁灭者的手指,而不是战士的手指。但这又是一个误解。马蒂厄只不过看起来像个官僚,多留点神,就会注意到他的浑身伤痕。这些伤痕的来源说来话长。

在马蒂厄右手的拇指和食指上,都有经常使用链锯剑磨出的老茧。左手食指上压出的痕迹,是多次按下激光手枪的扳机造成的。他的右手背上,一条新伤疤和一条老伤疤形成了交叉十字。左手手腕下方和手臂交叉处有一道很粗的直线,代表着这里过去遭受过可怕的创伤。

西卡留斯善于判断一个人的实力。这名牧师绝非弱者。

"你是西卡留斯连长吧?"马蒂厄面露笑容。他俩已经很多次出现在同一个场合了,但此前还从未交谈过:"摄政大人的冠军护卫头领?"

"是我。"西卡留斯说。他心里清楚,自己想一个人待着,而非与其他人共处。

尽管去什么地方都可以，但西卡留斯下意识地觉得亚空间航行中的观景廊会很适合独处。百叶窗已经关闭了。从这里看不到宇宙，外头就是非常危险的亚空间，会有谁想来这里？从理论上推测，西卡留斯想，马蒂厄应该也是来这里寻求独处的。但他和我有多少共同之处？他仅仅是出于孤独，还是另有其他原因？西卡留斯设想了一系列的实际可能，来缓解自己的尴尬心情。要不是觉得过于无礼，西卡留斯早就直接走了。这让他越发烦躁。

辩证法的"理论与实际"的思维模式深深扎根于西卡留斯的习惯之中，他无须多想就开始应用这套逻辑。极限战士们曾有一段时间已把这套思维模式视为过时，但随着基里曼的回归，辩证法的应用又得到了复兴。

"靠近它很可怕，不是吗？"马蒂厄说，"我指的是亚空间。"继而他抬头看着塑钢百叶窗。

看来他和我的想法一样。西卡留斯想。并不只是想要独处。

"在这块金属板的对面，在盖勒场那薄薄的气泡之外，就是亚空间的深处。在那里，一个可能性会衍生出无穷的平行可能性。而不可能的事依然是绝不可能的。"马蒂厄说。

西卡留斯瞥了一眼百叶窗，就像之前没注意到它一样。尽管他在闭目沉思之前已经目不转睛地盯着百叶窗两小时零三分钟之久了。

"那扇百叶窗对面只有地狱。"西卡留斯回答。

"噢！不是这样吧。"马蒂厄有点紧张地笑了笑，"那里还有很多其他的。你说那是地狱，但在那里同样也有圣洁的存在。星炬之火燃烧着纯洁的光芒，任何魑魅魍魉都无法遮挡它。尽管恶魔充斥着银河，它们也无法熄灭那道光芒，或是触及它的源头。"马蒂厄再度一笑，"你不觉得这很神奇吗？"

"你是来这里接近你的神的吧。"西卡留斯面无表情。

"正是。"马蒂厄说。他合上双眼，仰起脖子，沐浴在帝皇之光下，仿佛光芒通过被遮蔽的观景窗汹涌而来。

西卡留斯嘴都气歪了。他差点拔腿就走。但愤怒把他留下了。令西卡留斯愤怒的是，这个满口神鬼的人竟然来这里打断了他对惨叫声的哀悼，而且还对着那唯有恐怖存在的亚空间大谈荣耀的光芒。

"面对这么多无可辩驳的证据，为何星际战士们长久以来都拒绝承认帝国国教是对的？"马蒂厄突兀地开口，抬头看向西卡留斯。

"什么？"西卡留斯有种猝不及防的感觉。

"在这个时代，整个银河中到处都在涌现神迹。为何你们却没有察觉到这是帝皇的旨意？为何你们没有看见他在为我们而工作？我对此感到由衷的好奇。"

"我们被教育过，要谨慎看待所谓的神迹。"西卡留斯厉声说，"这些事情背后总会有些蹊跷。"

"你我在这场战役中曾多次一起目睹这些神迹。"马蒂厄有点紧张地露出了和蔼的微笑，试图唤起对方的谈话兴趣和战友情谊。西卡留斯瞪着他，但并未因此退缩，"你自己也见过帝皇的咒缚军团作战。你还曾经亲眼见证过圣塞莱斯汀出现。这些都是帝皇赐予我们的异象。"

"我确实见过这些你所谓的神迹。战争使徒，但你要是想说我在战场上看到的那些现象因为难以解释，所以是神圣的，这可说不通。不知有多少次，我目睹我的智库兄弟用他们的心灵力量摧毁敌人。如果按照你的推理，我就得把他们当成巫师，害怕他们神圣的力量。但这些力量，其实只不过是我们的宇宙的一个组成部分。他们的行为确实很奇特，从人类的角度而言甚至不可思议。但即使在物质世界中，也有许多事情是不可思议的。难道它们都是神的杰作？无论是科技还是巫术，它们都只是智能生物的行为而已。如果你说的是真的，如果帝皇是个神的话，那么提格里奥斯兄弟和他的同类们也算是小一点的神了。"

"你在试图解释那些无法解释的事物，这是各个时代的哲学家们和科学家们都犯过的错误。"马蒂厄说，"亚空间是无法解释的。这个领域是独一无二的，在那里，黑暗力量与我们帝皇激烈交锋。那是诸神表演的舞台。"

"那里没有任何神圣的东西。尽管有的东西自称为神，但它们并不是。我跟它们战斗过。帝皇也跟它们战斗过。基里曼大人亲口告诉过我，帝皇是人。"

马蒂厄闭上双眼，面朝着他自认为的帝皇之光的方向，笑了笑说："你认识亚辛莉·苏里曼亚吗？"

"在基里曼大人的信史协会里工作的那个行商浪人？我跟她见过面，但不怎么熟。怎么了？"

马蒂厄微笑着睁开双眼："她会很赞同你的观点。"

"原体愿意任用有这种想法的人来为他工作。"西卡留斯说。

"但他也任用了我。"马蒂厄指出了问题。

"你只是个必要的例外。"西卡留斯说。

"一个令人反感的例外?"

西卡留斯不情愿地摇了摇头。

"你反感我的信仰,这一点可以理解。但我并不天真。摄政大人说,他提拔我是因为他的远征军中的下级成员们深受我的鼓舞。"马蒂厄说,"他指的是那些普通士兵们和低级水手们。为那些谦卑的信徒们服务是我的天职,我也很荣幸这么做。但是这其实并不是真正的原因。摄政大人让我担任这个职位,目的是摆脱国教高层的牵制。"

"他是原体,任何人都牵制不了他。"

"世上的事要是真这么单纯就好了。"马蒂厄说,"我也不认为你是个天真的人。我想你知道世事并不简单。"马蒂厄又一次突兀地改变了话题,"那么,你是为什么来这里,来这个没有风景的观景廊?"

"跟你来此的目的并不一样。"西卡留斯说。

"听说你曾经迷失在亚空间一段时间,是这样吗?"

西卡留斯锐利地看了马蒂厄一眼:"你消息很灵通,简直灵通得过头了。这件事并没有多少人知道。"

"有些大人物很信任我。"马蒂厄问,"亚空间里是怎么样的?"

西卡留斯摇了摇头:"我无法描述,我也不想试着去描述。通过一种机密途径,我回来侍奉原体。你知道这些就够了。"

马蒂厄把伺服颅骨贴近了自己的身体:"这是一个恐怖的时代。需要面对噩梦,并不只有你一人。"

"但看到那一切的只有我一人。你刚才问我为什么来这里,那好,我告诉你。我来这里是为了证明我不害怕它们,我会对杀害我手下的那些东西复仇。哪怕要用一万年的时间,我也在所不惜。"

"你没有穿铠甲,只穿着长袍过来,目的就是为了显示勇气?"

西卡留斯已经受够了:"你太喜欢多管闲事了,牧师。基里曼大人或许会迁就你,但我不会。晚安吧。"

"它们应该会害怕你!你已经向它们展示了勇气,做得很对!"马蒂厄的话音在他身后温和地响起,轻轻回荡在观景廊中,"不要害怕,连长,振奋起来!

帝皇保佑你！"

　　西卡留斯大步离开长廊。帝皇并未保佑他的那些兄弟们，任何牧师的话都无法消除他们的惨叫声。

第九章

加拉坦出动

　　查士丁尼独自在训练场里。加拉坦星堡上有几十处训练设施，规模小到体育馆，大到全仿真模拟战术环境一应俱全，甚至还有按照异形世界的式样重塑的洞穴生态大厅。不过，现在正处于高度警戒状态，驻扎在星堡内的战士们都尽可能地进行额外训练科目，因此许多训练设施都人满为患。查士丁尼选择此地，是因为这个训练场跟大多数兵营相距甚远，因此很少被使用。

　　他只想安静地待一会儿。

　　更衣室很干净，灯光很明亮，但此地总有一种淡淡的被遗忘感。房间内布置着成排的储物柜，都是空的。查士丁尼总是用同一个柜子。他把自己的铭牌从背包中扯出来，塞进柜门上的支架里。铭牌上写着"帕里斯·查士官，第五连，第六辅助小队"，在暗蓝色衬底上的一行浅白色字。查士丁尼一时兴起，用手指在自己的名字上划过一条线。他被派去指挥一支先驱者小队。原铸星际战士们都被部署到了第五连。许多战团现在都已加入了大批原铸星际战士。在某些最古老的战团中，原铸战士的人数甚至超过了旧型号。但新星战士并非如此。这个战团收下了考尔的赠礼，但他们的兵力过于分散。有一些连直到最近还未获得增援，因此他们在开始时获得的原铸战士人数并不多。帕里斯和他的同伴们对新星战士们而言还是新来者。他们暂时不属于战团的圣典规定编制之内，但也不属于昔日编外之子的组织架构。这只加重了查士丁尼的疏离感。他的这支小队从各种角度看都是局外人。

　　查士丁尼褪去长袍和紧身衣，露出了布满神经接口的健壮身躯。在他的后背下方、手臂上端和大腿上端，黑色甲壳就像一块块深色的皮肤斑块大幅隆起。在他的皮肤下，肌腱线圈正在运动，那是原铸星际战士特有的强化肌肉网，是他体内的三种特殊植入体之一。包括新星战士们在内的旧型星际战士们，都称这些新加的植入体为"帝皇的馈赠"。

新星战士几乎全员都驻扎在奥特拉玛，他们一边作战一边用旧型改造技术招募新兵。直到最近这个战团只有几十名原铸战士。但现在他们已经拿到了新型号的机器，查士丁尼心里猜测着，要到什么时候所有新星战士才会全都由原铸型号组成。

查士丁尼上身赤膊，下身套了一条宽大的训练裤，走进了训练大厅。

在训练场的尽头，一排训练人偶和战斗机仆在直立的玻璃柜内沉睡。查士丁尼用拇指在一块面板上按下。玻璃柜亮起。人偶挺直了身体。在它没有五官的塑料脸庞后，闪烁起了传感器的灯光。

"训练人偶等候指示。请设定训练模式和训练计划。"

"标准战斗模式练习。最低暴力程度。"

"遵命。"机器回答。

柜门嗖的一声向上滑开。训练人偶大步走出。查士丁尼总觉得这些人偶很诡异。相较于这个时代的机械设备而言，它们的外形太光滑了。人偶的身躯是用柔软的填充透明塑料制成的，头上没有面部特征。严格地说，它们是一种隐秘形式的机仆。在它们胸腔内的某个地方藏着一个人类的大脑，但所有的生物特征都被隐藏起来了。这些人偶被痛打一顿后，不需要怎么维护就可以重新放回玻璃柜，继续执行工作。

训练人偶们以一种可预测的战斗程序来行动，它们的技能远不如真正的战斗机仆。但战斗机仆们能在训练笼里存活一个来月都算幸运了。训练人偶的用途只是为了增强星际战士们的肌肉记忆，磨炼他们的能力，练习各种形式的战斗。它们攻击动作很轻，而且很容易被击倒，并非用于真正的全面对抗。

在大多数模式下，和一个训练人偶作战并不需要集中精神。事实上，战士们被鼓励在例行训练当中分心去想其他事情，这样可以有助于将战斗技巧植入他们的潜意识中——一种锻炼肉体的战斗冥想。

这也正是查士丁尼的想法。和训练人偶进行打斗练习，可以让他得到迫切需要的独处时间。

"程序选择，古希腊搏击术。模式选择，镜像模式。"

"古希腊搏击术镜像模式。遵命。"机器音响起。但这声音来自墙壁，而不是人偶。

机器跟着他来到一个有软垫的摔跤场。查士丁尼走向人偶，举起手臂护住脸，人类历史上的所有拳击手都会很熟悉这个姿势。

　　古希腊搏击术是查士丁尼学习过的几种武术之一。但他分辨不清那些课程到底是真实发生的，还是催眠植入的记忆。他在不屈远征之前的人生，是一次又一次被从静滞场中激活，进行身体和心灵的测试，所有的课程都只在他脑海内部进行。偶尔有几次，在他还没来得及完全清醒过来的时候，他就又被送回了静滞状态。从理智上，查士丁尼知道这些周期的存在，有时他被激活的时间还不到十几二十分钟，但彼此之间却间隔了好几百年。在他看来，这些时光就像是一连串重复的日子。仿佛他一直在持续地专注于某事，但偶尔会被每次相同的测试分一会儿心；或者就像是他生了很长时间的病，从未真正入睡，也从未真正清醒。

　　这样的状态持续了八千年。他没有发疯简直是个奇迹。

　　想到自己再也不会被关在一个箱子里了，查士丁尼就深感庆幸。

　　在他那批原铸伙伴被激活，加入基里曼的编外之子临时战团后，查士丁尼接受了更老型号的星际战士们的训练。尽管他之前从未做过那些战斗动作，但在那时他已经可以凭借本能施展出那些动作了。

　　查士丁尼使出一连串越来越快速的拳击。他的出拳在空气中擦出短促而尖锐的响声，而人偶也像他的影子般同样出拳。随着拳击声，查士丁尼吐气呼吸，发出有助于增加击打力道的低吼。机器精确地复制了他的动作，帮助查士丁尼调整自己的步伐，纠正所有的错误动作。他很少出错。拥有了几千年的训练和一个世纪的实战经验，查士丁尼已成为一台训练有素的战斗机器。

　　但是，他不知道自己到底是谁。

　　他清楚地记得那一天，有个男人来到了他在阿迪厄姆的学校。查士丁尼并没有打算加入战团。事实上他从未有过这个打算。但那个男人带着帝国命令状前来，要对班上的所有男孩都进行测试。查士丁尼不清楚这是为什么。他走进了那座小小的、灯火通明的校医院，不知道是要对他进行基因变异的评估，还是要对他进行思想犯罪的测试；他不知道自己是会被改造成一个机仆，还是只不过被送去接受一次健康普查。内政部的工作方式总是神秘莫测，一切皆有可能。

　　查士丁尼当时吓坏了。那天他偷了哥哥的一个小玩具。他害怕是这件事被发现了。在小查士丁尼的想象中，自己会被做成一个没有灵魂的半机器人，永受折磨。

负责测试的那个男人，是某位官方人员。他的牙齿很薄，呈现蓝灰色。他的嘴唇又很红。男人的蓝牙和红唇凑在一起，露出了假模假式的笑容。他用手指了指椅子，让查士丁尼坐下。另一个有金属眼睛、身穿白色塑料高领长袍的人，在查士丁尼的胳膊上放了一个巨大的装置。随着一次剧烈的刺痛，机器内部开始发出运转的响声。

仿佛等了好几十年的时间，机器侧面的灯光终于随着咔嗒一响亮起了：是绿灯。

一切就这样结束了。早上他前往学校时，还以为晚上会像往常一样回到他家那间狭小的宿舍，去问问他父亲白天在阿迪厄姆的下巢拥挤不堪的工厂里过得怎么样。他还会请求母亲允许他去趟空中花园，和兄弟姐妹们一起在树林间玩耍，透过构成巢都外壳的强化玻璃眺望下方的云层。阿迪厄姆虽然是一个巢都世界，但它是在奥特拉玛，它的人民的生活能获得回报。尽管生活艰苦，但也有美好之处。

他还想把玩具还给哥哥。

但那盏绿灯终结了这一切。

查士丁尼再也没有见过家人们。他怀疑自己的父母甚至都不知道他发生了什么事。原铸计划是在绝对保密的情况下进行的。为了让他的父母更容易接受这件事，到底他们编造了怎样可怕的谎言呢？

那已经是八千年前的事了。这个数字是如此令人震撼，以至于他一边出拳一边喊了出来。

"八，千，年。"

与正在灭亡的整个银河相比，他自己的这点遭遇似乎微不足道，但这难免让人觉得有点不太公平。

心痛的感觉让他的肌肉绷紧。训练人偶的动作随之出了差错。查士丁尼强迫自己放松下来。他深呼吸了一口气，将自己的疏离感转化为钢铁般的决心。机器模仿了他的动作。查士丁尼放松地站着，机器也一样。他施展出八十七种战斗套路中的第一式，一招招从头打到尾。一遍又一遍，直到他将这些招数使得无可挑剔。

查士丁尼提醒自己，他被授予的巨大力量是一种荣誉。他没有度过平凡的一生，而是获得了成为英雄的机会。他会成为拯救大众的少数英雄的一员。因为他的行为，其他的小男孩们就可以一边上学，一边做着在玻璃天空下的树林里玩耍的白日梦了。

查士丁尼已经接受了现实。他已经接受了时代带给帝国的变化，以及他必须打的这场战争。如果他不挺身而出，他的物种，以及整个银河，都将会落入混沌之手，无人能置身事外。

他无法接受的是，那些高高在上的大人物，又一次夺走了他的兄弟们。

查士丁尼继续出拳和踢腿，混入其他武术流派的奇特格斗招式，融合成一种自由套路。再过几个小时，星堡就将离开德罗尔的轨道，前往帕梅尼奥支援原体的作战。这座太空站开始忙碌地准备着。随着反应堆功率的上升，大厅在震动着。查士丁尼本该很兴奋。他喜欢战斗，这是他的生存意义。

但他却依然心烦意乱。

随着十万同袍的兄弟情谊画上句号，查士丁尼本以为未来他将成为极限战士的一员。但这个愿景却并未实现。

每一件他曾经确信无疑的事情，最后都变得一团糟。

他并不是唯一一个失望的人。查士丁尼还记得比亚德尼，他因为无法回到芬里斯而气得满脸通红。还有卡拉尔，当时他像往常一样紧闭着嘴，没有透露半点口风地接受了调令。

菲利克斯现在成了一名英杰，而且还加入了极限战士。但查士丁尼觉得就算是他，在编外之子被拆散时也会感到同样的疏离感。没有人例外，只是每个人的程度或多或少。星际战士之间的兄弟情谊就是如此重要。如果对彼此的情谊不确定，或是表达得不对，就会带来猜疑。星际战士们无所畏惧，但他们也不是没有感情的机器人。

他自己的调令，就是像这样的狠狠一击。查士丁尼经常表现得通情达理、善解人意。因此他深受大家的喜爱和信赖。但他像每个人一样把痛苦隐藏在内心深处。

他肌肉酸痛地结束了训练。汗水犹如一条条小溪，从全身流淌而下。

查士丁尼去冲了个澡。他用掉了配给的三次热水限额，把全身的汗水冲刷掉。同一个莲蓬头随后又喷出热气，将他的身体烘干。查士丁尼取回紧身衣和铭牌，出门坐上了一辆前往他的连队武装大厅的班车。尽管他特意选择了一所偏僻的训练场，但在巨大的加拉坦里，到哪里都不会很方便，都需要经过一段旅程。

新星战士第五连的兵营是临时设立的——加拉坦星堡属于极限战士——但在这座宇宙飞行器里，有足够的地方容纳他们。就像这个时代的大多数事物一样，加拉坦的空间过剩。即使在安置了新星战士战团、百余名死亡守望、三万名极限战士辅助军其他所有人之后，这里还有的是富余的空间。

谁知道这些兵营在新星战士第五连入驻前空置了多久？或许是永恒那么久。许多个世纪的静滞经历让查士丁尼对那些疏于照料的地方有一种奇异的好感，仿佛他能感受到生机勃勃掩盖之下的垂垂老矣的气息。他被这些地方所吸引。查士丁尼喜欢这些地方。

他沿着连队武装大厅的中央过道前进。几个小房间里有人在安安静静地维护着他们的武器。与鲁登斯号上的喧闹相比，这里的人显得克制得多。查士丁尼和这些未来的兄弟们简短地互致了问候，走进自己的武装间。他的铠甲和武器都挂在架子上，工作台干净而整洁。他上次离开的时候并没有收拾得这么好，看来这个战团的仆从们很是尽责。

那套被骨白色和深蓝色交割为四等份的铠甲，令他感到很不舒服。一名星际战士必须靠战斗铠甲来识别身份。穿上它之后，这件铠甲就会跟着他一起行动，成为他的一部分。大部分时候他看到的是自己兄弟们的铠甲，而不是他们的脸。他们都在铠甲里生活。离开了它，一个整体就会只剩下一半。查士丁尼有一瞬间感到很无助，几乎被那件挂在架子上的战士装束的凶暴冷酷所压倒，仿佛那件铠甲会突然伸出手，因为查士丁尼的软弱而碾碎他。

恐惧稍纵即逝。查士丁尼靠近铠甲，解下了右边的护手。

他的人生变化超出了一切的想象。在跨越几千年的一些不连续的短暂时间里，他经历过无数的事情。仔细想想，这些事是如此不可思议。但是，就算他不记得自己是谁，至少他知道自己是什么身份。无论他觉得有多么尴尬，疏离感总是挥之不去。

他是查士丁尼·帕里斯士官，原铸星际战士，一名帝皇的忠诚的仆人。

但他不是新星战士。

怀着这种挥之不去的情绪，查士丁尼伸手按下墙上的呼唤铃，召唤武装仆从们过来。

加拉坦是极限战团最庞大的星堡。从荷鲁斯之乱前的时代开始，它就已经开始镇守五百世界间的交通要道了。这座星堡是史前黑暗时代的遗物，在那时，人类第一银河帝国还处于科技和力量空前绝后的巅峰。

加拉坦不仅仅是一座战争堡垒，还是一座太空城市。它直径一百公里，就像在泰拉上已经被毁坏的轨道平台一样巨大。它的武器舱内布置着足以装备一整支舰队的毁灭武装。在奥特拉玛曾有六座类似的星际要塞，多年来它们都镇守在深空之中。只有在最迫切需要的时候，这些星堡才会出动。在第一次泰伦战争时期，它们当中的半数被重新部署到了新的战略位置，但这种情况非常罕见。

但在大裂隙开放，纳垢对基里曼的家园发起猛攻之后，这一切都发生了变化，现在这些星堡都去了各个需要它们的地方，而各处都在需要它们。

有三座星堡在泰丰斯的瘟疫舰队攻击下陷落。它们在大规模军力的集中攻击下被压制，防卫部队被疾病打垮。最终这些星堡被一一蹂躏和摧毁。

但没有人认为加拉坦也会落得如此下场。加拉坦是所有星堡当中最古老的，也是最庞大的。它装备着罕有人知的强大武器。胆敢攻击加拉坦的敌人，从未得以幸存。

在第一刻刚开始不久，查士丁尼刚走进训练场的时候，准备离开德罗尔的命令就已经传达下来了。在第二刻刚结束，查士丁尼穿好铠甲开始执勤的时候，准备工作正在有条不紊地进行当中。星堡中心的大型四层反应堆正在准备启动最大功率。数以千计的科技神父怀着对尊贵的机械的至高敬意，祈祷这项工作能顺利完成。机械神教的其他所有人都停下了手头的工作，希望以他们的敬意，来彻底唤醒这些过去的秘密引擎。

到第五刻时，反应堆终于达到了最高运转效率。它们强劲的跃动撼动着整座星堡。不久后，主推进器启动。这座星堡被引擎所环绕，靠近大德罗尔那一侧的所有引擎都爆发出亮光，将这座巨物推离它守护着的行星。引擎产生的巨大能量除了用来移动星堡自身，更重要的是用于维持完整性力场和结构承重活塞的运转，防止星堡被自身的推力撕裂。

大德罗尔颤动着。加拉坦的运动引发了整个南部大陆的地震。新星战士们曾经奋战夺回的那些城市，在地震中倒塌了。海啸侵袭着大德罗尔上许多岛屿的海岸线。要不是因为之前的战争导致这里的人口已经大大减少，这次行动至少会造成上百万人的死亡。

缓慢地，非常缓慢地，加拉坦笨重地离去。它的重力尾迹牵动着过去的舰队留下的残骸。它将小行星带的那些小行星撞得偏离轨道。七天时间里，加拉坦一直迟缓地前进着，越过德罗尔二号、伽倪墨得斯、阿托利，以及杜马尔周围那些被烧毁的轨道居住区残骸。花了七天的时间，加拉坦终于抵达了德罗尔星系的柯伊伯带的内侧，亚空间跳跃点就在这里。

星堡在跳跃点停了下来，但并没有时间休息。

在星际要塞的内部，从中心发出的一声尖锐呼啸穿透了星堡的每一个区域。星堡内的人们纷纷前往宿舍避难。加拉坦持续尖啸了一天半之后，终于完成了亚空间跳跃的准备。

一个暗哑难听的咆哮声不自然地打破了真空的寂静。加拉坦的亚空间引擎在分隔现实世界和亚空间的薄纱上撕开了一个巨大的空洞。真实空间的等离子引擎喷射着炽热的火焰，推动着加拉坦驶向空洞，星堡从现实跃入了亚空间。

亚空间裂口砰然关闭。那些被加拉坦从小行星带上牵离原位的小行星，化作彗星朝太阳漂移而去。除此之外，再也没有星堡曾经在此地存在过的证据了。

第十章

向行星前进

第一舰队脱离了亚空间，片刻不停地驶向帕梅尼奥星系中央的一号世界。在获得了来自奥特拉玛各处的增援后，这支舰队的数量已变得非常庞大。其中有一部分兵力是刚完成任务返回的特遣队，他们击败了入侵各地的死亡守卫支队，确保了那些世界的安全。剩下的都是从整个极限星域内调遣来的援兵，这当中的主力来自机械修会：护教军兵团、战斗机器人，还有奥伯龙、强勇、圣火三支泰坦军团的各半团兵力。另外还有几十支星界军兵团、许多修道院的战斗修女、暴风兵突击部队等等。

基里曼并未请求他们的支援。实际上，在平定北部边境后，他已经把除了第一舰队的阿尔法战斗群之外的兵力都派往其他战线了——他战略的关键点就在于从多处同时发动攻击——但援兵还是络绎不绝前来。

在马库拉格之耀号的指挥甲板上，罗保特·基里曼如臂使指般控制着他的大舰队。在他居高临下的讲台前，整整一面甲板那么多的屏幕呈半圆形排列开来。顾问们集结在他的右侧，成群的官员站在他的左侧，随时听候他的命令，即使赴汤蹈火也在所不辞。

整整一天，所有的星舰都以最大功率燃烧引擎，达到将近十分之一光速的航速。在穿过星系边界的内缘之后，才开始了漫长的减速过程。容易被摧毁的运输船布置在舰队的中央，受到成排护卫舰的保护。主力战舰则组成了锋矢阵形。在锋矢的最顶端，正是马库拉格之耀号。

作战准备正紧锣密鼓地进行。无数男人和女人在原体身边来来往往地忙碌着。但基里曼从不离开他的座位。他会在座位上进食和饮水，但从不休息。他监视着所有的活动，他那浩瀚的思维可以处理一切事务，并不断做出细微的调整。舰队司令卡斯特林的指挥座在原体座位前方，跟基里曼对比起来，他看起来就像是个小矮人。但卡斯特林竭尽凡人所能地尽量减少休息时间，只有在基里曼命令他去睡觉时才会离开。

舰队时而减速，时而疾驶过星系内部，艰难地穿越那些被瘟疫和战火蹂躏的世界。

"帕梅尼奥星系的那些较次要的行星世界，都已陷入苦战。"英杰菲利克斯说。他是基里曼的前任侍从。菲利克斯负责统筹对帕梅尼奥的行星空降行动。大多数时候他在别处向战士们下达命令，但还是每天挤出一个小时到指挥甲板上，在他的基因之父身旁学习。

"我们会及时解救他们，"基里曼说，"但我们必须先解放帕梅尼奥，否则攻守的形势就会逆转，我们将不得不成为围攻敌人的一方。我们要用最快的速度和最强的力量，打击腐化势力的心脏。一旦我的兄弟被击倒，对付那些外围的混沌战帮就会变得轻而易举。我们绝不能贻误战机。"

谁也没有提出异议。所有人都神情严肃。目睹这么多奥特拉玛的美丽世界被瘟疫之神荼毒，他们都深感悲恸。人们的心中，唯有复仇。

帕梅尼奥的光芒逐渐增强。它比其他行星都要更亮，很快变得比恒星还要耀眼。不久后，帕梅尼奥的光芒已经掩盖了围绕太阳旋转的其他姐妹行星。基里曼无视自己曾写下的战略教条，让舰队沿着行星黄道带，径直朝那个世界驶去，全然不顾可能会迎面而来的炮击。基里曼要用这种勇敢无畏的方式向自己的兄弟传达讯息：你不受欢迎，若不退避，必将一死。等帕梅尼奥变得比其他姐妹行星都更庞大之后，菲利克斯就离开了舰桥，前去让部下们准备出动。

在基里曼坚定的目光凝视下，帕梅尼奥从一个光点变成一个小球，又变成一个大球，直到展现出整个星球的全貌。海平面上的三座大陆相映成趣。加达莫斯大陆孤悬在遥远的南方海洋中，而赫卡顿大陆与凯尔托大陆则彼此相邻，占据了北半球的大部分面积。从地质学的角度来看，它们才刚刚分离不久，脱离彼此的怀抱仅仅一百万年的时间。受到狭窄的河海的阻隔，被抛弃的赫卡顿伸出一座充满深情的岬角，指向凯尔托那荒凉的、无情的群山。

有一些新的光芒闪烁着出现在视野中，沿着固定的轨道从那颗行星的暗面旋转而来。

"敌军舰队出现，大人。"舰队司令卡斯特林高声宣布。

"进行远程探测，尽快把它们的战力分析报告提交给我。主占卜阵列，立刻开始扫描整个行星。"基里曼下令。

　　基里曼并不担心瘟疫舰队，与帝国大军相比它们微不足道，它们仅有三艘主力舰。但是，还是要先着手对付它们。

　　那些舰船的腐朽程度各不相同，看起来更像是被困在古代太空战场的重力井中的弃船，而非还在运作的战舰。但它们依然还能在太空中航行。尽管从外观上已经锈蚀、破损不堪，但它们就像是一群疾病缠身的深海掠食者，滑过布满太空残骸的帕梅尼奥行星轨道。其中两艘船上明显有恶魔的赐福，被纳垢的疯狂想象改造得面目全非。船壳变软了，上面覆盖着生机勃勃的血肉。它们腐烂得如此严重，仿佛已经毫无威胁。但基里曼很清楚真实情况。他下令将这两艘船作为优先攻击目标。

　　"莫塔瑞恩的旗舰没有出现。"禁军保民官马德瓦·柯肯说。自从原体到这里后，只有柯肯一个人从未离开过他，始终神情肃穆地身披金甲侍立在侧，"他应该不在这里。"

　　"他没必要亲临此处，"基里曼说，"莫塔瑞恩已不再是一名原体。亚空间的黑暗能量赋予了他力量。恶魔无需星舰就能穿梭群星之间，莫塔瑞恩现在也是如此。但他会过来的。他的实际行动几乎向我坦白了。不要被他舰队的弱小力量所误导。这只是一个邀请。看吧，这支驻防舰队数量并不多，只不过是一些较次要的变节者们的舰船。"

　　"这是诱饵。"菲利克斯说。

　　"没错，但我很乐意上钩。"基里曼说。

　　"这些堕落的战团，比古老的叛徒要更令人憎恨。他们完全自愿地跳进了地狱。他们很清楚会付出什么代价，而且接受这一切。"柯肯说。在这位禁军的巨大的铠甲内，始终在积累着怒意。他很少说话，但每当开口，都像是在训斥，仿佛总是处在发怒的边缘。他用力吐出每个音节，每个音节都如同子弹般迸射。在原体从长眠中苏醒之前，禁军几乎毫无作为，柯肯对此感到万分羞愧。对不同的人，羞愧带来不同的影响，在柯肯身上表现为愤怒。他对基里曼近乎篡夺了帝皇的权位而愤怒，为整个银河的困境而愤怒，但更多的是对自己的愤怒。就算他斩杀上千名敌人，依然无法化解这愤怒。每一次杀敌，都会让他想到，如果不是被长期限制在泰拉，他的剑还能再消灭比数以千计更多的敌人。

"他们的理由是他们的事，"基里曼说，"无须纠结谁的背叛程度更严重。我们只需要关注他们是什么样的敌人，有什么样的战斗方式。"

"他们是被腐化者。战斗技能比不上叛逆军团。"柯肯说。

"尽管如此，他们依然不好对付，"基里曼说，"阿提克斯攻击群，离开阵形去攻击瘟疫舰队。在我军靠近行星时，别让它们过来捣乱。"

人们急忙传达他的命令。数量足以匹敌一支舰队的阿提克斯攻击群加速行驶，离开了阵形。许多截击机中队从舰队其他位置出发，在大军主力和阿提克斯战群之间执行战斗巡逻任务，万一瘟疫舰队有舰船突破，它们就会前去及时拦截。

"我们已经确定了一个潜在的亚空间能量来源，大人，"舰队司令卡斯特林报告，"在赫卡顿，东方大陆的首都。"

"把它显露出来。"基里曼下令。

一个战术全息投影球闪烁亮起。帕梅尼奥就像一个真实的影像般呈现在球体内。西方大陆并未被腐化触及，南方大陆大体也安然无恙。这两大块陆地呈现出绿色和灰色，在屏幕上闪烁着标志着健康的蓝光。那些地方都还有生命，尽管主要城市的上空都在冒着长长的黑烟。

赫卡顿则已被蹂躏，为病态的黄雾所覆盖。

"让它露出来。"原体说。

"修正大气层影响。"一名占卜学转换技师吟咏着说。

图像闪烁了一下。奥术科技将浓雾从全息影像上一扫而空。

基里曼上一次见到这个世界时，赫卡顿肥沃的平原曾经是一片令人眩目的翡翠色，从轨道上可以看见圆形的农田、亮白色的大理石城镇和灰色的交通枢纽广场镶嵌其间。但这一切都已化为污秽。在将这片大陆一分为二的巨大山脉的东侧，只剩下灰烬废土。农场和市中心化为死寂的黑色大地。山脉西侧，靠近凯尔托大陆的那边，一片肮脏的漆黑沼泽凭空出现。沼泽淹没了赫卡顿平原，一直延伸到海岸线和港口城市提洛斯。

"给我看看赫卡顿城。"基里曼下令。

战术球旋转起来，直到赫卡顿城呈现在基里曼的面前。

"拉近视角。"占卜主管命令。

全息影像开始扩张，仿佛将位于轨道上的观众们吸向靠近地面的高度。

赫卡顿著名的沿山阶梯广场，已经长满了灰蒙蒙的杂草。水上花园之间的步道，变成了毫无生气的黑色线条。有一层新的图像叠加在视觉输入上，让景物形成了新的色泽。这种视觉特效有点类似热视效果或者夜视效果，但这种特殊的过滤图像是这艘船的灵能之眼获取到的，它是一种可以映射亚空间能量的奥术机械。

随着巫术生成的虚拟图像加入后，赫卡顿化为一个旋转着的旋涡，无数触手从旋涡中伸出，覆盖了整个世界。它伸出的丝绦远远超出行星的范围，只要触碰到什么地方，腐化之力就开始扎根。

"莫塔瑞恩的时钟肯定就在这里，在赫卡顿。"基里曼说，"我们最好发动一次轨道轰炸。摧毁它，破坏莫塔瑞恩在整个奥特拉玛编织的巨网。立刻确定它的防御情况！"

"扫描表明那里有一个亚空间力场，"占卜主管说，"没有空隙。"

"给我主占卜阵列的控制权。"基里曼说。

"遵命。"

基里曼的手指在无数的橡胶按钮和黄铜键盘上飞舞。他不时停下，双眼对着许多显示器来回眨动。"这里可能是来源。"在一个全息投影球上弹出一个扁平的图像框，上面呈现出一大片被肉质血管覆盖的动力工业区。"它受到一个亚空间护盾的防护。准备灭灵导弹，击穿那道防护。缺口应该不会保留很长时间。但只有到地面上去才能摧毁动力源。菲利克斯英杰、西卡留斯连长，"一个盘旋空中的通讯小天使，将基里曼的话音传递到了他的战士们所在的空降船上，"立即准备开始行动！"

一阵警笛鸣响起来。

"正在装填灭灵导弹，大人。"炮击主管宣布。

基里曼注视着全息装置，分别代表他的舰队先锋和瘟疫舰队的带有不同编号的三角形，正在矢量球体内彼此纠缠。

"等我下令后再开火。布雷赫卡斯特林，全速向行星前进。"

"我们可没有多少这种导弹，大人。"柯肯发着牢骚。

"因此我们必须命中。"基里曼说。

叛逆星际战士们的舰队发现了马库拉格之耀号正快速甩下周围的护航部队。一个毁灭者轰炸机中队奋力突破了帝国军的防线，朝着基里曼的旗舰扑来。

卡斯特林命令炮手们迎着它们的前进路线布下弹幕。那些战机还能再苟延残喘片刻，但毁灭的结局早已在前方注定。

"报告和行星的距离。"基里曼说。

"三万二千公里，不断接近中。"

"反向推进器开到最大功率。"卡斯特林命令。

"大人，填弹已经完成，随时可以投放。"炮击主管报告。

"到距离二千六百公里时发射，"基里曼下令，"拦截激光炮和粒子光束炮塔待命，随时准备拦截敌人的反导弹攻击。"他目光投向了柯肯："我们必将命中。"

马库拉格之耀号疾速穿越太空，帕梅尼奥行星被摧毁的轨道建筑的无数残骸碎片，在战舰前方的虚空盾上擦出一场小规模的雷电风暴和密集的毁灭闪光。舰体艰难承受着减速和帕梅尼奥的引力带来的双重挤压。但这一切在真空中都一片寂静。所有的船员，无论是基层的凡人、机仆，还是阿斯塔特修士，都全神贯注于自己手头的工作。

"距离，二千六百公里！"炮击主管报告，"拦截炮塔参数设定完毕，准备投放巨弹。"

"菲利克斯英杰，西卡留斯连长，出发！"原体下令。

一百道等离子光芒闪烁着迸射出马库拉格之耀号的装卸甲板和机库。基里曼一直等到那些突击载具离开了船首，朝行星飞去后，这才开口说："投放巨弹。"

"投放巨弹。"卡斯特林转述。

"巨弹发射！"炮击主管确认。

"我们离通常的轨道空降位置太远了。"柯肯说，"突袭部队很容易被攻击。"

"通常来说是这样，"基里曼说，"正常应该在距离几百公里而不是几千公里的位置空降。但在现在这个位置上，马库拉格之耀号可以掩护它们免受瘟疫舰队的威胁，还可以随时应对我的兄弟可能设下的任何伏击。注意看，多学习，禁军。"

马库拉格之耀号轻微地战栗了一下，就像是这艘巨舰吁出了一口气。

从利刃形的船首，四枚巨大的导弹滑行而出。它们非常庞大，体积不亚于舰队中一些较小的舰艇。虚空引擎占据了导弹的后部三分之一空间。被焊死连接进导弹的沉思者阵列中的机仆们引导着它的航行。这些导弹拥有自带的防空炮组、干扰装置和诱导发射装置，因为它们携带的弹头极为珍贵。

每一枚导弹都携着多个集装箱，它们就像左轮手枪的弹仓排列分布，被保护在导弹的多重装甲内部。它们一共三排，每排各六个，总共有十八个箱子。它们被如此强大的武力装置运送着，只为了毁灭某种特定目标。

在这些容器内，是不可接触者的遗骸的提炼物。这些人就像寂静修女一样，在亚空间中几乎没有投影，他们的存在，本身就是对混沌领域的造物和能量的诅咒。不少人认为这种导弹是异端的武器。它们的数量极为稀少。

基里曼毫不犹豫地使用了它们。

一开始，这些导弹相对旗舰移动得很缓慢，但引擎逐渐加速将它们推向行星。一团云状的反射层包裹着它们，每隔三十秒导弹自带的发射器就会喷射这些物质进行补充，在它们后方的太空中残留下一道灿烂夺目的尾迹。

导弹没有受到任何阻击，直到接近行星后，帕梅尼奥的那片枯萎的废土上才闪烁起防御的火力。导弹的自身防御系统对那些较慢的目标进行拦截。高速射来的光球在疾驰的导弹上炸开。细小的光束灼烧着弹头。但敌人的激光在反射层上被散射，聚集的光束被扩散削弱了。

"三分钟后击中。"炮击主管宣布。

"行动部队正接近行星表面。"

导弹已经超过了菲利克斯的前锋入侵部队的行进速度。橙色闪光在空降船的前方闪烁着。外壳的隔热盾轻松抵消了重返大气层时的摩擦灼烧的温度。

马库拉格之耀号的舰炮正在轰鸣，朝下方世界进行一定程度的轰炸。这些炮击的目的并不是摧毁敌人——基里曼并不想过于毁坏帕梅尼奥——而是要让保护这个工业区的防空网络瘫痪。

一道眩目的闪光在观景窗中闪现，而后渐渐熄灭。一艘敌舰被击毁爆炸了。但此刻所有人的目光都集中在灭灵导弹上，无暇关注它的灭亡。

基里曼突然向前倾斜身躯。一枚导弹在连串的火力中爆炸，将反灵能的劫灰洒落在平流层中。

半分钟后，幸存的三枚导弹击中了目标。在战术全息显示中，那团巨大的灵能旋涡就像被点着的纸一样燃烧着变皱退开。旋涡在消散的边缘挣扎着，又开始缓慢地往回蔓延。

"大人，亚空间护盾已经失效，"占卜主管报告，"灵能之眼显示亚空间能量正在重建中。护盾将在五分钟到十分钟之内恢复。"

基里曼点点头。即便是按最悲观的预估时间，菲利克斯的部队也可以顺利完成着陆行动，而不会一头撞上亚空间护盾。他审视着在赫卡顿废土上方旋转着的腐化之眼，用不了多久它就将完全闭合，恢复原状。

基里曼开启了全舰队通讯频道："这次突袭非常危险，而且也很难顺利完成。我并不情愿让你们执行这项任务。但别无他法。莫塔瑞恩的混沌之网腐化了我们家园的物质世界。这张网让死亡守卫们力量倍增。它的黑暗能量滋养了莫塔瑞恩的恶魔盟友，让这些恶魔得以维持其存在。它还加速了莫塔瑞恩的非自然瘟疫的传播。只要能破坏在帕梅尼奥的亚空间时钟，接下来我们就将势如破竹夺取胜利。这场战斗，是胜利的起点，也将会是在这个世界最艰难的时刻。因此我请求你们，以帝皇的名义勇往直前。他对你们寄予厚望，希望你们尽一切努力。他赐予你们过人的力量，正是为了让你们能保护那些弱小的人，将他们从侵袭银河的恶魔手中解救出来。在你们战斗时，我将与你们同在。"基里曼停顿了一下，"我的父亲也将与你们同在。"

基里曼望向轮值主管："命令第二波入侵空降舱做准备。向所有陆军运输船和泰坦空降船发送指令，只要亚空间时钟一被消灭，它们就立刻行动。卡斯特林，带我们前往稳定的高层轨道。选择一个合适的射击位置，对准赫卡顿大教堂持续轰炸，压制敌人的防空力量。"

船员们异口同声地响应命令。马库拉格之耀号减速并转向，占据了赫卡顿城上空的轨道锚点。光矛开始充能，在宏炮舱内，炮组成员们奋力装填着威力巨大的熔岩弹。

"第二波各队指挥官报告已准备完毕，大人。"轮值主管说。

"发射。"基里曼说。

在原体的号令下，数十艘星舰的发射管喷出了火舌，奥特拉玛的星际战士们彼此竞逐着穿过虚空，掠过瘟疫舰队垂死的残骸，朝着患病的行星飞去。

第十一章

莫塔瑞恩的神殿

"砰"一声巨响,是推进器喷射发出的轰鸣。加速产生的力量推挤着身穿铠甲的菲利克斯。他的视网膜显示屏内不断蹦出各种信息行。警报声和语音通知几乎盖过了强袭部队的通讯报告。数据流以文本、图形、数字等形式跳跃着显示,刚引起人的注意,就被下一条信息覆盖了。

短暂的几分钟内,他身体周围的压力消失了,加速度也停止了,他在客舱内平静地漂浮,仿佛自己的重量已经被完全遗忘了。但这时间太短暂了。帕梅尼奥的行星引力攫住了这架飞行器,把他们从天空中拽了下来。船头与大气层摩擦挤压发出的巨响震耳欲聋。

"四分四十二秒后,亚空间护盾将会再度关闭。"占卜主管的声音有点尖锐刺耳。菲利克斯能理解他的紧张。对那些赴身死地的人们,很难用平静的语气说话。

"引擎最大动力,加速到极限速度。"菲利克斯在强袭船队的通讯频道里说。尽管这么做可能会导致强袭鱼雷在加速度的作用下濒临解体,但他的命令还是被无条件地执行了。

他们必须在护盾恢复前突入工厂,而且越快越好。亚空间护盾是虚空盾的一种巫术形态。帝国舰艇上的虚空盾用科技力量驱动,而亚空间护盾则利用黑魔法的能量。因此,亚空间护盾的情况并不能被完全预测。现在速度是一切的关键。炮艇甚至空降舱都太慢了,只有强袭鱼雷——这些被设计成可以射穿其他舰艇的船体、让搭乘的战士们安然无恙登船的高强度飞行器,才能在不浪费时间减速的情况下猛冲向帕梅尼奥的地表,并在撞击中幸存下来。

理论上是这样的,但还需要实践来证明,菲利克斯提醒自己。这样的策略其实很少使用,因为风险实在是太高了。

作为一种登船的入侵工具,强袭鱼雷可以达到极高的速度。但它们从未被设计成可以直接全速射进星球重力井。即使这些小船一开始没有在大气层中烧掉，撞击时也极为危险。强袭鱼雷有一层陶钢隔热罩，但它的用途是为了保护船的前部在击穿目标船体时不会被热熔装置烧掉，而不是用来对付突入大气层时产生的摩擦高热。只有在下降过程中保持船头一直对着行星，他们才有可能生还。机械专家告诉过它，在史前的蒙昧时代，那些古董太空船和原始太空船就是按照这个原理运作的。

至少，这是有理论依据的，但只存在理论上。在这支舰队里，没有人体验过如此原始的技术。专家们认为，他们确实有可能都会死。

菲利克斯让自己专心考虑接下来的行动。前方是一个布满剧毒的战场，从帝国诞生以来就追随莫塔瑞恩作战的勇士们正守在那里。与之相比，空降的危险不值一提。

穿过大气层的尽头时，强袭鱼雷颠簸起来。这熟悉的晃动感，让菲利克斯全身骨头都快颠散了。他清除了视网膜显示屏上的所有显示标记，只保留了两个计时条，一个计算距离亚空间护盾复原所剩余的时间，另一个则显示他们到达地表还需要多少时间。两者的数值相差无几。

他战斗装甲中内置的视网膜显示屏，要比旧型星际战士铠甲的传统头盔显示器要先进很多。菲利克斯的头在颠簸中剧烈摇晃，但那两个计时条依然一丝不苟地工作着，如同水晶般清晰严谨。

计数器开始显示1分钟读秒。强袭鱼雷应该正飞过城市上空，如果敌人防空系统没有被摧毁的话，此时应该就会对它们集中火力射击。鱼雷的轨道运动很好预测，是一个很容易瞄准的标靶。

他们移动得越来越快，轰鸣的喷气引擎将鱼雷推向地表，强大的推进力让重力的影响变得几乎可以忽略不计。

一切结束得很快，引擎的推力本来将菲利克斯死死地按在安全座椅的后背上，突然一个巨大的冲击力把他朝前方推去。但这并不像他想象中那么难受。通常情况下，当强袭鱼雷撞上金属船壳时，会响起警报声和爆炸声，而他们会在鱼雷内部的狭小空间内颠来颠去。但这次鱼雷突入被防护的工厂的体验完全不同，并不像登船行动时那种钉子插进金属的感觉，而是感觉像一颗子弹射穿尸体外皮般地令人恶心。

菲利克斯在撞击中昏厥了片刻，战斗装甲的机魂察觉到了主人的异样，从药物仓中给他注射了一发清醒剂。

鱼雷像利刃般刺入了工厂癌细胞般的外皮。打穿的通道因为皮下出血而变得湿滑。跟菲利克斯习惯的粗暴刺耳的鱼雷钻入船体的感受不同，这次突入就像是坐滑梯般顺溜。

随后，鱼雷穿进了还保留着原来的混凝岩和塑钢结构的墙壁内部，船体微颤着前进，热熔装置一边燃烧一边发出响亮的声音，刻度盘上的指针快速下降，显示鱼雷的能源即将耗尽。除此之外没有其他任何系统通知了。按理来说，鱼雷射入大型金属结构建筑后，本该在巨大空间内部反复弹跳，然而，这一切并没有发生。所有人都能感受到一种不断增长的恶意。这是个禁锢着人类和机械的血肉地狱。

跟短暂的空降相比，在这座建筑内部穿行仿佛永无止境。

就在菲利克斯以为这趟旅程永远无法结束时，系统乐音响起，报告目标点已经到达。船首的空气阀门开启了。热熔装置关闭。推动鱼雷持续前进的履带开始反向旋转，让鱼雷停了下来。

一种由血肉和不可名状的体液混合成的黏稠物质包裹着鱼雷，涌出来流淌到前方的一个走廊上。在流过刚被热熔装置烧成结晶的熔渣时，那些黏稠物质被烧得嘶嘶作响。

周围陷入了短暂的寂静，只能听见金属冷却时的轻响和外头隐隐约约的爆炸响声。

花瓣状的船首门猛然打开。菲利克斯小队的五名原铸掠夺者老兵关掉了在地板上固定双脚的磁力锁。安全带松脱下来，滑到一旁收进安全座椅。菲利克斯前方的两名战士先跳进了这座建筑物的地狱般的内部。打头阵总是伴随着荣誉和危险。曾有过许多星际战士刚从登陆艇冲出来的时候就被敌人射杀。但在这儿，并没有敌人来迎接他们。那两名战士在强袭鱼雷洞开的船首旁边举着枪，就像哨兵般警戒地看着四周。

菲利克斯也走出了强袭鱼雷。另外两名原铸星际战士紧随其后，脸上的骷髅面具在黑暗中发光。他们越过先前的两人沿着走廊往前走了二十米，分别站在走廊的两侧。他们刚站好，卡斯潘士官也走了出来，在他手中拿着一个不断发出报警音的占卜仪。

在强袭鱼雷击穿墙壁后不到五秒，这六名星际战士已经全部离开舱管，各自就位。

这座人工建筑的大部分面积，已被脉动着的成片绿色肉块所覆盖。只在少数几个角落，还能依稀辨别出原来的遗迹。接线盒上的黏液滴滴答答地往下流淌；布满角质生物的灯管在微弱发光，除此之外几乎没有任何光源。星际战士们枪上的内置探照灯发出刺眼的光芒。在那些黄色光圈触及之处，长着黑色眼睛的纤毛摇摆着缩回墙内，就像是被光亮灼伤了一样。

菲利克斯脚下的钢靴踩过地板时，他感到一阵恶心。尽管踩在地面镶板的网格上会感觉落脚处更坚实一点，但踩在地上的血肉部分时，它们和钢铁栅格的反差更加重了他的嫌恶情绪。一团绿雾在膝盖高的位置漂浮着，遮挡了地面。有鬼鬼祟祟的东西在暗中咯咯发笑，只要有人望去，它就会立刻逃走，留下一个丑陋逃窜的身影。菲利克斯小心翼翼地前进，爆矢风暴护手随时准备射击。他重新激活了视网膜显示功能，让铠甲内置的沉思者配合卡斯潘的占卜仪，对这个怪诞的环境进行全面分析：到处都是同样的毒性成分。

"原体在上，"一个名叫莫杰斯的老兵说，"这鬼地方也太臭了。"

"检查你的头盔密封。"菲利克斯说。他开口说话时，总觉得自己不知不觉就被污染了，好像言语从他口中吐露出来时，就给这个动力工厂的腐化力量留下了一条潜入的线索。菲利克斯越来越不安，再次检查了自己的重力级铠甲的内部系统。视网膜显示确认他的装甲处于完全密封状态，足以对抗真空环境和其他更恶劣的外部情况。但那带着肉味的恶臭充斥着他的口鼻，他的喉咙里有一股像是烧焦的腐肉般的苦味。

"我们所有人的铠甲都完全密封，隔绝外界。"卡斯潘说，"但我还是能闻到。这不可能！"

"在正常情况下是不可能的。但这是巫术。"莫杰斯说。

"不说这个了。"菲利克斯说。他正忙于部署其他部队的行动。尽管有几枚强袭鱼雷被击落，但还是有一百三十八名星际战士顺利进入了这座工厂。他接受了战友们发来的数据，但只是看，并不回复。如果有人能在未被发现的情况下潜入此地，菲利克斯希望他能保持这种隐匿状态。因为彼此一旦发生通讯，就很容易被追踪到。

卡斯潘已经将占卜仪的模式调整为探测大型高密度物体和发热源，这种方法可以用来扫描出身穿动力铠甲的敌人。"我获取不到目标。尤芬、戴勒，确认是否能肉眼发现敌人。"

"这条走廊上没有敌人。"尤芬回答。

"计划顺利，此地确实很安全，大人。"卡斯潘说。

"遗忘骑士沃伊，"菲利克斯说，"你可以安全地出舱了。"

阿夏拉·沃伊走下了强袭鱼雷的活动梯。尽管她比菲利克斯手下的魁梧战士们要纤细得多，但沃伊的身上却笼罩着一种令人敬而远之的气氛。在她走进这个瘟疫之地时，甚至比原铸星际战士们还要面无惧色。沃伊背后扛着一柄带鞘的巨剑，大腿边上用磁力锁挂着一把小口径爆矢枪。就像星际战士们一样，她身穿动力铠甲，但这套铠甲要精致得多。那是被称为"誓言之铠"的弗拉廷甲。由于系统更小巧、护甲更轻便，她无须佩戴星际战士们的笨重的动力背包，就能更敏捷地移动。大幅提高的机动性意味着防护能力的欠缺，弗拉廷甲缺少阿斯塔特用的铠甲的密封性能。唯一能抵抗毒性环境的装备，就是从她脖颈延伸至口鼻的栅格面甲。里面藏有一个呼吸器。尽管她的铠甲各个连接处都暴露在外，对各种毒素和瘟疫毫无防护措施，但沃伊显得不怎么害怕此地的污染。她戴着一顶高高的头盔，让人联想起禁军头盔的式样。头盔和面具突显了她的脸部轮廓，但不让人看见她的嘴。这是对"宁静誓言"的一种直白的提醒：寂静修女永远弃绝与人说话。

沃伊出来的时候，用寂静修会的思维符号向菲利克斯做了个手势。尽管菲利克斯自己也看懂了这个手语，他铠甲的机魂还是在视网膜显示屏上给沃伊的手周围描绘出电弧的闪烁轮廓，并向他提供了音频翻译。

"你的士官说得很对。这个地方深受亚空间影响。"沃伊持续打着手势，"你们闻到的气味不是物理现象，而是瘟疫之神的作为。看吧。"

沃伊走近菲利克斯。她的灵能空白领域笼罩住了菲利克斯，保护他脱离了这座工厂内的恶意。菲利克斯感觉灵魂如释重负，刚才那股臭味也渐渐消退。沃伊对这座建筑物产生了惊人的影响。她那奇特的天赋切断了亚空间的生命维持能量，周围的血肉斑块开始发黑。大块的脂肪从墙上滚下，露出了里面被腐蚀的塑钢。无论她走到哪里，绿雾都游动着退避，覆盖地板的生物组织痛苦地颤抖。

"真令人惊叹。"菲利克斯说。

"我是这个地方的克星。"沃伊做手势，"不过要等到那件装置激活后，你才会知道这个词的真正含义。靠近我一点，英杰。"沃伊接着说，她在护目镜后的目光直视菲利克斯的双眼。"在这些房间里的普通疾病奈何不了你，但在这里还有污染灵魂的疾病。如果没有我，你或许无法抵抗。"

"明白。"菲利克斯说，"我们必须保护你安然无恙，请不要冒任何不必要的风险。"

沃伊点点头，但还是拔出了她的行刑者大剑。一位遗忘骑士并不需要别人的保护。她躲在星际战士们的后方，只是为了保护他们，而非为了自己的安全。如果沃伊死了，其他人将不可能对抗这座工厂内的灵魂腐化力量，会很容易被伤害。

菲利克斯向部下们发送了一个压缩数据包，再次提醒他们各自的任务。他们已经都浏览过上百次了，但菲利克斯还是认为有重复的必要。尽管他们都是参加过不屈远征的老兵，与千奇百怪的敌人们战斗过，但他们当中没有人曾经进入过被如此严重污染的内部环境。那些进入过纳垢神殿腐烂深处的探险队，很少有人能平安归还。

菲利克斯快速获取了其他部队的情报。有几个掠夺者小队已经分散潜入了这座建筑物的各个角落，利用他们的本领去专门袭击守卫建筑的瘟疫战士们。西卡留斯连长和这支部队剩下的兵力则在建筑物入口处承担诱饵任务。掠夺者和冠军护卫们将会牵制住所有的守备力量。尽管菲利克斯的小组负责真正的任务，但按照极限战士的做法，其他打击部队也将会发挥重要作用。一旦菲利克斯失败，他们也依然有可能摧毁这座建筑物。

"我们的兄弟正在多处交战中。我们应该还没有暴露。把设备拿出来。"菲利克斯下令。

卡斯潘再次运作占卜仪，从强袭鱼雷中引导最后一个乘客出来，那是一个重装机仆。机仆的前部安置着一个人体的上半身，看起来就像是一个怪诞的半机械半人马。后部则是一个上面有轨道的平板，轨道上安放着一个黑色球体。莫杰斯和沃伊仔细检查了那个球体，确保设备的指示灯显示出正确的图形。检查完毕后，菲利克斯花了点时间来确定当前的方位。他强大的重力级铠甲的内置沉思者，在他之前输入的这种动力工厂的古老设计图纸上叠加了目前的现实状况。一个全息地图在他的视网膜显示中闪烁出现。不出所料，过去的设计与当前的布局之间几乎没有任何关联。占卜仪返回的图像展示出一个扭曲的有机网络，它已经对早先的建筑内部构造进行了大规模的消化和重新配置。菲利克斯难以置信仅仅在几个月内就能发生这么大的变化。

一颗巨大的炮弹击中了行星的地表。建筑物在冲击中摇晃起来。原铸星际战士们听到房间里响起一声漫长的呻吟，就像是现实中存在的生物在惨叫一样真实。

"我不喜欢这个地方。"莫杰斯说。

"我看这个地方也不怎么喜欢你。"戴勒说。

菲利克斯谨慎地研究着当前的处境。这里有一条主要的管道走廊，看起来就像是一条巨大的食道，通向的应该是反应堆室所在的方向。他用剑指向前方。这是一个适合开始探险的目标。

"这边走。"菲利克斯说。

第十二章
反应堆核心

在他们朝目标前进的过程中，菲利克斯时刻关注着整场战斗的动态。有三支小队从不同的方向引人注目地朝反应堆前进，以掩饰菲利克斯的行动。掠夺者们尽可能地制造骚乱，吸引那些瘟疫战士的注意，随后又快速消失去攻击其他地方。菲利克斯的小队几乎没有遭遇到任何抵抗。他怀疑死亡守卫们是否过于依赖超自然力量的感知了。尽管阿夏拉·沃伊的存在使他们避开了灵能的探测，但其实只要对这座工厂进行一次简单的占卜扫描，强袭鱼雷就会被发现，但种种证据都显示，死亡守卫根本没有察觉到他们。

在前进当中，菲利克斯觉得这座建筑物并不像被机械扫描到的那样平常。动力工厂内部只残留着少量的机械部分，到处都蓬勃生长着大量的怪诞生命体，它们似乎没有产生任何替代机械的作用。菲利克斯本认为这些生命体应该会遵循生物科学的逻辑，但随后又觉得自己的期待真是毫无依据。他们面对的并不是物质宇宙里的人工产物。

"这并不是建筑物，"菲利克斯提醒自己，"这只是疯狂的游乐园。"

他的想法才刚说出口，就立刻被验证了。他们转向这座建筑物的中心，走进了一条水深达膝盖的隧道，厚厚的脓液缓慢但强劲有力地在下方流动着。当小队在水流中前进时，每次越过拐角处就会目睹一些怪诞的景象。满墙的眼睛，像患病的肺支气管般的走廊，随处可见某些畸形的物体在脓液中飞跃而过，但从来无法被人看清，只在一瞥中掠过即不见。

菲利克斯把钢靴从黏液中拽出来时，注意到上面的涂漆脱落了，裸露出了里面暗淡无光的陶钢。很快，陶钢表面就会变得坑坑洼洼。

"英杰。"卡斯潘的声音里带着嫌恶的味道。他在走廊外的一个敞开的巨大机房里注视着某处。机房的设备上覆盖着某种既像动物又像植物的生命体的枝叶，那些枝叶还在不停地抖动着。但是，吸引卡斯潘士官注意的，是一堵墙壁。

菲利克斯朝那边走去。机房的门槛比走廊要高一些。他迈步从小河中出来，走进机房，为自己能够摆脱那些脓液而感到高兴。

卡斯潘用枪上配置的探照灯扫着那堵墙。灯光照亮了某些被卷成圆形的生物轮廓。一开始，菲利克斯还以为这是某种艺术作品，是一幅描绘着上百个人互相依偎的浮雕。但一想到自己所处的这个鬼地方，就算这是艺术作品，也不会是传统意义上的那种作品。

在黏液层覆盖得不太厚的地方，卡斯潘的照明光勾勒出了颜色不同的衣服、徽章和工具。

"是工厂里的工人。"卡斯潘说，他把光柱照向更远的地方，"有凡人、机仆，还有机械神父。"

菲利克斯快速扫了一眼。他的注意力集中在他的视网膜显示的战场状况上。尽管身处下方的他们听不见战斗的声音，但报告正在不断传入他铠甲的系统中，伤亡人数正在持续增加中。

"可怕的暴行。"菲利克斯说，"但幸好他们已经死了，不用活着被折磨。走吧。"

离开机房后，他们脚下那条充斥着黏液的小河慢慢变浅，逐渐显现出一条走廊。菲利克斯系统数据中显示的全息地图开始有参考价值了。反应堆核心离此地不远。他们越是深入这座工厂，就会看到越来越多的技术物品的残骸，随处可见尚未被血肉斑块覆盖的塑钢墙面，不过那些墙上还是被腐蚀和聚集的污泥弄得发黑。刻着纳垢三叶标记的黄铜板嵌入污秽之中，上面的绿色锈斑渗进了周围的环境。

又走了二十分钟时间，脚下的那条小河中断了，无声地从地板边缘滑入下方的黑暗虚空。他们已经到了目的地。这条走廊的尽头，是一个曾经安放等离子反应堆控制系统的巨大圆筒。反应堆被埋藏在这个圆筒中心的一个混凝岩球体之内。无数的工作台填满了反应堆核心周围的空间。

菲利克斯不放心地查看栅格地板。在瘟疫之主的关照下，此地已经化为一片险恶的风景。河水流过的地方已经完全被熔化掉了。在远处塑钢地板的尽头，从反应堆核心延伸出了一条混凝岩边界。那片混凝岩看起来还算坚实，但通向它的道路上充满了危险。

漆黑的血管就像树根般密集地沿着墙壁蔓延而下。它们就像常春藤一样粗大，完全覆盖了观景回廊。但在被腐蚀的地面钢板上，血管变得稀疏了很多。它们不断分裂又重新会合，最后聚成一条绳索穿透了反应堆核心周围的混凝岩。它们缓慢地脉动着，就像活物一样。在血管间的空隙，有一个巨洞朝下方数百米深处敞开。

"你们检测到反应堆的数据了吗？"菲利克斯问。

"没有。"卡斯潘说。

"沃伊？"

遗忘骑士将大剑插在地上。她把右手支在剑把上，用左手做出手语。这里的亚空间能量是最强大的。她指向反应堆所在的那个球体。"混凝岩既保护了我们，也保护了等离子反应堆。我们靠近时一定要小心。"她用单手做手势时，表达意思也和双手时一样清晰明了。

"看来我们的情报是正确的。前进。"菲利克斯说。

"巴斯克夫，保护机仆。其他人，小心脚下。"卡斯潘警告大家，"一次过去一个人，紧贴着地板主支架的那条线走。"

他们沿着支撑地板的主支架，小心翼翼地前进。从地板的栅格间可以看到主支架，这根横梁的状况比上面的金属地板要好得多。当掠夺者们从上面跑过时，支架嘎吱作响地摇晃着。阿夏拉·沃伊跑过去时，支架却几乎纹丝不动。等到菲利克斯踩上去时，支架在重力级铠甲的重压下发出危险的呻吟。

"稳住，英杰。"尤芬说，"你最好在这里等我们。我们的铠甲更轻。"

"我知道有风险。"菲利克斯说。他回头看了看在走廊出口处等候的机仆，"那个半机械人跟我差不多沉。如果我过不去的话，装置也无法过去。"

"你应该留下。"莫杰斯说。

"不。"菲利克斯说着，向前迈出大步。他步伐稳定地走着。地板颠簸摇摆着，但菲利克斯还是安然无恙地走上了反应堆核心的混凝岩边缘。

混凝岩边缘被侵蚀得奇形怪状。它的表面一踩就变成了潮湿的粉末。但这里的地基比塑钢栅格的地方要牢固得多。

"带机仆过来。"菲利克斯招手说。

卡斯潘命令半机械人前进。那个机仆简单的大脑能理解眼前的危险。它一边行驶一边进行细微的方向调整，下方履带不时紧急制动后再次启动，在危险的地板上寻路通过。

　　菲利克斯低头朝下望去。下方的恶臭黑暗中隐藏着一连串类似的地板。如果机仆从这里掉下去，哪怕不摔个粉碎，他们恐怕也无法及时取回装置。

　　机仆离边界还有不到三米的时候，它下方的支架断裂了。貌似坚实的甲板粉碎成了一场铁锈碎屑的暴风雨。半机械人朝前跌进了一个突然出现的裂缝中，但并没有掉下去。它的履带前端朝着黑暗的深渊，但胸部卡在了裂缝的边缘。金属地板的锯齿刺进他的躯体，渗出了鲜血。

　　机仆发出"哔哔"的电子音。它的强化眼里的光芒变得断断续续。履带旋转着，先是向前，又向后转。它就这样卡在原地不停摇晃。地板在下陷，掉落的碎片在下层的地板上发出金属碰撞的响声。

　　"快关掉它！"菲利克斯喝令，"别让它因为乱动掉下去！"

　　履带反向旋转。它们使劲在地板上擦过，在金属板上撕裂出伤痕。在地板进一步坍塌之前，机仆终于将自己的一部分从裂缝中拖了出来。随后，它就直接坠落下去。

　　"我们的装置！"菲利克斯大喊。

　　机仆抓住了地板上的一块巨大的破损金属片。从掠夺者们中间飞出两个钩爪，破空飞过，砰的一声抓在球形装置的光滑表面上。连接钩爪的钢索顿时绷紧了。尤芬被一条钢索拽得踉跄着往前走，经过菲利克斯身旁。英杰不假思索地伸出手，抓住了尤芬身后动力背包的一个喷嘴，终于让尤芬在混凝岩的边界处停了下来。机仆的重量现在都压在了他和菲利克斯身上。

　　"坚持住！"菲利克斯喝令，他的声音有点紧张。菲利克斯激活了铠甲的磁力锁，把自己用磁力固定在反应堆外壳上。这种锁本应该用在金属材料上，但这个平台已经被腐蚀了，大块的锈铁片被他的钢靴带了起来。尤芬的身躯摇摇晃晃，还在继续被拉向边界。

　　另一条钩爪钢索在莫杰斯手中。他向后仰身，用尽全部力气双手拽着钩爪枪。他一边被钢索往前拖着走，一边吃力地喘着气，靴子在被软化的混凝岩上犁出一条长长的沟壑。

　　卡斯潘大喊一声："解开货物锁！"

　　突然，钢索上的拉力减少了一大半。星际战士们随着重量的变化踉跄着后退。机仆朝下摔进了大坑里，伴着惊人的撞击巨响，击穿了一层又一层的地板。

菲利克斯帮助尤芬站稳。两名掠夺者终于开始回收他们的钢索。消音马达运转着，将那件装置拉上了平台。

沃伊和卡斯潘立刻过去，仔细检查那个球形装置是否受到了损伤。

"装置并未失效，英杰大人。"沃伊做手势。

"敌人想必已经听到了动静。潜入时间已经结束了。我们必须动作快点。"菲利克斯说。他取消了装甲的无声行动模式，开启了全部的装甲功能。

菲利克斯打破了通讯静默："这里是维斯帕特英杰菲利克斯。"他对这么称呼自己还是有点不习惯。至今菲利克斯还从未去过在那个世界的英杰办公厅。"涤罪打击部队注意，我们已经就位。第五、第九、第十二小队，放弃当前任务目标，立刻前往我的位置会合。其余人员，返回集合点，等待增援。"

掠夺者们举起了武器，激活了枪上的瞄准装置，苏醒的机魂带着新生的力量发出低鸣。尤芬和莫杰斯丢掉了钩爪的钢索，只留下钩爪本身用磁力挂在球体上当作把手。各用一只手在两人之间抬起装置，另一只空着的手拿着爆矢步枪。

"这边，"卡斯潘说，"反应堆抑制舱的外壳已经被破坏了。我们可以进去。戴勒、巴斯克夫，你们负责断后，提供掩护。"

"为马库拉格而战。"戴勒小声说着，和他的战友一同潜入黑暗之中。他们的专用动力装甲的消音马达启动后，谁也无法察觉到他们现在的位置。就算是菲利克斯，也只能通过全息地图上闪烁着的部队符号辨认那两人的存在。

"如果外壳已经被打开了，那就可以确定这里没有危险的引擎能量护盾。否则，我们早就死了。"菲利克斯说，"一定要谨慎行事。"

在反应堆核心圆筒的周围，用来管理等离子反应堆产出的热能的那些控制站和装置，已经化为成堆的潮湿碎块。控制台被腐蚀成了脆弱的锈铁框架，上面残留着破碎的塑料残片、碎玻璃和潮湿的锈铁板。尽管帕梅尼奥受到攻击只是不久前的事，而且此前一直受到完善的保养，然而，在被占领之后，此地已完全沦为一座古老的废墟，无法想象曾有过上千名凡人和机仆在这里操纵着机器。

他们来到反应堆核心上被打开的大洞前。一个巨大的裂缝从地板一直延伸到上方，顶上的混凝岩已经全部碎裂掉落，成了一堆堆湿淋淋的锈蚀废料。

从大洞里面，传来了沉重的撞击声。一盏柔和的荧光灯投下银白的光，在照到的物体边缘勾勒出一道高光。

卡斯潘移步想要第一个进去。菲利克斯叫住了他。

"在这种情况下，谁的铠甲防护力更高，谁就更适合进去。"菲利克斯说，"比如我的。"

他的意识激活了头盔上的铁光环。随着一阵噼啪作响，他的铠甲周围突然升起一层蓝色的能量场。

菲利克斯让风暴爆矢护手进入循环上弹模式，以便快速射击。他将护手在身前举起，拳头在胸口高度直指前方。

"等候我的指示。不惜一切代价保护装置。"

菲利克斯走进了那个原本禁止任何人类进入的空间。等离子反应堆内安置着一个人工的太阳。它那汹涌的热能可以转换为任何需要的能量形式。这个反应堆满足了整个赫卡顿城巨量的能源需求。一旦激活，只要能按正确的方式供应燃料和进行日常维护，反应堆核心就可以永恒运行下去。

但这颗太阳已经死了。菲利克斯刚走进核心内部的球形房间，就见到了一幕可怕的景象。

在反应堆外壳之内，有一颗巨大的、长着五个腔室的漆黑心脏正在生长。这个巨大的癌细胞已经完全盖过了原来宿主的体积，填满了三分之二的室内空间。心脏的末端离房间入口很近，菲利克斯甚至可以在门口摸到，但反应堆核心主体被推挤到了房间对面，形成了一个腔室，腔壁的一侧是正在搏动的血肉，另一侧则是被腐蚀的科技产物。用于引发聚变反应的脉冲点火装置上布满了铁锈的毛刺。其他的机械部分则被掩埋在腐臭外皮的下垂褶皱里。一条条苍白的肌肉拴着搏动着的生物器官。每一次雷鸣般的撞击声响起，这些血肉就颤抖一下。每一次心脏收缩，都会在纹理交错的表皮激起一阵涟漪。酸液从心脏上涔涔滴下。在酸液经常流过的地方，反应堆脉冲装置、精金容器瓶和后面的混凝岩墙壁都已经被腐蚀殆尽。从任何角度来看，这颗心脏都不会是真实的生物器官。菲利克斯能感觉到在脑后有什么东西在蠢蠢欲动，像一只试图啃噬牢笼而出的老鼠般疯狂。一种邪恶的气氛让他嘴里发苦。这座建筑物的其他怪异现象几乎就像是自然发生的一样，但这个东西绝对不是。通过与这颗心脏相连的主动脉，混沌的力量被输送出去。这里正是污染的来源。

从控制圆筒边上传来了爆矢枪开火的声音。

"我们已经被莫塔瑞恩的子嗣们发现了！"卡斯潘报告，"他们来了。有两个小队，还有更多敌人正在赶来。"

"进来吧。"菲利克斯说。他把自己头盔里的信息同步给小组的其他人员。"我们必须把装置放到反应堆核心边上。但我没办法靠得更近了。"

"我会把它放进去的。"卡斯潘说，"莫杰斯、尤芬，支援你们的兄弟们。"

"不要！"菲利克斯说，"等一下。我正在构想一个怎样放置炸弹的方案。我得——"

敏捷的足音从后方响起。菲利克斯连忙闪到一旁，让沃伊飞身越过。铠甲推动着她冲过反应堆外壳的裂缝缺口。当沃伊人还在空中时，她将剑把反握，让大剑的剑尖朝着下方直插下去。

剑尖的硅晶边缘呼啸着刺穿了心脏，喷出一股脓血的洪流。阿夏拉将大剑一斩到底，将这个生物器官的侧面从上到下切开。她的身形踏着漆黑的血肉滑到地上。心脏抽搐着，从某个难以辨别的部位发出一声恐怖的哀号。从伤口处喷涌出瀑布般的恶臭血液，被淹没的反应堆室化为一个血碗。沃伊也消失在其中。

卡斯潘吃力地抱着装置球，来到了菲利克斯边上。

"遗忘骑士！"菲利克斯大喊。

房间里已经变成一个沸腾的血池，充斥着蒸汽和尖叫声，就像是一个独立存在的生命体。沃伊从那团混乱中一跃而出，将大剑入鞘，在血潮涌上来之前继续奔跑，她从废弃的反应堆脉冲装置上跳了起来，重新回到裂缝的边缘。菲利克斯和卡斯潘伸出手，将浑身滴落着污秽的沃伊拽了出来。

"把装置扔进它的伤口里。"沃伊打着手势。

"干得好！"

菲利克斯和卡斯潘一起奋力准备扔出这台装置。尽管它笨重不堪，两人还是成功地合力将装置丢进了裂缝内差不多六米深的内部。金属球在飞行中旋转了四圈，在开始转第五圈的时候，掉进了沃伊在心脏上斩开的还在喷涌脓血的裂口。心脏因为伤势而颤抖着，伤口的边缘裂开了，但心脏依然在跳动，轻而易举地吞噬了那个装置。

卡斯潘查阅了一下占卜仪，说："它已经激活了。我们还剩下五分钟。"

他收起占卜仪，抽出一把战斗刀握在手中，刀的长度不亚于凡人使用的长剑。

"我们必须把敌人挡回去，别让他们关闭装置。"菲利克斯说。他穿过墙上的破洞回到了控制中心大厅。星际战士们的爆矢枪正朝着几十米外的地方喷射火舌。从一条走廊里亮起了敌人的还击火光。"炸弹爆炸的时候，我们能幸存吗？"

"当然。"阿夏拉·沃伊打手势，"不过那时候的状况不会很愉快。"

"那就让我们守住这里。"菲利克斯说。他发出一个编码通讯，告诉其他人装置即将发动。

死亡守卫正在成群结队地赶来，在隧道中挤成了好几排人墙。四名原铸掠夺者躲在黑暗中的安全地点，当敌人赶到时对他们迎头痛击，不等对方有机会还击，就立刻又离开原处。菲利克斯的视网膜显示，这几名战士在每次交火后都会迅速转换位置。他们在如此危险的地形中居然还能一边快速机动一边持续射击，菲利克斯对此深感钦佩。他是个阵地战的行家，但过去他很少与掠夺者们并肩作战。

"到目前为止，敌人只从我们来的那条走廊对面的隧道过来。"卡斯潘说，"他们的身躯都很庞大臃肿。因此并不敢冒险通过这片布满陷阱的平台。只要敌人不从其他方向过来进行夹击，我们应该可以牵制住他们。"

敌人注意到了菲利克斯。生锈的武器发出结核病人咳嗽般的声音，从大厅对面朝这边开火。爆矢弹击中菲利克斯的宙斯盾力场后被引爆，爆炸的亮光照亮了他的铠甲。电弧发出的光使得他在人群中十分醒目，更多的爆矢弹尾随而至。戴勒的爆矢枪击中了一名敌人的头部。那个死亡守卫的古旧头盔破裂了，沉重的身躯摔倒下去，整个平台结构都被震动了，但地板并未裂开。

另一个死亡守卫注意到这件事，用他的爆矢枪对准地板开枪，把上面打得都是窟窿。他停下来确认结果，发现金属甲板还好好地留在原地。他小心地伸出一只脚，不理会射到他身上弹开的几发爆矢弹。死亡守卫继续迈步，一步，两步，然后用疯狂的眼神瞪视着菲利克斯，一边狂笑着，一边大步走过地板。十几个敌人紧随其后。他们有的在嘀嘀咕咕，有的在唱着跑调的歌，有的像疯子般大笑，呈分散队形通过平台。

他们穿过开阔地形，完全不借助平台上的少量隐蔽物掩护自己。尽管他们很容易被击中，但却很难被杀死。每个死亡守卫都承受了足以杀死星际战士的大量子弹，但他们却连晃都不晃一下。就算有人被击杀，他的同伴们也毫不在意地跨过冒烟的尸体前进。

莫杰斯第一个牺牲。随着一声丧钟在菲利克斯头盔内响起，莫杰斯的识别标记在全息地图中闪烁着熄灭。

菲利克斯用他的风暴爆矢护手朝袭来的瘟疫战士们射击，悬挂在护手下方的双管手枪高速倾泻着弹雨。一个图标提醒他武器正处于过热状态，弹仓也接近耗尽。但在此刻，这些事已经不重要了。

瘟疫战士们已冲了过来。

菲利克斯用手榴弹干掉了第一个，那枚手榴弹旋转着飞到敌人脚下，炸裂了下方的地板栅格。那名叛逆星际战士就像是在宗教剧里登场的恶魔，从一扇活板门掉进去消失了。当他跌入下方楼层的黑暗之中时，疯狂的笑声变成了愤怒的号叫。

卡斯潘也做了效仿。他先丢出几枚冲击手榴弹来迷惑敌人，紧接着飞快地丢出两枚穿甲炸弹。爆弹在异端星际战士们周围炸开，在腐烂的混凝岩上炸出了巨大的潮湿破洞。穿甲炸弹炸掉了地板的一大块，将三名死亡守卫送往他们久违的死亡。还有一名敌人在掉下去时紧紧抓住了地板边缘，一只手的手指捏皱了塑钢板，另一条亮红色的触须缠绕在下方的栅格上。他的动力铠甲的头盔顶上就像戴着冠冕，有一堆冒着黑烟的排气管。当他拖着庞大的身躯朝洞口上方攀爬时，铠甲上那些缺乏润滑的机械装置发出刺耳的尖叫。

菲利克斯用一连串爆矢弹撕裂了那名死亡守卫没有护甲保护的触须，把他的脑袋和头盔一起炸飞，终于结束了他的垂死挣扎。

帝国战士们以令人满意的杀戮效率消灭了不少敌人。但接下来，他们必须在肉搏战中接受挑战了。

菲利克斯迎上前，拦住一个身边围绕着噪声的敌人冠军。对方那魁梧的巨躯，以及一只像移动装饰物般很有规律地在他脑袋周围绕圈的苍蝇，标志着他高高在上的地位。菲利克斯无视那只苍蝇，将战意集中在它的主人身上。

那名战士挥舞硕大的旧型动力拳套砸向英杰。拳套被菲利克斯的宙斯盾力场弹了回去，死亡守卫紧接着从爆矢手枪中射出了三发爆矢弹。但它们都在菲利克斯的能量场上爆炸消失了。菲利克斯狠狠刺出一剑作为还击，剑尖穿透了叛徒腐烂的胸甲。分解力场闪着光灼烧着对方的内脏。恶臭的体液从冠军胸甲上的许多孔洞中喷出。但他却没有死，而是哈哈大笑着再次对准菲利克斯的头盔挥出铁拳。

这一击并未打中，在他身后闪出一道刀光，将生锈的护手从冠军的肘部斩断。骨肉与铠甲非自然融合在一起的断臂从菲利克斯面前掠过，动力拳套带着断臂一起"哐"的一声掉到地板上。冠军咆哮着转头面对攻击他的人。但刀锋刺穿了他的整个后背，在被摧毁的动力背包反应堆上迸发出火焰和闪光。

冠军倒了下去，出现在菲利克斯面前的是手握大剑的沃伊。那只苍蝇尖叫着扑向她，口器咔嗒作响。但它刚靠近沃伊，就化作一团油腻的烟气消散了。

"谢谢。"菲利克斯说。他用爆矢弹将一个正笨拙地扑向寂静修女的瘟疫战士打成了筛子。大量子弹的爆炸照亮了那名战士的内脏，光芒穿透了铠甲上被锈蚀的孔洞。

沃伊略一颔首就转身离开，在战斗中翩翩起舞。那柄巨剑在她的挥舞下，就像是一柄纤细的决斗剑般轻巧。

菲利克斯寻找另一个目标，用风暴爆矢护手击毙了他，又从背后击杀了一名敌人。他不再使用剑刃，转而利用他护手周围的分解力场。这种武器尽管速度更慢，但拥有更大的破坏力，用来对付那些具备超自然抵抗力的敌人也更加合适。

装置爆炸计时器开始倒计时读秒。菲利克斯挥舞着拳头，用下方悬挂的爆矢手枪对着一名叛徒的胸口开火。伴随着喷涌而出的脓血，那个生物被玷污的心脏被炸了出来。

几十名新的敌人正在涌入反应堆控制中心。这座建筑本身也对帝国战士们的存在做出了反应。一股恶臭物质的洪流从走廊涌了出来，形成了一个仿佛具有生命的新的地板，覆盖在被腐蚀的栅格地板上。黏液之河泛滥而来。站在平台上的那些死亡守卫们加起来本来会压塌整个地板，但那层新的血肉承载了他们的重量。当这些黏液扩散开来时，上面生长出奇怪的植物，植物刚开花就立刻发黑死去。产生的大量孢子弥漫于恶臭的空气中。菲利克斯的大气过滤装置发出尖锐的警报，颗粒污染物正在吞噬着他铠甲上的真空密封部位。

又有一名死亡守卫被击杀。血肉地板放出令人作呕的绿光，洒向整个反应堆中心。黏液之河现在成了一条宽阔的瀑布，随着血肉地板的蔓延流淌着往下坠落，绿光也伴着河流扩张，照亮了下方的地板。在下面，之前跌落地板的那些死亡守卫正在往上攀爬。

菲利克斯不由得发出诅咒：这些可憎的造物为何这么难杀死？

三名死亡守卫朝他扑来，迫使菲利克斯全力以赴迎战。他们比菲利克斯的年龄还要老。在过去的一万年间，菲利克斯反复从静滞状态中进出，但这些敌人在这期间却始终都在战斗。他们很清楚菲利克斯的战斗技巧。连比菲利克斯更强大的英雄，都曾经被他们击倒过。

菲利克斯被逼得连连后退。他们用生锈的刀刃刺向他。在刀刃的边缘，漆黑的毒液向下滴落，还未落地就直接蒸发了，就连空气中都闪烁着毒光。

计时器终于归零。菲利克斯屏息等待，但什么也没有发生。

至少他还活着。菲利克斯已经被逼得后背紧挨上了墙壁。尤芬已经倒下，戴勒陷入苦战。卡斯潘从视野内消失了，但并没有阵亡图标冒出来标记他的死讯。

失败已近在眼前。

突然，从他背后冲来一股巨大的压力，推着他的身体。这不是正常爆炸产生的超高气压，而是一种无比强大的灵能冲击。

反应堆内部的心脏发出一声很像人类的尖叫，随后死去。

一层奇异的光辉笼罩了菲利克斯。当光芒掠过血肉地板时，那些东西也死去了，分解成稀薄的糊状物，从生锈的地板上滑落下去。

就像灭灵导弹一样，这件装置内也承载了不可接触者的尸骸粉末。菲利克斯听过关于他们的一些可怕传言。据说不可接触者没有灵魂。他们不但会毒害亚空间的生物，而且还会影响所有的超自然能量，其中包括生者的灵魂。

这也就是沃伊的同类会让人心神不宁的原因。此刻传来的就是同样的感受，只是加重了上千倍。爆炸的冲击波仿佛吹动了菲利克斯体内的什么东西，攫住了他的心灵，从他体内吸收着精神能量，甚至可能会将他永远消灭。

菲利克斯之前从未经历过如此痛苦的折磨。他的灵魂正被焚烧。

他尖叫起来。

对那些常年浸淫于黑暗诸神的力量中的瘟疫战士们，这场爆炸产生的影响要大得多。他们呻吟着倒下，有的直接僵死过去，有的发出尖叫，仿佛突然醒悟，意识到了自己变成了什么恐怖模样。

时间的齿轮仿佛失调了，在他周围唯有无尽的喊叫。

菲利克斯是第一个清醒过来的。他从地上挣扎着站起，肌肉酸痛，脑袋嗡嗡作响，很想呕吐。他试图激活视网膜显示屏，但设备没有任何响应。

基里曼的占卜主管的话音在他的通讯球中响起："英杰，我们已经探测到灭灵装置的爆炸了。亚空间护盾已经解除。确认任务达成。"

"任务达成。"菲利克斯沙哑地说。地板上的那些血管枯萎成了黑色的细线。心脏的脉动已经停止，"反应堆被摧毁了。我们即将撤退。开始轨道轰炸，必须确保这里的东西不会再度复活。"

"我们正在轰击大教堂。大人，只要你们脱离后，我们就会将动力工厂夷为平地。"占卜主管在通讯中说。舰船通讯频道发出几声静电爆音之后就关闭了。

菲利克斯踉跄地走着，对脚下地板的危险视而不见，随手一枪打爆了一个还在呻吟着的瘟疫战士的头。还有几个活着的敌人躺在平台上。卡斯潘站起身，用他的小刀结果了那些堕落者。沃伊协助他动手，似乎她并未被灭灵装置的爆炸所影响。

"我装甲内部的系统损坏了，向我报告。"菲利克斯声音嘶哑地说。

卡斯潘、戴勒和巴斯克夫还活着。其他人都死了。他们将最后几颗爆矢弹射出去，消灭了剩下的敌人。对叛徒没有怜悯可言。

"出发。我们越快赶到地面上，基里曼大人就能越快夷平这个鬼地方。"菲利克斯下令。

"有什么在接近！"卡斯潘说。掠夺者们转过身，各自举枪指向入口处。

一群星际战士发出雷鸣般的脚步声从走廊走来，他们全都身着极限战士的蓝色制服。

冠军护卫的西卡留斯连长在大厅入口处向菲利克斯行了一礼。

"跟我来，大人。"西卡留斯高声说，"我们的警戒线一直通往建筑物外。这是最快的撤退路线。"

"你和我们一起见到了这幅地狱的模样，连长。"菲利克斯说。

"我还见过比这更可怕的地方。"西卡留斯回答。

第十三章
圣徒与罪人

那些在城墙上巡逻的人们发出的轻声交谈,让德沃罗斯放松了下来。他的指挥部成员们专注地工作着。低沉的谈话声和偶尔接入通讯时的尖锐提示音都是让人安心的人类声音。在帕梅尼奥灰蒙蒙的天空下,这些声音清晰而有意义。在距离德沃罗斯不到二十米的地方,就是城墙被攻破的缺口。但按几何图形设计的美观防线围绕着缺口展开来,仿佛是在展示着抵抗敌人的决心。和平也笼罩着海峡对岸。敌人今天并没有推进土木工事。就像德沃罗斯和他的部下们一样,敌人也在等待着。从某个时刻开始,这场战争已经改变了。

因为帝国摄政已降临帕梅尼奥上空。

当炮声隆隆地在远山响起时,赫卡顿城周围的敌军阵地已在轨道轰炸下化为乌有。覆盖着平原的浓雾被扰动了,不再像固体般凝结成团,而是像浪花般一排排翻滚着越过废土,暴露出被毁灭的城镇和农场。这些废墟看起来仿佛是肉泥中露出的白骨,农场则化作了剧毒的沼泽地。高空中的阴霾散去了。自从敌军来帕梅尼奥之后,这是他第一次能清晰地看见通往赫卡顿城的道路。

在战前,这里曾有过一片好风景。大部分日子里空气都很清新,一眼就能眺望到赫卡顿城。上面是雪白的山巅,下方是翠绿的大地,那座城市沿着山脉的斜坡绵延而下,宛如大自然美景上的一条花边装饰。游客们登上提洛斯的城墙上远远眺望,欣赏人类和星球和谐共存的景色,这正是奥特拉玛风光的完美体现。

浓雾被吹走后露出的景象令德沃罗斯为之震惊。群山的山巅依然是雪白的,但其他一切都已改变。赫卡顿城距离提洛斯岛只有七十公里,从这里看去就像是一座微缩的城市。德沃罗斯可以清楚地看出它已沦为一片废墟。

漂亮的高塔变得扭曲发黑,像是被熔化掉了一部分,然后又被一个区分不出美丑的蠢货拙劣地修补了。内政部官署的大圆形屋顶曾经是一个奇观，那是一座直径足有三千米、耸入云霄的蓝色巨蛋，如今已化为乌有。郊外住宅区看上去就像是山坡上的几块黑色污迹。从望远镜里，德沃罗斯能看见污秽的小河沿着陡峭的街道倾泻而下。

在高空上方，战争正进行着，偶尔爆发出的巨大能量照亮了天空。在肉眼看不见的轨道上，成群的星舰正在进行着无声的交战，但战斗中坠落的残骸和乱飞的武器，使整个平原的上空都回荡着爆炸声和呼啸声。

从凯尔托所在所在的河海对面，一道道直线光束刺破云霄，那是内陆的伊迪摩斯的防御激光炮发出的耀眼爆炸。每当一道笔直的光线闪过，天空中就会响起一声异样的雷鸣。云层聚成一团，围绕着光芒周围旋转，裂开的云层后露出了蓝色的天空。德沃罗斯从未想过自己有一天还能再次看见这样的天空。但云层很快就卷了回去，用一阵降雨填上了空隙。

只有当死亡守卫的舰队误入防御激光炮的射程范围内时，激光才会发射。行星的曲率限制了它们在战争中能发挥的作用。德沃罗斯很高兴这些激光炮终于能派上用场了。长时间以来，防御激光炮都仅仅是个有威胁的摆设，无法在战争中大展身手。

德沃罗斯又举起了望远镜。再多次成功的防守，也比不上一次积极的反攻更能称得上胜利。极限战士们将会夺回赫卡顿，但可惜已经太迟了。帕梅尼奥上的一大片陆地必须以劫火焚烧，才能清除死亡守卫们的玷污。

尽管他的想法有点过分，但德沃罗斯并未绝望。他不能绝望。

听见钢靴踩过瓦砾发出的响声，他转身望向正走来的尤兰特修女。在修女身后，通往高高的岸防堡垒的气闸门朝外敞开，在被污染的灰色天空下洒出明亮的灯光。尤兰特没有戴头盔。德沃罗斯自从认识她以来，大概只见过三四次她不戴头盔的模样。德沃罗斯很高兴能又一次看到尤兰特的脸。

真是奇怪。德沃罗斯心想。所有的战斗修女都是如此美丽。在战场上侍奉帝皇的人，其实并不需要如此完美的容貌。德沃罗斯怀疑选拔她们的人或许有点动机不纯。

尤兰特将白色长发编成辫子在头左侧垂下，头发梳得很紧，露出了中间一条缝。右侧的头发则向后剃出一块，在肌肤上露出了一个巨大的天鹰文身。

两条伤痕损害了她的容貌。其中一条伤痕很宽，竖着划过上下嘴唇，伤处向上翻起。另一条伤痕较细，就像月色般苍白，横贯过整个前额，从左向右逐渐由细变粗，就像是一个巨大的标记，仿佛证明她获得了宇宙中的某种嗜血力量的认可。

德沃罗斯不知道她是在什么场合受到这几处伤的。他没有问过尤兰特，也不敢开口问。尤兰特高傲而狂热，琥珀色的眼眸咄咄逼人。她给德沃罗斯留下一种印象，仿佛只要德沃罗斯以任何方式称赞她的美貌，尤兰特就会当场自己毁容，以证明她对帝皇的奉献才是最重要的事。

"原体来了。"德沃罗斯说。他的目光在尤兰特脸上停留了太长时间，不禁有点脸红，"我从最高层的通讯频道得到了通知，让我们等候救援。"德沃罗斯俯视港口，希望自己收到的是不一样的命令，让他们出去攻击敌人。德沃罗斯已经厌倦了躲藏。

"正是这样。帝皇本人的儿子将亲临此地，惩罚叛逆。"尤兰特说，"很棒的消息，但我还有个更棒的消息。"

德沃罗斯收起望远镜放到匣子里，磁力锁咔嗒响了一下。

"那个女孩醒了？"

"是的。"尤兰特说，"跟我一起去堡垒。你将有幸见她一面。"

德沃罗斯跟着她走进堡垒。

少女裹着毯子，露出眼睛窥视德沃罗斯。她那双棕色的大眼睛中既害羞又带着信赖。德沃罗斯那一天没有注意到她的眼睛是这个颜色的，当时可怕的光芒完全掩盖了它。

德沃罗斯移开了视线，那种光芒迟早会烧坏她的眼睛。在德沃罗斯脑海中，一对空洞焦黑的眼窝的画面挥之不去。

"如你所见，她现在很好。"尤兰特说。她朝两名站岗的战斗修女点头示意。她们立刻一言不发地离开了。

德沃罗斯注意到守卫们刚才一直在室内，而不是在外头。

"还不知道她的名字吗？"德沃罗斯问。

尤兰特耸耸肩。这种小事对她而言无足轻重。少女也没有说。

德沃罗斯走到少女床边。

"这是德沃罗斯少校。他是提洛斯卫戍辅助军的指挥官，也是这座城市的总管。你要向他致敬。"尤兰特冷峻地说。

"你好，"德沃罗斯说，"无须敬礼。"他不太喜欢尤兰特的介绍方式。"我只是一个军人。我能坐下吗？"他指了指床边的椅子。少女没有回答，但他还是坐下了。少女用那双棕色大眼睛一直注视着他。德沃罗斯向前探身，和蔼地看着少女。

"她们说我得跟你谈谈。但我还以为指挥官是安塞尔姆上校。"少女说。作为一个奥特拉玛的孩子，知道当地军事长官的名字并不是很稀奇的事。一旦进入战争，马库拉格的市民统治就会变为军人统治，安塞尔姆的命令就会成为法律。

"他死了。"德沃罗斯说。还有接替的博罗迪诺上校、瓦卡斯少校、格莱德少校和霍曼少校。但他并不想牵扯出这么多名字。

"你是什么时候开始管事的？"少女问。

"几周前。"德沃罗斯说。

博罗迪诺在六周之前战死，那时的情景一片混乱。当时在港口航路下方的运输管道发生了战斗，最后他们炸飞了管道，将敌人都冲回了对岸。但在他们破坏运输管道时，上校被敌人的生化武器击中了。德沃罗斯不愿想起那一幕，竭力想要阻止自己的回忆。他不愿再记起博罗迪诺的皮肤是如何从身上融化，也不愿记起博罗迪诺被自己的肺积水闷死前拼命咳嗽的模样，还有……

现在不行，德沃罗斯告诉自己。

他勉强微笑了一下："除非有充足的理由，否则我们不会向市民宣布这些消息。"德沃罗斯往后靠到椅背上。一坐下来，他立刻被疲倦攫住了。一种强大的力量压迫着他的眼皮，让他睁不开眼。德沃罗斯打了个哈欠，伸手摸了一把脸，让自己精神起来。沙砾刮痛了他的皮肤。他上一次洗脸……他最后一次洗脸是在什么时候？

"不好意思，"德沃罗斯说，"我有点累。"他就像在开玩笑般大笑了两声。

"我也累了。"少女说。她支起膝盖垫在下巴下方。德沃罗斯重新估计了一下她的年龄，按标准年大概是十四岁。在战场上看到她时，还以为她的年纪会更大点。德沃罗斯心想自己的女儿差不多也应该是这个年龄，一个女儿稍大点，另一个稍小点。但德沃罗斯也不知道她们是否还在人世。

"当他来的时候，总是很累。"

"谁？"德沃罗斯说。

"他。"少女说。

"他是谁？"德沃罗斯问。

少女盯着他，沉默不语。

"你还记得你去战场的事吗？"德沃罗斯问。

少女摇了摇头。"我记得受祝福的修女们来找我。她们走进我们躲藏的地下避难所，说她们听说了我对那口水井做的事，因此我必须跟着他们去见你。"

"你还记得净化水井的事吗？"

"只有一点印象。我记得有光。还有什么东西穿过我的身体。"

"那之后呢？"德沃罗斯问。

"没什么别的感觉了。"

"关于你去战场时发生的事，还记得别的什么吗？"

少女再次摇头："什么也不记得了。只记得我在这里醒来。"

"好吧。"德沃罗斯说，"城里情况怎么样？我已经很长时间没回过城墙内部了。"

少女耸耸肩。

"接下来你们会把我怎么样？"少女问。她第一次露出有点害怕的样子。

德沃罗斯向前倾身，安慰地拍了拍少女的膝盖。这本来是一个很自然的举动，但此时却显得很尴尬，德沃罗斯刚做完之后就觉得后悔了。他不知道该怎么当一个好父亲，更缺乏亲子关系的练习。他的女儿们一直由母亲来照顾。德沃罗斯很少和她们见面。

"你会没事的。"德沃罗斯说。虚假的诺言让他羞愧不已。他知道自己根本无法允诺这件事。"先休息一下吧。"他说。

德沃罗斯看了一眼尤兰特。她点了点头。两人走出房间。德沃罗斯沉着脸大步走下尘土飞扬的走廊。在一块破碎的灯板下，他停下脚步。

"你想怎么处置她？"德沃罗斯问，"我很清楚，你只是出于礼貌才让我去见她的。"

高阶修女尤兰特用琥珀色的眼睛瞪视着他。她几乎从不眨眼。

"没错。尽管你是这座城市的临时总督，但对于这种关乎圣洁与邪恶的事务，国教拥有优先处置权。我带你来这里是想要告诉你，作为战斗修会的指挥官，我将会负责监管和评估这个女孩。"

"你打算怎么处置她？"德沃罗斯又问了一次。

尤兰特移开了视线。在她那伤痕累累的美丽脸庞下，酝酿着一种复杂的情绪，"有两种可能。第一种，这个女孩是被某个神圣力量附体了。她在城里做的事也证明了这一点。她净化了水井，清除了污秽。她自己也记得这件事，还有很多其他事迹。像是奇怪的光，提前预测了导弹袭击，她还消灭了潜入我们防线内部的一个小恶魔。"

"那是什么时候发生的？"德沃罗斯急切地说。那个少女净化水井的事在发生后几天就有人报告过他了。但他太忙了，没时间去调查。其他的事迹他全都没听说过，这令他感到震惊。死亡守卫们带来了一些奇怪的生物，恶毒的苍蝇，还有像是恶作剧的小孩般一直咯咯发笑的肥胖小东西。它们在死亡守卫们占据的地盘里到处出没。要是这些怪物有一只登上了提洛斯岛……

"八天前的事。"尤兰特说。

"为什么你没告诉我？"德沃罗斯说。

"别发火。我昨天带女孩出城的时候，才发现了这件事。在我们过去找她之前，她那边的人都保守了这个秘密。我没时间把这件事告诉你。你应该还记得那天的袭击，还有她是怎样在防线上击退敌人的引擎的。"

"我怎么可能会忘记那天的事！"

"这些现象都表明，她身上发生的这些奇迹源于某个神圣力量。"

身着肮脏军服的男人，穿着一尘不染的光亮猩红色铠甲的女人，沉默地互相对视了很久。

"另一个可能性，她是个女巫。"德沃罗斯说，"没有其他可能了，对吗？一个游荡灵能者，或者更可怕，一个被敌人操纵的傀儡。"

尤兰特点点头："很遗憾，我想是的。"

"要不然，她还会是什么？活圣人？"德沃罗斯无法接受这一点。这种事情不可能发生在帕梅尼奥。

"我不认为她是圣徒。我曾亲眼见过被赐福的圣塞莱斯汀。我读过那些关于活圣人的编年史，在危难时刻，他们以泰拉帝皇，我们的至圣之主的名义现身。但这次的事不一样。最坏的情况下，它甚至可能会导致我们的毁灭。"

曾经有过许多次，有人声称自己是圣徒，但其实不是。帝皇的敌人非常狡猾。这很可能是它们的一个诡计。它会让伪神从绝望的人心中唤来希望，然后再用我们自己的信仰来对付我们。我们必须警惕。"

德沃罗斯眯起眼睛："你说的话意义重大。"

"是的。倘若她不是个女巫，这件事也不是个圈套……"尤兰特闭上了嘴。

"然后呢？"

尤兰特不再往下接那个话题了："希望总会推翻理智。只有事实才能确定。"她绷起了脸："那个女孩必须接受考验。她必须通过恶魔探针的测试。"

"女巫测试？她还是个孩子。值得对她这样做吗？"

"那其他人就值得那种悲惨的下场吗？"尤兰特反驳，"有史以来最可怕的几个怪物，都是从某些孩子身上爆发出来的。清白无辜并不能抵御邪恶。你应该感谢我告诉你这件事。你阻止不了我的。我既无需你的祝福，也无需你的同意。我告诉你是出于礼貌。你要对我心存感激。"

"你至少应该征求一下她的意见。"德沃罗斯说。

"谁说我没问过她？"尤兰特说。

"你问过了？"

"她答应了。"

"她只是被吓坏了。"德沃罗斯说，"在这种情况下，她什么都会答应。"

"她的理由很充分。少校，请你好好想想。如果你处在她的状况下，你是不是更想搞清楚自己是不是一个腐化的源头？你情愿保持纯洁地死去，还是要成为敌人的工具毁灭掉你所爱的一切？如果她是纯洁的，如果我祈祷的事发生了，她就能拯救我们所有人。如果相反，至少我们可以拯救她的灵魂。一点点痛苦和肉体凡躯的死亡，与遭受永恒的诅咒相比，只是微不足道的代价。"

德沃罗斯心里很不舒服。国教的刽子手们的冷酷无情众所周知。

"不是你受难，你说起来当然很轻松。"德沃罗斯说出口后，自己也感到吃惊。他不明白自己为何会如此在意这个孩子的痛苦。

尤兰特轻蔑地盯着他："之后我会告诉你调查的结果。别再碍事。"

德沃罗斯感到极度疲惫。他没有力气再争辩了，但他的良知迫使他打起精神。他希望至少能做点什么，开口说："修女……"

就在这时，堡垒摇晃起来。灰尘从震动的天花板上洒落下来。

"怎么回事？"德沃罗斯说。

尤兰特已经飞快地行动了起来。德沃罗斯沿着走廊紧追她，但用尽全力也追不上修女的步伐。尤兰特在他前面通过了敞开的要塞空气闸门。那扇门随后嘶嘶作响地关闭上了，德沃罗斯拼命捶打闸门的控制面板，但却无能为力。当闸门内正在执行循环的消毒流程时，第二次的震动摇晃着防御塔。随后又是一次。

空气闸门打开了，德沃罗斯匆忙跑了进去。机器的电子提示音喋喋不休，他喃喃自语："快点！快点！"程序先后进行了两次污染检查。这时候传来了第四次的震动，这一次比之前更加强烈。德沃罗斯陷入了恐慌，空气闸内的机械装置全都在发出尖锐的鸣响，机器指示灯晃动着从绿色变成红色，又在震动中从红色变成绿色。

"确认纯洁。"机器声响起。随着一个电子乐音，向外的门滑开了。德沃罗斯不等闸门完全打开，就迫不及待挤了出去。

尤兰特和许多人一起站在城墙上。他们都放下了手头的工作，远远眺望赫卡顿城。

德沃罗斯赶到的时候，正好看到了一次轨道光矛直击。有无数道不同角度的光束，应该是很多艘不同的星舰发射的。它们都准确命中了目标，击中的时间间隔很短，甚至几乎是同时射中的。德沃罗斯在这灼热的光芒面前心生畏惧。光束撕裂了大气，云层被驱散了。那些光就像锤击般碾碎了赫卡顿城腐朽的高塔。它们几乎在一瞬间就将基里曼的裁决付诸实施。光束转瞬即逝，但冲击带来的噪声才刚刚传入德沃罗斯的耳中。等离子释放产生的光圈从击中点扩散开。炫目的气浪先是膨胀起来，随后消散成黄色的烟雾。最后，爆炸的声音才传了过来，冲击的巨响就像人造雷鸣般响彻了整个平原。

赫卡顿城变成了山脉上的一个橙色斑块。短暂喷涌出的熔岩流取代了之前的污秽洪流。

在城墙上和下方的防线里，疲惫不堪的人们都扯下了呼吸面罩，纵声欢呼。

"看啊！帝皇判决他的敌人不配得到救赎，在太空中、陆地上和亚空间里将他们全部摧毁！"尤兰特引用着德沃罗斯并不熟悉的经文说，"他满腔的正义怒火，让所有目击者都心惊胆战，那些胆敢背叛的人都扑倒在地。在他的意志和行动下，杀戮愈演愈烈。"靠近尤兰特的一些人已经跪下，双手伸展开，摆出天鹰的标志，并小声祈祷。最虔诚的几个人，甚至请求这位神圣的战士对他们祝福。

"站起来。"德沃罗斯说着，用力眨眼去掉眼前的光芒残像，"战争还没结束。回到你们的岗位上去。"

尤兰特带着胜利的表情看着他：“原体已命令过，在他降临此地时，我必须准备好给他一个结果。要么是一个女巫的首级，要么是救赎的方法。"

她离开了城墙，通过安装在铠甲领口处的通讯器，高声召唤她部下中的刑讯者。

第十四章

血肉之路

泥泞的雨点从绿色的天空中落下。战争的轰鸣响彻了世界，在地平线的远方回荡。尸皇的奴仆们已近在咫尺。留给入侵者们的时间不多了。

死亡守卫的军营，设立在赫卡顿城北方山脉中的一个低矮的山谷中，那是一个阴郁沉闷的地方。在军营中央，一座由三个互相内嵌的圆环组成的生锈平台，从地面上高高拔起。莫塔瑞恩那灰白色的眼珠，正注视着在平台上聚集的三百四十名凡人巫师。这些人是无限繁衍教派，一个致力于侍奉纳垢的先知邪教。他们全员都是灵能者，但有些人比较缺乏天赋。这些低贱的生命只为瘟疫之神的荣耀而活。他们都很谦卑，一心只求取悦那位不朽的主宰。尽管他们或多或少都有些本领，但根本无法与莫塔瑞恩的力量相提并论。与死亡守卫之主那如太阳般光芒万丈的大能相比，这些人的天赋只堪比若隐若现的鬼火。

莫塔瑞恩坐在一个用发绿的骨头堆成的高背宝座上。他披甲的双手紧握着用倒立头骨堆叠搭成的扶手上。他旁边围绕着七名死亡寿衣终结者。那七个披着铠甲的硕大雄躯，在他们的魔尊面前就像是侏儒。他们巨大的镰刀，跟莫塔瑞恩用生锈的长杆支在头顶的沉寂之刃相比，只能算是微缩玩具。混沌的力量使得莫塔瑞恩膨胀得超出了他最初的形态。帝皇将他塑造成凡人的两倍大小。纳垢则将他拉长到了九米高，这样的身材很符合他在瘟疫之神宫廷中的崇高地位。

先知邪教的大咒术师喘着气走到莫塔瑞恩脚边。蒙纳垢恩赐，他拥有富态的躯体。一顶装饰着黄铜苍蝇的高尖帽扣在头上，只露出一张结痂的大嘴。一条长褶裙盖住了他的下半身，但他的上身却打着赤膊，肿胀的巨腹笨重地在腰带上摆动。

一个把自己全身上下都裹在一件暗绿色长袍里的瘦子，紧跟在大咒术师身后。他扛着一面皱巴巴的肮脏旗子，旗上潦草地涂鸦着纳垢的飞蝇图案。

在莫塔瑞恩的宝座前，大咒术师停了下来，费力地跪下了。那个蒙面的跟班站在他身后，手中的邪教旗帜在潮湿的瘟疫之风里飘动。

"我们准备好了，大人。"大咒术师说。在他自己的手下眼中，他也是令人生畏的。成百上千的人为了取悦他而互相钩心斗角。他傲慢、残忍、精通黑魔法，且深受神明的赐福。但当他现在跪在恶魔原体脚前时，却如同一只待宰的动物般全身颤抖。

莫塔瑞恩的呼吸面罩中嘶嘶作响地喷出一团毒雾。死亡之主的肺部随着呼吸咔咔作响。

"那就继续。"莫塔瑞恩说。他越过跪拜者的头顶凝视着地平线上的风暴。光矛正不断刺击着地表。实弹就像流星般坠落而下。他那可恨的兄弟正在毁掉赫卡顿城。爆炸声持续不断从城市周围的阵地上传来。时间不多了，"在神殿和时钟消失之前，把古加斯和它的瘟疫守卫带来。否则，就算是对瘟疫之神最真诚的信仰，也无法缓解我会让你遭受的折磨。"

大咒术师的帽子抖动着，使得他在恐惧中的颤抖更加明显。

"是，大人！"他说着站起。对于一个如此肥胖的病人而言，他的动作几乎可以说是弹跳起来。大咒术师鞠了一躬，身体贴着人皮制成的地毯向后退，他一直保持尊敬地倒退到很远的距离，才转身对人们说话。

"以全能的生命与死亡之神纳垢的名义，让仪式开始吧！"

铜锣发出低沉的响声。人们开始唱起颂歌。巫师们围着三个平台的交叉点形成了一个同心圆，圆周上只留下了一个开口，让坐在最北面的莫塔瑞恩可以毫无遮挡地注视祭台中央。

在三百四十个巫师中，有七个人走到了圆圈的中心，他们移动的步伐与颂歌的庄严节拍保持一致。他们之间都留出了同样的距离，在大同心圆内部构成了一个小圆圈。随后，他们几乎同时伸手拉起兜帽，脱下斗篷扔在地板上，赤身裸体地淋着雨。

被选中的是七名最受纳垢青睐的追随者。他们畸形的程度触目惊心，身上甚至没有一部分是完好的。这个人的脚因为象皮病肿胀得硕大无比；那个人因为麻风病而四肢萎缩、手指残缺；另一个人的脸往里塌了进去，头颅被骨骼病吞噬了大部分，只留下一个带褶皱的透气孔当作嘴和鼻子。他们的皮肤暗淡而松弛。褪去斗篷后，暴露在体外的那些寄生虫，都匆忙地爬到腋窝和腹股沟内避雨。他们的病痛早已超过了一个活人能承受的程度。纳垢将它改造人类的技艺发挥到了极致。一个女人的腹部长了一个露出黑色牙齿的大嘴。一个男人捧着一条摇晃着的触手，这条触手已经取代了他的右臂。另一个人被成群的苍蝇包围着。苍蝇们用微不可辨的声音唱出那些失落的疾病的名字，从那个男人身上的各种孔窍钻进钻出。

"噢！伟大的纳垢！"在会众们的喧闹声中，大咒术师高声吟唱，"您慷慨地祝福了这些幸运儿。为他们所受的痛苦，我们感谢您。我们赞颂您的包容。我们诚惶诚恐地敬拜您的仁慈！现在，我们将他们还给您，把他们带去您的花园。您可以欣赏自己的作品，为您所创造出的艺术而欣慰。"

他的颤音提高了："将您宝贵的儿女带去您无垠的天国。用您腐烂的胸膛接受他们的爱和崇拜。如此，他们就将获得永生，以种种腐化的形态重获新生。"

闪电在人们头顶爆发，一个毒绿色的七节叉状闪电在空中来回滚动和爆裂。

雨下得更大了。

中间的七个人用手掌和盘旋的触须举起了仪式短剑，将这些金属指向天空。

"带走我们，噢！尊父，怜爱我们！"他们齐声歌唱。

闪电再次爆发，直穿他们手中的短剑。能量在他们的皮肤上闪烁舞动，七个人颤抖着，把剑刃插进了自己的肚子。

七个人投入了死亡的怀抱，生命的痕迹被倾盆大雨冲刷殆尽。

"开启通道！"大咒术师大喊，"以瘟疫之神的三重又三重又三重伟大之名，我命令！开启通道！"

那些尸体抽搐着，闪电再次击中了它们。某种黑色物质凭空出现，覆盖在白骨上方，从一个一个胸腔内长出了触手，以扭曲而膨胀的姿态迅速蔓延。那些触手嘶嘶作响着挥舞，发出非人的哀号，随后彼此触碰和拉扯着，把这些骨头连接成一个二十五米高的形状不规则的椭圆形拱门。

"纳垢！纳垢！纳垢！"人群狂热地高唱着疯狂的节拍。

一道令人作呕的光在拱门中央亮起，亮度急速增强，足以照瞎平台上所有人的眼睛。现实开始摇摆不定，拱门中间仿佛有一面在魔法的高热中扭曲变形的玻璃，以可怕的角度向外凸出，突破了物理学的极限。

"纳垢！纳垢！纳垢！"

光矛贯穿天空刺向南方。赫卡顿城末日已至。纳垢做出了回应。

拱门的空隙之间喷出了火焰，贯穿了先知邪教徒们。绿色的能量从他们的嘴里和衣服上迸发出来，从他们湿透的长袍中冒出了被烤熟的蒸汽。一声断断续续的雷鸣在沸腾的天空中回荡，就像是神明的嘲笑。随着一声恐怖的轰隆巨响，拱门大开，在现实世界的表面撕出了一个创口。

邪教徒们全都在一瞬间倒下死去，只留下了大咒术师和他的扛旗者，成为这数百人当中仅有的幸存者。随后，他们两人的身躯也砰地跌倒在棕色的金属板上，就像是从货车的背门滚落下去的麻袋。

从恶心的亚空间裂缝间，可以瞥见另一个世界，那是一个比帕梅尼奥更加病态和荒芜的世界。那是名为亚克斯的花园世界，莫塔瑞恩已经将它重塑，并命名为大疫星。它是莫塔瑞恩将整个奥特拉玛拖进亚空间这一宏大计划的核心与基石。

突然间，裂缝对面的风景被一座令人厌恶的肉山遮挡住了。那尊肉山坐在一顶被成群纳垢灵扛着的庞大轿子上。

恶魔古加斯愁眉苦脸地穿越亚空间前进，随着他腐朽心脏的跳动节拍，从一个世界踏入了另一个世界。

雨点从绿色的云层中洒落，让古加斯不安地想起了他的宿敌罗提古斯。这次降临帕梅尼奥，完全没有当初蹂躏塔忒拉时或是用瘟疫夺取亚克斯时的愉快。败血病脸色阴沉，用兜帽遮住了自己的角。古加斯其他的副手们也同样一副病恹恹的模样。纳垢灵们在古加斯的巨躯下低声抱怨。古加斯怀恨在心地在轿子上摇晃身体，压得纳垢灵们发出了疼痛的呻吟。

瘟疫守卫大军的七名大不净者走近莫塔瑞恩。恶魔原体正弓着背坐在宝座上，他的双翼在豪雨中收拢起来。帕梅尼奥曾经黑暗而悲惨，但现在情况正在发生不好的改变。清新的风在恶臭迷雾的边缘试探着，企图将它们吹散，赶走伟大的臭气。在附近，凡人们的武器切裂着大气层。这并不是一个好兆头的表现。

古加斯望向天空，注视着只有恶魔们能看见的混沌之光。

"纳垢的力量正在消失。"古加斯说。在亚克斯的周围，有一层像是裹尸布般的亚空间乱流，可以让它从中汲取能量，在这个充满敌意的宇宙中维持存在。所以古加斯在亚克斯感觉精力充沛。但在帕梅尼奥，它能感觉到在亚空间乱流之下的干旱尘世，就像是舒适床单下有一颗硌人的沙砾。古加斯清楚，如果自己从这里索取太多能量来施展巫术，这一切就都会停止运转。它的存在会崩溃解体，被凡人领域的自然法则驱逐，"纳垢花园里的芬芳气息，只能断断续续地飘到这里。"古加斯转过硕大的头颅，越过死亡守卫们军营里的平台张望，"你的时钟还在原来的地方，它还在运作吗？"古加斯颤抖了一下。在离它很近的地方有一种正在净化的感觉传来。古加斯觉得有一双不友好的眼睛正在审视着自己。所有的恶魔都有这种感觉。它们沉默寡言地走出亚空间裂缝。纳垢灵们不再欢快，变得像瘟疫使者们平时那样阴郁。瘟疫使者们则变得更加孤僻，喃喃自语地计数。纳垢兽垂头丧气地拖曳出一条酸性黏液的尾迹，呜咽着，恐惧得不敢玩耍。瘟疫之父又回头看了一眼他那些阴沉着脸的副手们——败血病、饥荒、乞徒、坏喉咙、矮子、黑死病，它们是唯一能让古加斯心情好点的东西。

"你把我骗进了一个什么样的困境？"古加斯厉声说着，猛地朝前探出身体，使得它的轿夫们发出一阵惊慌的尖叫。

"计划现在变得有点复杂了。"莫塔瑞恩说，"亚空间正在后退。帮助我的兄弟穿越彼界之海的那股力量，正在这个行星的地面上行动，对抗着我们的主人。在这个大陆最西端，我遇到了一个阻碍，一座无法攻陷的城市。有什么东西在保护着它。"

"有一股力量在阻碍你？你能否确定，是我们那个不停在变幻的宿敌，还是……他。"古加斯说。疑虑填满了它痛苦的内心，又从它那腐烂的齿间溢出。这种情绪是如此强烈，甚至它觉得莫塔瑞恩仿佛缩进了宝座里，看起来就像一只害怕挨主人鞭子的恶狗。

"城市对面的陆地还是原来的样子，没有被纳垢赐予丰饶的赠礼，全都处在停滞的稳定状态下，既没有腐烂，也没有重生。"

"我问的是，那是什么力量，死亡之主？"古加斯说。它松弛的眼珠子旁边的肌肉开始抽搐，古加斯抬起一只肥胖的手掌将眼珠推了回去。

"那无关紧要。"莫塔瑞恩说，"无论是谁在挑战我们，结果都一样。我们的目标并未改变。帕梅尼奥是基里曼陨落之前的倒数第二个舞台。我已经向尊父祈求过援助了。显示的预兆很不错。我的祈祷生效了。"

　　"你还需要更多的援助？"古加斯怀疑地问，"在你的要求下，我已经带来了亚克斯也就是未来的大疫星上的恶魔大军的主力。"它突然战栗了一下。那座肉山侧面的肥肉抖动起来："不能带更多的来了。纳垢的军团是无穷的七重奏，数量是七乘七乘七直到永恒，但这里没有足够的亚空间能量来支撑更多的恶魔了。"

　　"等着瞧吧。"莫塔瑞恩说，"纳垢会给我们的。为了夺取奥特拉玛灵魂的最后大战已经迫在眉睫。在为尊父取得这片领域之前，我绝不罢休。尊父将会支持我的目标。我们将会征服这个世界，把我的兄弟带往大疫星，迎接末日。"

　　在地平线上，太空战争放射出的人工光芒更加明亮地闪烁着。最后一道光束从轨道上空锤击而下，将赫卡顿城彻底消灭。毁灭之火用明亮的橙色照亮了暗淡的天空。随着城市被摧毁，古加斯身后的亚空间之门枯萎了，两个世界之间的通道变得越来越狭窄。恶魔大军发出惊惶的惨叫，加快脚步，要赶在通道完全关闭之前通过。

　　"快点！"坏喉咙叫嚷着，"快！"

　　古加斯喘着气："能量现在变得更稀少了。我们的眷族没法在这儿逗留很久。"

　　"我的兄弟的动作比我想象中的要快，他已经发现并且弄停了我的亚空间时钟。"莫塔瑞恩说，"但是，我得到的预兆是好的。一切都将有利于我们的计划。"

　　"别撒谎了，莫塔瑞恩。"古加斯并不信服地说，然后努力维持亚空间大门的存在时间，让它的军团尽可能通过。

第十五章

解　救

又是在生死边缘徘徊的一天。

德沃罗斯正待在海边的前线观察哨所里。自从赫卡顿城被焚毁以来，他一直在期待着援军到来。但一个星期过去了，没有任何援军出现，敌军也一天比一天更逼近提洛斯。

一枚炮弹在港湾中爆炸，炸起了高高的巨浪，被污染的海水溅了德沃罗斯一身。敌人已迫近眼前。城墙上的炮台把射角调到了最低的位置。敌人很快就会进入炮台射不到的内部，因此我方的炮火比敌人的炮火更加猛烈地轰击着港湾。德沃罗斯周围的空气里混合着飞扬的海水，呼吸起来又湿又咸。

"开火！"他嘶声呐喊。这个词德沃罗斯喊了太多次，已经变得毫无意义了。激光炮齐射，它们的光束持续了很长时间，足以在人们的视网膜上残留下燃烧的闪光幻影。熔化的金属从死亡守卫攻城坦克的推土铲上流下，与它们推进海水中的瓦砾融合为一体。德沃罗斯曾以为敌人会放弃堤道工事，从提洛斯撤退。但这个愿望并未实现。舰队的到来激发了敌人的疯狂斗志。堤道工事进展神速。提洛斯的街道上疾病开始蔓延。怪异的机器故障使得城市防御系统陷入了困境。

德沃罗斯提醒自己要盯着堤道。这就是眼前的威胁，必须集中注意力。数以千计的行尸在坦克边上蹒跚前行。它们的智能不足以胜任修堤工作，因此死亡守卫在行尸脖子上用链子挂上了石块，打发它们往前走。在对生人血肉渴求的驱动下，死者们走到堤道的尽头，笔直地掉进水里，石块拖着它们滚入那些将会成为工程地基的潮湿墓穴里。德沃罗斯命令手下不要对这些行尸开火。击倒一个行尸需要浪费掉大量子弹，而他们现在弹药奇缺。就算把胳膊从行尸的身躯上打飞，依然不会减缓它们前进的步伐。就算子弹打穿它们的躯体，所有的内脏都滚落出来，通过打穿的洞能清楚地看到背后的空气，它们依然也在前进。那些行尸就算双腿被炸飞，依然还能顽强地用双手把自己拖向海岸。枪炮有更重要的目标需要射击。只要行尸还没上岛，德沃罗斯根本不会为它们操心。

"瞄准那些异端！杀死叛徒们！"德沃罗斯大喊，在破碎的码头上挥舞着激光手枪。

履带隆隆作响，坦克将沙砾倾倒入正变得越来越狭窄的大海。叛逆星际战士们的硕大躯体出现在坦克后方，他们鞭挞着押来的数百名凡人奴隶劳作，还直接施展他们过人的力量，把跟德沃罗斯一样重的巨石投向大海。

德沃罗斯已经很久没有在这么近的距离内看到瘟疫战士们了。在其他行星世界上，他曾经见过几次这些敌人。尽管如此，此刻他们的出现还是让德沃罗斯心惊胆战。过去那几次的回忆太过于恐怖，以至于像是一场弥天大谎。但这些敌人再一次真实地出现在他的眼前。他们是如此巨大而可怕的存在，变异到超越了常人所能理解的范畴。德沃罗斯从望远镜里看着他们，感觉自己对现实的认知正在逐渐坍塌。在器械的帮助下，他能清清楚楚看见死亡守卫们可怕的畸形外表。烂皮从暴露在外的肥胖躯体上脱落，各种颜色的触须从铠甲缝隙间伸出，四肢变成了挥舞着的长虫。跟外表相比，他们身上的恶臭更令人难以忍受。即使隔着冒泡的海水，戴着呼吸面罩，德沃罗斯依然能闻到他们的臭味。他觉得要是瘟疫战士走到他附近的话，他恐怕立刻就会被熏死。死亡守卫们散发着疾病的味道，那是只有在最可怕的战区里的最绝望的医院里，还有最黑暗和最深的瘟疫死人坑里才会有的气味。

他们本该早就死了。所有人都受了严重的伤，伤口正在腐烂，从他们的外表上明显可以看出疾病缠身。但痛苦不但没有削弱和杀死他们，反而让他们更加强大。死亡守卫们的忍耐力令人震惊。他们的铠甲几乎可以报废了，但就算是激光炮和重型爆矢枪的攻击也难以伤及他们。甚至有的人还会在被击中时挥手欢呼，或是发出孩子气的吵闹。这些傻气的行为让他们更加可怕。

德沃罗斯尽量不从望远镜里看他们，而且现在他也不太需要用望远镜了。瘟疫战士们已经很近了。堤道距离海岸只剩下最后一百米距离，而且每分每秒都更加靠近。德沃罗斯估计，还有最后一个小时他们就将穿越港湾，让堤道连接到岛上。然后，这些畸变的星际战士们就将踏足提洛斯的土地，还会随之出现数量惊人的瘟疫行尸。德沃罗斯很想知道自己会死在谁的手上，是这些活着的死亡守卫，还是死去的活尸？

乌云在攻城坦克的上空聚集。寒风裹着潮气和霉菌，从海岸边吹来。

"开火！"德沃罗斯再度大喊。激光炮的光束又一次猛击向那些将岩石、土壤和人骨推入翻腾大海的攻城坦克。坦克前部的旋转加农炮还击了。炮弹愤怒地呼啸而过，像飞虫般越过海岸的防线。德沃罗斯的工程师们强化了正前方的防御，建造了接近堡垒强度的工事。用填满混凝岩的海运集装箱搭建成新的临港城墙，构造了由三条防线组成的多重防御。这些掩体使得后方的人们更加安全。但敌人的炮弹非常巨大，经常发生随机命中，造成了许多伤亡。

"开火！"德沃罗斯又一次下令。重型爆矢枪的子弹从瘟疫行者和死亡守卫们中间犁过，像重锤一样把瘟疫使者们击倒，但只能从死亡守卫们身上撕裂下一些碎片。但死者们持续前进，患病的异端星际战士们在开阔地带屹然不倒，甚至张开双臂，欢迎这场对他们忍耐力的考验。更糟糕的是，那些被迫和叛徒们一起工作的凡人奴隶们被杀死后，不久就会再次站起，像那些瘟疫行者们一样咧嘴傻笑着，跟跄加入前进的大军。

"开……"德沃罗斯的声音突然颤抖了。在堤道上空，出现了一个由漆黑的烟雾和炫目的光芒构成的旋涡。七个巨大的存在来到前方——那是巫术星际战士，他们都身披腐烂的人皮，手拿弯曲的绿色木棍。

他们将那些迷信道具指向大海，高唱出的咒语带着扭曲的气流割裂了空气，污染了现实世界的构成分子。

人们发出惊慌失措的叫嚷。

"巫术！巫术！巫师！"

大海沸腾了。冒着白色泡沫的灰色水面变成了带着黑色浮渣的恶臭黏液。海水从液态凝固成了胶状的固态。蠕动着的物质穿过逐渐变得浓稠的海水向前推进，形成了一层纹理脉动着的垫子，从黏液粘连的缝隙间向海洋泄漏着酸液。在那片快速生长的垫子上，德沃罗斯辨认出了帕梅尼奥本地海洋生物的轮廓和形态，但都被恐怖地扭曲和巨大化了。自然生物体的结构又逐渐崩解，融入血肉沼泽中，无法再分辨出来。这个可憎之物蠕动着越过海洋，探出变长的伪足伸向海岸线的地基，发出潮湿的恶心响声快速缠绕在那些柱子上。当这条血肉之路的前端抵达海岸时，后方就渐渐完全凝固了，变成了一条就像是患病生命体般活生生的牢固堤道。

德沃罗斯隔着自己的生化防护服依然能闻到这股臭味。有生命的雾气升腾着潜入岸上,覆盖了一条又一条道路。尽管看上去像是一片片普通的海边薄雾,但它们都具有掠食性的自我意识。

"开火!"德沃罗斯大喊。他几乎陷入恐慌,但他不能表现出来,否则手下们就都会逃跑了,"射击那座桥!射击那座桥!"

听到命令,沿着海岸线部署的重型武器全都开火了,轰击着那条有生命的堤道。但它们的努力化为了泡影。许多炮弹被橡胶状的表面弹飞了,或是被混沌所生的非自然器官反射了。桥面隆隆搏动着,就像是一条长方形的鼓。每次鼓振,都会溅起水花。在炮击准确命中和打穿肉体的地方,漆黑的液体冒着泡涌出来,就像一层浮油膜般漂浮在海面上。

堤道周围的一切都在死亡。海洋生物浮出海面,一边腐烂一边缓慢地漂浮。

"长官!长官!"一名士官向德沃罗斯大叫。他手忙脚乱地指向远处。谢天谢地,坦克没有前进。那座桥的承载能力显然有限。但步兵正在一大群嗡嗡作响的恶魔般的苍蝇陪伴下行进而来。死亡守卫们被盘旋的蝇群保护着,他们庞大的躯体隐蔽在蝇群当中。他们用滑稽的动作大步跳跃前进,利用垫子的弹性来推动自己。星界军的火力完全无法伤害到这些死亡守卫。蝇群的大面积移动产生了虚假的幻象,重型武器的火力和激光枪射出的光束都落入这些幻象中被吞噬了。

敌人自走炮的重击声又开始了。这一次并没有投下病毒炸弹,只有单纯的实弹爆炸。炮弹猛烈地轰击着临时的防线,隆隆的炮击炸开了集装箱的侧面。那些飘来的薄雾更加可怕,它们无声地潜到士兵们身旁,从最细微的孔窍钻入人体内。那些被毒雾选中的目标都悲惨地死去。

伤兵们痛苦地惨叫着,垂死挣扎。只有那些幸运儿才能立刻死去。

整个港口海岸都落入了死神的统治之下,但死亡守卫们却还是没有开火。

"吹撤退号,"德沃罗斯对号手说,他已经确定失败不可避免,"立刻!"

号手立刻站起身,勇敢地走出地堡门。他的脸暴露在外,因为只有这样他才能使用号角。嘹亮的号声划破了战争的喧嚣。当德沃罗斯手下的军官和小队指挥员听到号声后,那些更刺耳难听的汽笛声和指挥所内的电子哨音顿时也纷纷响起。人们大声叫喊着开始后退。尖啸着的炮弹趁机如雨般落下,疫病毒雾也紧贴上来攫取了更多人的生命。

德沃罗斯等了一阵子。在硝烟和迷雾中，他看不太清楚哨所外的情况，只能凭借听觉来判断。等到他觉得大部分人已经开始撤退了之后，德沃罗斯朝他的新通信兵看去："发送消息，立刻。对指定坐标执行最大规模的轰炸。"

"是哪个坐标？"士兵有点迟钝地问。

"我们当前的坐标！告诉城墙的炮台，对这个位置进行炮击！"

士兵呆呆地瞪大了眼睛。德沃罗斯咒骂了一声，从他手里夺下了通讯器喇叭。

"这里是德沃罗斯少校。警戒代码极限21。敌人正在突破。准备第二道防线。立刻对我当前区域开始轰炸。"

一阵噼里啪啦的静电音表明对方已经收听了消息，但他说的话却一个字都没有传达过去。那些蝇群发出的噪声阻碍了人们的听觉，污染了通讯电波。

死亡守卫们已经快要越过海洋了。一群疾病缠身的帕梅尼奥死者走在最前面，吸收了大量的火力。这些子弹本来可以用在那些叛徒们身上。

"我们得走了，马上。"德沃罗斯说。他的指挥部成员迅速撤离。德沃罗斯保持着自己的作风，最后一个才走。

与此同时，城墙上的大炮也开始了轰击。

一周以来，这是德沃罗斯第二次不得不逃跑。

上回遇到恶魔引擎已经够糟糕了。但这次要糟糕得多，一伙全银河最可怕的战士正在全力猛攻而来。德沃罗斯躲避着爆炸，跑过港口。所有的指挥官思维早已从他的脑袋里飞到九霄云外了。他无暇思考，全凭本能引领自己。他的求生意志已经夺取了身体的控制权。一架吊车受到了直击，在他前方不远的地方发出金属碰撞的巨响倾斜着翻倒了。德沃罗斯的思想还没注意到，身体就已经作出反应避开了倾覆的吊车。一队士兵在二十米外的地方被射杀了，从一群奔跑、叫喊、思考的人转眼之间就变成了一堆冒烟的焦炭。

整个城市都在燃烧，守军的城墙重炮正在摧毁自己的港口。德沃罗斯一边逃跑一边向后望去。炮击在那些旋转的蝇群中间炸出黄色的火柱。在潮湿的混凝岩码头上，终于可以看见被击毙的异端星际战士的尸体了，但那些尸体只有零星几具。就算能幸运地击杀所有的死亡守卫，也不可能消灭数量如此众多的行尸。它们持续前进着，缓慢得就像是一摊朝着城墙缺口蔓延的柏油。

在他身后，敌人的爆矢枪正在射击。开枪时的砰砰响声，爆矢弹的火箭马达发出的呼啸，还有它们在活人肉体内爆炸的潮湿响声，混合成了震耳欲聋的巨响。恐惧攫住了他。这不仅是对死亡的畏惧，笼罩在敌人上方的一层看不见摸不着的恐惧阴影，使德沃罗斯的心里充满了无法反抗的寒冷恐怖。他害怕得想要躲在一堆生锈的铁桶后缩成一团等死，但他的身体不受控制地继续逃跑。

第二道防线就在眼前，这些工事建筑在城墙缺口的废墟上，以保护缺口不被攻击。就在这里，德沃罗斯曾经目击过那位少女的天赋神力。从内部看，防线似乎还挺像模像样。但从外面看，与那座破碎城墙的宏伟架构相比，这些工事看起来并不能胜任自己的使命。敌人的炮火正朝缺口处倾泻。当炮弹击中了此前并未受损的城墙部分时，城墙岿然不动；但那些找对了目标的炮击，则进一步摧毁了城墙，把大块的混凝岩砸了下来，扩大了墙上的缺口。在港口，死亡守卫们已经到达了合适的射击距离，他们向通往城市的道路上的临时防御工事发起猛烈的攻击。他们残忍地锁定了海岸守军们撤退的路线，用等离子束和旋转飞行的破片手榴弹扫荡着战壕。逃跑的士兵们在弹雨中拼命求生。德沃罗斯也在一条火力夹缝中夺路而逃，只求在敌人屠杀其他不走运的人时，自己能幸运地通过这条曲折的塑钢巷道。

城内炮台的轰击令他震耳欲聋。炮弹落海之处，浪花的巨塔高高升起。地面被轰击之处，破碎的混凝岩与残肢断臂在一起被炸飞。所有的声音，混合成了一堵猛烈的噪声障壁。

当他意识到的时候，自己已经飞了起来，被爆炸产生的高压气流无情地吹向天空。他大口地喘息，甚至声带不由自主发出了尖锐的歌声。德沃罗斯发现大地朝自己扑来，接着他就狠狠地撞上了地面。

他的耳朵嗡嗡作响。视野一片黑白，灵魂仿佛脱离了自己的躯壳。

即便如此，他还是挣扎着站起，强烈的求生意志克服了一切。他一瘸一拐地朝第二战线走去，耳内的嗡鸣掩盖了其他所有的声音。

在濒死体验中，德沃罗斯晕了过去。他清醒过来时，发现左手的生化防护服已经成了碎片，手臂正在流血，而自己正靠在一个地堡的冒烟废墟旁边，地堡的塑钢墙壁已经被等离子束液化了，高热的液体就在他身边危险地滴落着。德沃罗斯觉得自己死定了。但当他的意识完全恢复时，他看见了一幕奇异的景象。

苍蝇们在空中堆积在一起，就像是撞上了一扇看不见的玻璃窗。它们撞击着障碍，恼怒地发出嗡鸣。行尸们走过了障碍，但当它们通过后就变得虚弱了，一枪就能让它们倒下，再也无法站起。只有瘟疫战士们未受到影响，但他们仿佛也察觉到了什么。那些爱开玩笑的人停下了玩闹和大笑。那些本来就板着脸的人变得更加严肃。最引人注目的是那些巫师。一跨过那道无形的线，他们的法力就突然凭空消失了。他们愤怒的咆哮压过了战场的噪声。德沃罗斯惊讶地看见，那些巫术星际战士高举生锈的护手想要施法时，来自亚空间的力量却失效了，一点一点消散。

敌人继续前进。尽管他们的神秘力量已经被削弱了，但他们手中的枪炮依然保持着威力。致命的交叉火力把防线与港湾之间的区域化为了一片杀戮地带。但死亡守卫们毫不在意地从中间通过。虽然也有少数几个人倒下，但如此强大的火力远不应该只造成这点杀伤。能量光束和子弹呼啸着飞过头顶，把那群活尸炸得粉身碎骨。没有了蝇群来阻挡光束和遮蔽目标，守军的攻击效果有所增加，但还远远不够。异端阿斯塔特们依然还在前进。一排排士兵组成了绝望的防线，一排排轮流先射击再后退。一开始他们在近距离朝那些逼近的怪物开火，然后是面对面的直射。又击倒了一个，二个，三个，此外就没有了。数百支枪的连续射击，原本足以击溃一支军队，却仅仅杀伤了三个敌人。

死亡守卫们笨重地开始奔跑拉近距离。他们太肥胖，又病痛缠身，这姿势根本不像是在跑步。然而，他们实际移动的速度却远不像看起来那样迟缓。考斯的战士们令人钦佩地鼓足了勇气，用刺刀阵迎接敌人的冲锋。但死亡守卫们挥手将他们击飞。士兵们惨叫着，他们的骨骼被重击而粉碎，非自然的疾病感染了他们的器官。

即使失去了蝇群和巫师的保护，死亡守卫们依然能轻易地屠杀星界军。

德沃罗斯崩溃了，接受了即将死去的现实。他跪倒在地，橡胶手套中的右手紧紧攥住天鹰吊坠，向帝皇祈祷。

轰鸣的喷气引擎让他从痛苦中清醒过来。一架双船体的炮艇悬停在他头顶，枪炮咆哮着，导弹从炮艇的双翼下拖着尾迹飞射而出。星际战士们从敞开的舱门跳了下来，带着全身重量跃入敌人中央。他们都是原铸型号的骷髅面具战士，手拿着长长的战斗刀。紧随庞大的炮艇之后，又有许多装备飞行背包的星际战士急飞降下，枪口喷射着火光。

又一艘炮艇飞来，轰鸣着悬停降下。身穿重甲的阿斯塔特修士们蜂拥而出。

死亡守卫们停下了对星界军的蹂躏，将他们的怒火投向最憎恨的兄弟。星际战士们目睹叛徒们击败了帝国军队，也同样怒不可遏。双方交战释放出的能量撼动着世界。

铠甲光鲜的原铸极限战士们与腐烂的巨大战士们针锋相对。看着他们彼此间的区别，德沃罗斯更能体会到瘟疫战士们的腐化程度到底有多深。他们与新对手作战时的凶残证明了这一点。原铸战士们让死亡守卫想起了自己曾经的模样。

双方势均力敌。原铸战士们很有韧性，但他们被诅咒的亲戚也以另一种方式获得了不相上下的强度。瘟疫战士们承受了足以杀死凡人的伤害，但仍持续战斗着，只有在头部或胸部的打击似乎有可能杀死他们。但即使倒下，瘟疫战士们也感受不到任何痛苦。

第一波进攻的原铸战士们被一阵弹雨击退。最前列的瘟疫战士团伙在开火时，他们背后的兄弟们丢出用蜡封住嘴、缝住眼睛的木乃伊头颅。有些头颅上插着短棍，他们用类似带柄手榴弹的方式进行投掷。所有的头颅都几乎在同时飞向原铸战士们。这些手榴弹就像腐臭的水果般砸到他们身上，在崭新的铠甲上泼溅出携带疾病的物质。铠甲上的涂漆起泡发黑，陶钢变得脆弱，轻轻一动就会破裂。原本不会被普通疾病所伤的星际战士，在呼吸栅格上喷出了血沫。爆矢弹轰击着死亡守卫，接二连三地杀死了敌人。他们的数量减少了，但减员速度还是很慢。原铸战士损失的人手更多。

但死亡守卫在提洛斯海岸已经不能坚持多久了。越来越多的战机正从东方飞来。

尽管他们的外表是如此肮脏，但死亡守卫并未失去战术智慧。感觉到对手援兵正要赶到，他们组成一个方阵，开始撤退。大海对岸射来的火力变得更加猛烈。炮弹如雨般落在码头上，激光炮的齐射迫使炮艇躲避飞走。死亡守卫们在火力掩护下从城墙、守军和极限战士们面前撤离。当他们越过那座桥梁后，蝇群再度笼罩上来。死亡守卫渐渐消失在一团邪恶的迷雾之中。

更强大的炮火从海峡的另一端轰击过来。死亡守卫们的炮击很快就停下了。德沃罗斯为这突然的平静惴惴不安，但这并不是真正的宁静。炮艇正在降落，送出星际战士们。从他们通讯发声器中传来的喊叫声嘹亮而刺耳。但没有了炮击、没有了持续的激光枪呼啸和爆矢枪的咆哮，周围仿佛变得和平下来了。

迷雾正在缓慢地退却，码头上射击的火光越过了水面。

德沃罗斯一把扯下面罩，呕吐了起来。大量分泌的肾上腺素令他全身麻痹，他费尽气力，才艰难地从地堡的废墟中走了出去。

这时候，反重力坦克群正在横渡海峡。它们的推进器在海水中压出了深谷，又让被推开的海水高高扬起。当坦克群登上坚实的陆地后，巨浪崩塌了，从它们侧面倾泻而下。它们的引擎发出咆哮般的巨大轰鸣，反重力场将下方的一切都夷为平地。

当坦克一来到干燥的陆地上，活动梯就打开了，更多的星际战士们跳了出来。医护人员紧随其后，朝着伤员们分散而去。但德沃罗斯觉得他们恐怕很难找到几个活人。

不久后，小型运输机和没有武装的穿梭机也都赶到了。大部分机身上都带着医务部的螺旋形徽章。它们呼啸着越过德沃罗斯头顶，朝着城市方向飞去。

德沃罗斯一瘸一拐地穿过这片混乱地带。他脑子里一团乱麻，不知道该上哪去。

有一个装甲华丽的星际战士正在向担架里的一名士兵询问。那个人虚弱地抬起胳膊指向德沃罗斯的位置。星际战士立刻朝他走来，做了自我介绍。

"我是极限战士冠军护卫的西卡留斯连长。"他说，"你是这里的军队指挥官？"

"该死的，你们来得太晚了。"德沃罗斯说。这场战斗让他丧失了尊卑意识。

"我们现在来了。"西卡留斯说，"你就是德沃罗斯少校？"

德沃罗斯尽量挺直腰板，点头说："是的。"

"我收到的命令是为原体确保这座城市的安全。现在立刻向我报告，这个地方是用什么方法自保的？"

"我不懂你的意思。"

"敌人的巫术在城市周围失效了。是什么原因导致的？立刻告诉我，不要说谎。我必须确保提洛斯无事。"

德沃罗斯困惑地说："那不是你们做的吗？"

"不是。"西卡留斯说。

德沃罗斯的脑子一片空白。突然间他知道了答案。他的理智也回来了。德沃罗斯一脸不敢置信地朝西卡留斯望去。

"是那个孩子。这里有一个孩子，一个奇迹般的孩子。虽然快成年了，但她还是孩子。这一定是她做的！"

"一个灵能者？她是合法灵能者吗？"西卡留斯向前靠近了一步。他的话音让德沃罗斯心生恐惧。

"她不是灵能者。"德沃罗斯用绝对肯定的语气说。尽管他知道并没有任何理由来支撑自己的说法。但他就是这样觉得的。

"那她又是什么？"星际战士说。

"她是一个奇迹。"德沃罗斯说。

西卡留斯切换了通信频道，装置随之发出咔嗒一响。他没有启用隐私设置，通过头盔的栅格直接公放："通知英杰，这里有一些奇怪的事情。我需要他做决定。告诉原体，我建议他暂时先不要下来。可能有陷阱。"

"原体？"德沃罗斯脱口而出。一种完全不同的恐惧涌上心头。后来让他感到可笑的是，他最先想到的居然是身上的制服破旧得太不成体统了。"原体要来这儿？"基里曼归来的时候，德沃罗斯还是个刚入伍的新兵。即使在听说了原体将会夺回这个行星的消息之后，德沃罗斯也从未想到自己会真的见到他。他知道自己可以与奥特拉玛之主在同一场战争中并肩作战了，但要真的亲眼看到原体……对德沃罗斯和他的祖先们而言，基里曼一直都是一个被束缚在静滞场中的神话传说。

"但不是现在，"西卡留斯说，"要等我检查过那个孩子是否有异常再说。"

"我可以——"

西卡留斯举起一只手要求安静，他在倾听某个私密频道的消息。

突然，星际战士发出一声怒吼，抬头朝天空望去。更多的飞船正在疾驰而下。"所有的牧师都该死。"西卡留斯说着，向德沃罗斯看去。德沃罗斯看见星际战士的红宝石色护目镜里闪烁着谴责的怒火。"你知道城里发生什么事了吗？"西卡留斯厉声说。

"怎么了？"德沃罗斯又陷入了恐慌。只要在恐惧下崩溃过一次，人就会沦为恐惧心理的俘虏。

"那个游行队伍。"西卡留斯吼叫说,"侦察兵已经向我报告了。你说的那个孩子就在队伍最前面。这帮该死的居民全都上街了。你是这里的主管,对吗?"

德沃罗斯下意识地摇头,尽管他确实是此地的主管。"我的通信兵……"他无助地四下张望。那些蓝色铠甲的巨人们如此引人注目,德沃罗斯根本无法注意到除他们之外的任何事物。"我不知道通信兵去哪儿了。我的通讯设备坏了。从早上我就被困在这里,联系不上任何人。我告诉过市民都要待在家里的。我命令过的!"

西卡留斯理解地吐出一口气。"你一直在前线指挥。辛苦了。"他切换了通讯频道,"西卡留斯告知提洛斯解救部队,在大陆和岛屿两端确保港口区域的安全。"对方好像问了些什么,西卡留斯又简短地回答了几句。

在海水的另一面,火光和爆炸越过码头。交火中的两军从河海边缓慢地后退,笼罩着战场的迷雾也随之退去。暴露出的海岸上,只残留下倒塌的建筑物的骨架结构。

三位身穿铠甲的星际战士快步朝连长走来,无言地围住了他。这幕景象比德沃罗斯曾见过的所有艺术品都要华丽。星际战士们就像是一座座金色镶边的深蓝要塞,而西卡留斯则是被要塞环绕的一座天蓝色城堡。

"你跟我一起来。"西卡留斯对德沃罗斯说,"就是现在。"

第十六章

帝皇保佑

马蒂厄迈步走过提洛斯的街道。帕梅尼奥人很喜欢高耸陡峭的塔楼,它们构成了这座城市的建筑主体。这些塔都是同样的设计样式,同样的高度。它们密集地簇拥在城市里,让提洛斯城从空中看上去就像是一块巨大的钉板。

敌军的攻击导致的残缺,破坏了城市的图案。在那些被炸弹和光矛命中的地点,损坏的严重程度随着同心圆半径逐渐向外递减。在炸点的中心,一切都已化为乌有,破碎的地面下沉到了地基,管道和下水道在瓦砾中隐约可见。再往外一点,是一片平坦的地面,上面铺着一层熔化成玻璃渣的粉碎混凝岩。在这片平地外面的一圈,是一座由破碎建筑构成的迷宫,倒塌的墙壁和被爆炸力量压弯的建筑部件使得人们在其间迷失方向。再往外的一圈,是凌乱倾斜的高墙。最后的外圈,是那些被大火把内部烧尽的高塔,塔的表面被热浪灼烧成了灰色。

城市的街道网被破坏了。破裂的墙面往道路歪斜,扇形的混凝岩随时可能倒塌下去。为了让人们能通行,在这片废墟中临时开辟出了一些狭窄曲折的小路。螺丝固定的波纹塑钢板和工业射网枪喷出的伸缩网将瓦砾固定住了。在赫卡顿海港方向的城墙缺口附近,城市被毁坏得最为严重。约一公里长的城市天际线变得破烂不堪。炮击轰出的弹道,穿透了一座又一座塔楼,制造出了不合常理的通道和被烧成玻璃的怪诞小巷,这些道路交错成了一团乱麻。

在提洛斯城内找路变得很困难。原本平坦、笔直的大道,如今变成了比山间小径还难走的小路。马蒂厄本可以让驾驶员在城镇中心降落,但他却下令把他放在凯尔托方向的一座塔楼边,那里离帝国援军着陆的地点最远。

尽管马蒂厄狡猾地脱离了舰队单独行动,他的行动还是一定会被摄政知晓。因此马蒂厄必须抓紧时间。他预料到基里曼会大发雷霆。马蒂厄已经准备好接受之后的惩罚了。他的使命压倒了所有其他的顾虑。

他必须找到幻象中出现的那位少女。

街道上簇拥着许多人，他们都被从轨道降下的飞行器的轰鸣所吸引。在空间狭小的地下避难所里，消息总是不胫而走。人们纷纷说，围城已经解除，原体来了。提洛斯人从位于地窖和传输管道的藏身之处中走出，前去欢迎他们的救主。一开始人很少，但逐渐人们就汇聚成了一股洪流。

马蒂厄一路留心那位少女的消息。他并没有失望。成群兴奋的人从他身旁挤过，大声谈论着传闻。所有人都喜气洋洋，兴高采烈。他们终于得救了。

"她终止了疾病！"一个喋喋不休的女人说。跟许多在街道上的人一样，那女人的脸上用混凝岩粉末和油烟涂了一个骷髅脸的图案。马蒂厄曾经在其他世界见过这种打扮。这是信仰帝皇的一种象征，表明她不会成为敌人的瘟疫行尸，而要在侍奉人类之主的过程中迎接圣洁的死亡。马蒂厄赞许这种行为。在其他世界的某些城市里，许多忠诚的民众屈服于莫塔瑞恩的亚空间网络产生的灵能瘟疫，向叛徒们交出了灵魂，甚至在马库拉格都有这种情况发生。但在提洛斯，似乎并非如此。当然，也不能放松警惕。

马蒂厄放慢脚步配合这个女人的步伐，小心翼翼地偷听着。在象征死亡的大花脸下，女人两眼闪闪发亮，全神贯注地跟旁边的人说："艾乐蒂那时候在帝国大道。"她接着说，"我告诉过她宵禁期间不要出去。但她没听我的话。她亲眼看到修女把坐在一个黄金宝座上的圣徒带了出来，让她登上城墙。在那里，她周围光芒大作。敌人先是被阻挡了，然后就逃跑了。艾乐蒂说的，他们都跑了！最后，承蒙圣徒的恩典，星际战士们也被召唤过来了！"女人兴高采烈，喋喋不休："我告诉过艾乐蒂不要出去的。我本来想揍她一顿，但她看见了这个奇迹。她把好消息告诉了我。当她跟我说的时候……"女人被越聚越多的人群包围了。马蒂厄离开前最后瞥了一眼，看见她还在一直说着。

前面的路上散落着瓦砾，街道变得越来越狭窄。人群中的人越来越多，越走越慢，绕着圈在打转。马蒂厄被人潮裹着越过废墟走进一条小巷。巷子里很黑，能闻到几个星期没有洗漱清洁过的人的臭气。马蒂厄曾经花过很长时间和劳苦大众一同相处。人身上的体臭对他来说绝非冒犯，而是一种神圣的气息。没有人留意他，也没有人知道他是谁。马蒂厄沉醉于这种隐姓埋名的状态。成为大众中默默无闻的一员，隐没在这群涂着死亡迷彩的人们当中，对他而言堪称乐事。

在马蒂厄前边，有个男人正在和一个像是他妻子的女人说话。

"她是个圣徒。一个真正的圣徒。带着帝皇的赐福而来！"

"加洛德看见了。"另一个人说，"圣徒净化那口井的时候他就在边上。他们曾经说帝皇抛弃了我们。说这种话的人都应该被烧死。帝皇保佑！他来了。他来了！"

又有人说："帝皇保佑！"话音此起彼伏："帝皇保佑！"

马蒂厄的身边都在响起那句祈祷词，还有不断重复的"圣徒，圣徒，圣徒"。这样的话语重重叠叠，用声音和信念营造出了一个能被感知到的信仰光环。

"帝皇保佑！帝皇保佑！帝皇保佑！"

马蒂厄能体会到他们的喜乐和安心。他们的神已经降临并眷顾这个世界，看到了他们的苦难，派出了他的圣徒和他的儿子，引领众人走出黑暗。

人群穿过小巷，将街道挤得水泄不通。人们手中举起了蜡烛。死亡天使的金属机翼在空中闪过，超音速飞行器掠过时发出的爆响摇晃着破裂的窗户，所有人都在唱歌。受祝福的基里曼是多么仁慈。他应该已经向人民送来了救援。在导弹和帝皇的冷酷战士们身后，食物、饮水和医疗物资将会源源不断地来到。基里曼是如此的神圣，即使他并未意识到自身的神圣。他的仁慈正是这神圣的明证。

马蒂厄坚定了要拯救原体的决心。

前方，拥挤的人群逐渐变成了一个正式的游行队伍，就像是在升天节或是神圣原体节的游行。国教的旗帜在队伍前方飘扬。一大群伺服颅骨在头顶嗡嗡作响。他闻到了混凝岩沙尘的呛人味道和未被掩埋的尸体绕梁三日的恶臭。

这些都是物质层面的表现，在马蒂厄的价值观里都不重要。但此处也有某种凌驾其上的精神事物，从内心深处迫使着他，牵引他走向游行队伍那荣耀的队首。马蒂厄一路推挤着，奋力朝队伍前方赶去。在那些因为庆祝得救而彼此紧紧相拥的人们中间，他伸长脖子，就像一把匕首般穿梭而前。在那里！他看见了。在队伍前方有一把黄金宝座。高高的椅背挡住了坐在上面的人。但马蒂厄知道在宝座上是一个活生生的人，而非某具干枯的圣徒遗骨。

那位出现在他幻象中的少女，已近在咫尺！

马蒂厄不断地推搡着，但有太多人都涌进了饱经摧残的城市街道，马蒂厄发现自己再也无法继续前进了。他被周围的人完全堵塞住了，不得不跟着提洛斯人的集体一起缓慢地移动。从游行队伍前方传来了音乐声,还有像他一样的牧师们正在呼号。但马蒂厄已经没办法靠得更近了,他的虔诚因为挫败感而消沉下去。就在他觉得自己快要因此崩溃的时候,游行队伍在一个破烂不堪的终点停下了。那座被炸毁的建筑框架,正是提洛斯大教堂高耸的正门。这是一座巨大的建筑,正前方是一尊高耸入云的天鹰铜像。拥挤结束了,人群涌入广场。

天鹰雕像前有一堆碎石。游行队伍朝着那个地方走去,将宝座安放在石堆上方。马蒂厄现在终于能看清楚了,那把宝座被身穿酒红色铠甲的战斗修女们高举着。他利用人群分散开的时机挤向前方,感觉到后面有一大群人正像他一样赶上来。他们很快就会像在街道上一样把这个广场挤得水泄不通。

在碎石堆周围竖起了成排的旗帜。一支乐队开始演奏宗教音乐。与马蒂厄曾经历过的那些为原体举办的盛大典礼相比,这里的仪式就像是草台班子;但正由于这场仪式的真诚,反而却拥有更加直击人心的力量。马蒂厄只瞥了一眼少女,很快又被人群遮挡住了。他恼火地嘟囔着,奋力寻找一个更好的位置。马蒂厄和少女的距离太远,无法看清。但那一团被金色环绕的白色小点一定就是她。马蒂厄确定无疑。

一个战斗修女走到了前面,开口了。

"提洛斯的子民!"她高声说。

人群的喧嚣顿时化为了低语,接着完全安静了下来。甚至连星际战士的战机和救援船的持续轰鸣声,仿佛也降低了音量。

"我们见证了奇迹!"战斗修女说。在她演讲时,少女纹丝不动地坐在宝座上,"在这座城市里,在最危急的关头,出现了一位神圣的孩子,一位圣洁的少女,一位高贵的少女,一位配得上成为至高的帝皇陛下意志载体的完美少女。赞美吧!"当她说话的时候,人群始终鸦雀无声,但马蒂厄能感觉到所有人心中都涌起一种神圣的狂喜。"借由这位少女,我们将赢得这场战争。那些可怕的叛徒,那些崇拜邪神的罪人,将会被驱逐出帕梅尼奥,一切都将会再度得到净化!我们将获得新生!我们的生活尽管一度陷入了艰苦和悲痛,但终将会变得富足起来,因为我们已经亲眼见到了全人类的统治者,为了人类物种延续而永远在神圣泰拉受难的人类之主,他守护着我们,无论是一个人还是全体人类,都在他的关照之下!我曾经见到这位少女击退了敌人的恶魔引擎。我曾经见到她将污秽化作了清水。我曾经见到她毫无怨言地忍受我们修会的刑讯者的酷刑和拷问。只因她是圣洁无瑕的！在她体内，燃烧着至圣帝皇的光芒。在她体内，承载着我们得救的希望！"

"心存感恩吧。"战斗修女说，她的激情演讲让她的嗓音都变得沙哑了，"保持警觉吧。你们无须向帝皇祈祷慈悲。那是他的使命。献给他你们的爱，还有你们的奉献。献给他你们的——"

这时，少女忽然低低叫了一声，伸手指向马蒂厄。

人群立刻分开了，给马蒂厄让出了一条通往宝座的路。

一万双眼睛向他投去期待的目光。

西卡留斯怒气冲冲地穿过城市。星际战士们步行的速度太快了，德沃罗斯几乎要冲刺奔跑才能跟上他们。当他们穿过城墙缺口处的临时大门后，德沃罗斯突然一下子飞了起来。两名西卡留斯手下的冠军护卫在大步前进的同时，用磁力锁把自己的武器收在铠甲上，然后一前一后将德沃罗斯夹在腋下走着。知道就算抱怨也无济于事，德沃罗斯在抗议脱口而出之前闭上了嘴，让自己软弱地挂在他们中间。他羞耻地保持着沉默，任凭那些半神般的战士像处理一件不方便携带的人类行李般带着自己前进。

"去高地那边。"西卡留斯对部下们说，他的每一句话都言简意赅，"民众正在大教堂周围集结。"

星际战士们的钢靴将大块的瓦砾碾成了粉末。他们沿着一座歪倒压在其他塔上的中心塔向高处行进。这条道路崎岖陡峭，但他们的步伐丝毫没有受到影响。星际战士们以凡人无法企及的步伐朝前奔跑。他们的铠甲发出了低低的响声和隐藏的动力机械的轰鸣。他们的动力装置散发出轻微的热度，从格板通风口中吹出阵阵暖风，平静地吹拂着德沃罗斯。

"这就是天使的呼吸吧。"德沃罗斯茫然地想。

这不是德沃罗斯第一次见到阿斯塔特修士；他是一名奥特拉玛的士兵，这片疆域的统治战团与臣民之间的纽带非常紧密。但他还从未如此靠近过这些星际战士。他几乎一伸手就能触摸到他们。这种想法对德沃罗斯而言甚至有点亵渎。他难以想象自己正被天使抱着，向着天空攀登而上。

他们登上了斜塔的最顶端。西卡留斯精力充沛地从破碎的塔尖纵身跃下，跳进了另一座塔楼的屋顶露台。部下们紧随其后。眨眼间德沃罗斯整个人都飞在空中，看着下方宽阔的阴暗峡谷。

随着减震器的嘶嘶响声，星际战士们落到露台地板上，毫不停滞地就从跳跃平稳地切换成奔跑。

西卡留斯在那座塔楼的碎裂栏杆前停下脚步。塔楼露台上有一片花园，方形的草坪围绕着井井有条的灌木和庄严的大树。到处都呈现出奥特拉玛建筑设计风格的稳重美学。地板上散落着大块的混凝岩破片，草坪枯黄，池子里空荡荡的，树木也变得干枯脆弱。但尽管如此，依然还残留着美感。一棵大树上还留有一片孤零零的绿叶，在微风中来回摇曳。它吸引了德沃罗斯的全部注意力。那棵树还活着。只要树还活着，他想，提洛斯也一定会再度复活的。德沃罗斯为此祈祷。

"少校。"西卡留斯说。他戴着金属护甲的手指朝下方指去。

德沃罗斯眨了眨眼，将树叶从脑海中抹去。星际战士们不知何时已经把他放了下来。德沃罗斯向西卡留斯指的方向望去。

他们正在俯瞰这个城市的心脏地带。大教堂压倒性地高踞整个广场上方。受到严重破坏的金属双头鹰矗立在废墟中，构成了大教堂的正面。教堂中殿的屋顶后方三分之二的地方崩塌了，一座侧殿高塔就像沙砾城堡般塌陷下去。但天鹰像依然屹立，显得高贵、坚强而又不屈。鹰嘴朝向天空突出，翅膀折起环绕在大教堂的两侧，就像是在保护着教堂。

德沃罗斯曾目睹这个广场的毁灭。当他第一次来到帕梅尼奥时，这个广场就像是城市秩序的缩影。在阳光明媚的日子里，学校的孩子们聚集在广场的树荫下接受教导。他看见第一颗从天而降的炸弹震撼着广场，爆炸摧毁了人工建筑。他看见防御激光炮的光束照亮广场，赶走了敌人。他还看见炸弹炸穿了大教堂的屋顶，熊熊烈火燃尽了教堂内部。

然而，如今这里已经变成了另一个地方。到处都是窗户缺了眼睛、门口咧开大嘴的丑陋建筑物。战争抹去了人类建造的荣耀，撕去了美好事物的幻象。大理石墙面裂开，可以看见丑陋的内部。在这座被战火蹂躏的城市里，所有事物都被剥去了外皮。在剥落的涂漆下，暴露出了压缩黏土和灰尘。

但在此时，广场又一次被改变了。成千上万的民众涌向这里。形销骨立的人们不再害怕，重新回到这里集会。尽管天空多云，但这是普通的积雨云，不会倾盆降下污秽之物。人们站在一座破碎的混凝岩和零乱的砖块堆成的新的山丘上，手中的灯笼和蜡烛闪闪发光，远远望去就像是被众神守护着的一片星空。在天鹰雕像前方的宝座上有一位少女，由战斗修女们组成的荣誉卫队环绕着她。人群都静悄悄地注视着少女。就连正在进行的战争，仿佛也对她和这些人民表示了敬意。从赫卡顿方向传来的爆炸和枪声变成了低语；飞机仿佛带着歉意般轻手轻脚地着陆。

少女坐在宝座上，看上去很虚弱。一位战斗修女正在演讲。是尤兰特？德沃罗斯心想。他们离得太远了，但她的话音还是传了过来，好似一声鹰啸在风中掠过沼泽。

尤兰特正在谈论拯救的事。

"这就是那个女孩？"西卡留斯说。他的粗暴话语声让德沃罗斯清醒过来。

狂喜攫住了德沃罗斯，他说不出话来，只能点点头。

战斗修女还没说完，突然少女指着一个地方说话了。她刚才好像完全没有在听修女的演讲，一直都在默默地等待着，寻找着什么。

尤兰特惊诧地停下了。少女站起身，指向前面。

"我们当中有一个人。"少女说。但人们与其说是听见她的声音，不如说是直接感受到的，"我们当中有一个人来自群星之间，他带来了希望。"德沃罗斯有一种想要跪下的冲动。但他意识到在星际战士们面前这么做是很危险的，他忍住了。

"他来了。"少女说。

人群围绕着一个男人分开了，使得他变得引人注目。但在德沃罗斯眼里，那只是又一个身穿旧衣的小点。那人似乎抬头望了一眼星际战士们。

西卡留斯变得紧张了。他铠甲发出的动静使得他的激动表现得更加明显。

人群散开了，男人走向石堆和其上的宝座。他在少女面前跪下。少女伸出手，轻轻放在他的头顶。

少女和那个男人之间的动作，使得人群也都被某种情绪感染了。随着轻微的衣服摩擦声，手握蜡烛的人们也全都跪下了。

"帝皇保佑！"少女说。

"帝皇保佑！"人们重复着。那是一种比言语更热诚的低吟，充满了虔诚和向往。

那个男人站了起来，转身朝向人群。

"我是马蒂厄修士。"他说，他的嗓音如尤兰特一样清澈，"我是帝皇最后的子嗣、复仇之子、帝国总司令、帝国摄政、原体罗保特·基里曼麾下的战争使徒。"他深呼吸了一口气。德沃罗斯能体会到马蒂厄的狂喜，他很想分享这份喜悦。

"我见证了一个奇迹。"马蒂厄说着，指向那位少女，"帝皇现身了。"

西卡留斯发出一声阴森的冷笑，让德沃罗斯从忘我的状态中醒来。德沃罗斯眨着眼睛，眼里噙满了泪水。

"原体会喜欢这个的。"西卡留斯说。

第十七章

帕梅尼奥的集结

一边是盛大的欢迎，一边是敬奉的仪式。演说、命令和公告不停地发布着。提洛斯曾屈服于战火，现在因为得救而狂喜，又因为原体的到来而震惊。短短一天内连续经历两个奇迹，超出了大多数人的承受能力。

当那些努力筹办的仪式结束后，提洛斯城里所有破烂的临时陈设都被收了起来。夜晚的凉意掩盖了帕梅尼奥上的狂热。基里曼这时才能抽出片刻和他的主要军官们开会。这些人包括了：维斯帕特的新任原铸英杰菲利克斯、极限战士的英雄人物冠军护卫连长西卡留斯，还有来自禁军的马德瓦·柯肯、寂静修女会的修女指挥官贝拉丝。此外，还有很多其他人也出席了会议。阿尔法战斗群的舰长们，星界军的将领们，泰坦学会的高阶机长们，机械修会的统御贤者们，还有各种帝国修会的大批高级军官。他们当中大多数人被召集到提洛斯城内参加会议，但有些人这次没有被传唤。基里曼需要头脑冷静的人。此外，他还需要那些没有被宗教信仰影响判断的人。在被召唤到城内的人们当中，只有贝拉丝是教会信徒，但原体相信她会在讨论时暂时搁置信仰。

国教信徒当中，几乎没有人可以让他放心信任。

基里曼选择了一座堡垒高塔的平坦屋顶作为开会场地。从那里向外眺望，可以一览提洛斯岛与赫卡顿海岸之间的狭窄海峡和港口。两岸的陆地都并非大自然的原本样貌，被修建成了各种正方形和长方形的几何图案。即使连月来的战斗，也未能彻底破坏这些人工景观。但在遭受重创的海岸线上，建筑物已经都化为瓦砾堆和扭曲的金属骨架，一部分在岸上、一部分倾覆水中。

这么严重的损坏，需要很大的投入才能修复。至少要到几个月之后，码头才能重建完成。

但在此之前，基里曼还有其他事情用得着这里。赫卡顿大陆的太空港深陷敌军势力范围深处。因此，拥有宽敞平坦的集装箱存放空间的提洛斯码头区，可以用作替代的方案。

把提洛斯码头作为集结地的工程已经开始进行。这座海港将被改造为一座太空港。

基里曼的收复部门日以继夜不停地工作，净化着海峡对岸。陆地被闪烁着的灯柱分割为整齐的区块。净化小组和念经的牧师们在这些地区来回走动，在温暖的夏夜里洒下高温水和留下祷词。他们在众人的视野中时隐时现，有时消失在被炸弹摧毁的仓库背后，有时又在被压皱的集装箱之间现身。只有当每个角落都完成净化后，他们才会离开用灯柱划定界限的区块范围，前往下一个区域。

被净化过的区域，接下来将交给像高楼般庞大的建筑车辆来接管。在这些重型车辆的推土铲下，地面上的金属碎片和混凝岩瓦砾发出刺耳的响声，被推到一旁。巨型推土机缓慢地移动着，将战火留下的残骸推到集结地附近的堤坝上。离海岸最近的那些区域的混凝岩都被铲平了。唯一能让人想起昔日港口的繁荣的，只剩下旧日建筑物的地基。但这些地基也只在外暴露了几分钟，就都被清理干净了。这些区块将成为星舰的着陆场。那些星舰还会卸下更多的建筑工程装备、预制工事，以及负责守备此地的强化战士们。

在重塑港口工程的碾压巨响之下，从空降船中跑步离开的兵团老兵们的整齐喊叫声，越过狭窄的港湾传来。喊声此起彼伏，与建筑车辆发出的巨大噪声交织在一起。每隔一个固定的时间间隔，港口所有的声音都会被星舰等离子引擎呼啸着灼烧大气层的轰鸣声所淹没。在运输船、部队登陆艇和重型登陆舰之间，灵柩船摇摇晃晃地坠下，仿佛随时可能倾覆，就像一位老贵妇人从摇摆的马车上跌跌撞撞地下来，直到它们的临时气动支架在地面上站稳之后，灵柩船才停止了摇晃，变成一座巨大的堡垒，随后打开门，准备放出那些庞大的乘客。有一对战犬级泰坦已经下了船，在码头边昂首阔步地来回走动。

基里曼审视着这幕场景。空气每分每秒都变得更加清净。喷气式引擎、等离子引擎、钚素燃烧产生的各种烟气飘过狭海，但瘟疫的恶臭已经不见了。人类科技的强烈气味已将它们驱散。基里曼和部下的军官们都摘下头盔，小心翼翼呼吸着被污染的空气，发现帕梅尼奥的空气正变得甜美起来。

一切都那么顺利。唯一例外的，是几个小时前收到的那条坏信息。

"我们收到了从马库拉格星系发来的新的星语消息。"菲利克斯说,"确认了死亡守卫军团的大举进犯。阿迪厄姆再次被入侵,马库拉格受到攻击,赫拉要塞已被围困。"

"卡尔加战团长会处理好的。"基里曼说。他那高贵的脸庞比以往任何时候都更像雕塑般冷峻,动的只有他的嘴唇。他的表情严肃如铁石,眼睛眨也不眨地盯着集结地的工程进度,就好像这双眼是用玻璃做的一样,"这只是敌人的骚扰行动。我查阅过消息了。在那里登陆的敌军看似数量惊人,但战斗力却很差。我的兄弟对我们当前的战果心生畏惧,因此想用计把我从此地引开。"

"也许我们可以分出一些兵力,向马库拉格派出一支援兵。"菲利克斯说。

"我不这么看,"基里曼说,"我们都很清楚我兄弟的计划,他想要用恶魔时钟和连接它们的网络来腐化我们的国土。菲利克斯,正如你保证过的那样,马库拉格并未受到毒害的影响。我们破坏了他的游戏,仅此而已。他下出了激进的一步棋。"基里曼的目光在地平线上游移,那些浓雾正在后退,已经从山麓地带消失。"莫塔瑞恩就在此地,"基里曼坚定地说,"我要消灭他,随后这场入侵就将土崩瓦解。马纽斯·卡尔加会保护好马库拉格的。这就是我们要采取的行动。"

恶魔原体的存在笼罩着这个世界的灵能圈。贝拉丝做手势。他的灵魂感染了周围。

"他会来攻击我们的,"西卡留斯说,"很快就会。"

基里曼眯起了眼,脸上的雕塑般的神态转化为另一种雕刻出的神态。"莫塔瑞恩放弃了对帕梅尼奥城市的攻击,撤回了军队。他会集结兵力,向我们进军。他本人也会亲自上阵。莫塔瑞恩从未改变。他总是喜欢大规模机动和考验持久耐力的阵地战。"

"让他放马过来。我很乐于让他见识一下我的利刃。"柯肯说。

"可能并不会发生近身战斗。"菲利克斯说,"我们的泰坦和装甲车将会决定战斗的胜负。莫塔瑞恩的兵力比我们庞大,但他的部队也较弱。他的亚空间连接点已经被摧毁了。人们心中的疯狂怒火已经消失了。我们的前哨侦察队报告说,那些凡人叛军已经恢复了心智,都抛弃了莫塔瑞恩。虽然不得不承认,他的坦克部队依然很壮观,死亡守卫的庞大兵力令人担忧。他们当中的阿斯塔特修士数量远远超过我军。但是,摄政大人麾下还有三支泰坦学会的半军团。莫塔瑞恩部下则只有一支泰坦半军团。我们的骑士数量也是他们的两倍。我今天还听说加拉坦已经抵达本星系。一旦星堡进入了轨道，敌人的末日就已注定。万事俱备，我们定能将敌军一扫而空。"

"你真是自信过头了。"西卡留斯说。他说话的时候，既没有看着基里曼，也没有看着英杰，而是凝视着病态的荒原。"确信胜利的理论，将会妨碍那些能在败局下反击的实践。"

"我只是说出了明摆着的事。我们的军队更强大，因此我们必然会击败他。"菲利克斯说。

"我自身的经验，告诉我不要依赖任何必然性。"西卡留斯说。

"混沌的奴仆是不可预测的。不要用正常的标准来衡量他们。"贝拉丝用手语说。"巫术毒害了这个世界。"

"那么，幸好我们有你相助。"柯肯说。

"我会判断我们能否胜利。"基里曼说，"但这个理论需要一个简单的实践，我对此还不能放心。根据我们获得的情报，莫塔瑞恩赢不了这场战役。尽管他像以往一样表现出要展开一场阵地战，但他已经变得狡猾了。在他堕落之前，莫塔瑞恩从不使用小伎俩。但在这场战争中他施展了很多策略，包括对民众煽动暴乱，散播瘟疫而非直接决战，都是从他的新主人那里学到的诡计。我想他一定另有圈套。我们必须做好应对准备，确保能随时反击。无论我们在第一次交战中就能击败他，还是要经历一场漫长苦战，他的邪恶武器都会让我们付出惨重伤亡代价。西卡留斯说得对。这不会是一场轻而易举的战斗，英杰菲利克斯。"

"如您所言。"菲利克斯赞同说，"我也不认为这场战斗会很轻松。但我毫不怀疑我们将会胜利。"他将手放在栏杆上。风向改变了，从西方吹来，带来了那片更清爽的大陆上的气息，驱散了平原上最后残留的毒性恶臭。凯尔托海岸上的小山丘是一片绿色和棕色的斑点。在傍晚的阴影下看不见疾病的痕迹，"沼泽的范围正在缩小。"菲利克斯说。

"失去亚空间连接点的维持，这些污染都会逐渐消失。"基里曼说，"某些污染比其他的更持久，但瘟疫之神的疾病也会像其他普通疾病一样有起有落。它的营养来源被切断之后，就会死亡消散。这是件令人庆幸的事。"

菲利克斯越过港口的边界望向那片恶心的泥沼之海。尽管沼泽已经干涸成了凝固的黏液，毒雾已经退去了大部分，只在那些毒性最强的深坑和洞穴上有所残留。但要冒险进入那片荒原，对一个没有防护措施的凡人而言仍是自寻死路，甚至对星际战士也不例外。

"叛徒们造成了巨大的损失。"西卡留斯说，"我曾以为，贝希摩斯巢群舰队对奥特拉玛造成的损害已经是最悲惨的了。很遗憾，我的想法大错特错。"

"帝皇赐予了我们破坏世界的能力。而我有几个差劲的兄弟就只会做这类事情。"基里曼说话时的苦涩声调，令菲利克斯心中不安，"如果沉湎于在此地失去的事物，我们就会因为绝望而失败。放心吧，这些坏事是可以挽救的。我们会迎战莫塔瑞恩，用死刑来判决他在奥特拉玛犯下的罪行。然后，我们就可以开始漫长的恢复工作了。"基里曼闭上了嘴，"几分钟内毁掉的事情，需要花费几代人的时间来修正。但必须修正，从现在开始。"他说，"时间不多了，我们需要讨论其他事情了，关于那个女孩的事。"

"你应该杀了她，"柯肯直截了当地说，"她很危险。"

"我做不到。你应该也很明白。"基里曼说，"想象一下，如果我杀害了拯救这座城市的女孩，这些人民将会陷入震惊。就算在这个会场里，本来也有人认为我有野心。杀死一位所谓的圣徒，对他们而言就是我企图篡夺父亲皇位的明证。"

"马蒂厄的介入，让这件事变得更加棘手。"西卡留斯说。

"是的，很不幸。"基里曼说。大家都能感受到他说这些话时在极力克制愤怒，"我会好好和他讨论一下这件事。"

"要是您同意的话，我可以亲手把他从大教堂里拖过来。"柯肯说。

"让他布道吧，"基里曼说，"他的说教可以提振这座城市的士气。现在阻止他为时已晚，我也不打算对这个女孩的事情的真伪发表任何意见。"

"她现在正安静地在堡垒里接受监视，"菲利克斯说，"我已经安排了一个监护小队。他们全员都是原铸战士，都出生于火星。"他瞥了西卡留斯一眼，意识到自己的话有点不得体。那位旧型星际战士犀利地移开了视线，"他们都与奥特拉玛没有关系。没有任何会动摇他们的本地亲缘关系。"

"这样最好，"基里曼说，"如果那个女孩并非她声称的圣徒，她会利用一名战士的灵魂中的任何小缺陷，制造最严重的后果。"

"遗忘骑士阿夏拉·沃伊和她待在一起。"贝拉丝用手语说。"在我们攻击莫塔瑞恩的军队时，那个女孩应该不会有事。"贝拉丝停顿了一下。在呼吸栅格的上方，她的目光游移了一会儿。"而在那之后，我们就得决定如何处置她了。"

"我们必须处置她。"基里曼说。

"有可能，她确实没有说谎。"贝拉丝做手势。

"也有可能，你因为信仰而陷入盲目。"西卡留斯说。

基里曼瞥了贝拉丝一眼。他依然觉得难以把握寂静修女们的心理变化。

"我只对帝皇效忠。"贝拉丝做手势。

"在决定如何履行忠诚时，很多人都犯了错。"西卡留斯说，"从同一种理论，会衍生出许多种不同的行为实践。这些行为并非都是对的。"

"不要争吵。"基里曼警告。

"如您所愿，遵命。"贝拉丝用手语说，"你的言语对我来说胜过其他任何人，除了帝皇本尊之外。你是他的在世子嗣。"

"别用你的信仰方式对待我。"基里曼说，"修女，你错误地迷信了我的神性。我不是一个神，你也不要把我当作一个神来对待。"

贝拉丝只是低头鞠了一躬。

"菲利克斯，你对我们那位小客人有什么看法？"基里曼说。

"理论上，她确实和她自称的一样，是一位帝皇的圣徒。"菲利克斯用指关节敲了敲墙壁，像是在验证他论点的可靠性。

"真的圣徒很罕见。"基里曼说，"就我研究所知，在浩如烟海的冒充者当中，只有寥寥几人是真正的圣徒。历史中充斥着欺世盗名之辈。即使是那些被认为是真圣徒的人，我也不信他们确实是帝皇意志的化身。"

"那他们又是什么？"柯肯问。

"如果我的兄弟马格努斯没有犯错的话，他本可以解释这个问题。"基里曼说，"尽管我现在可以接受某些过去被我视为迷信的神秘事件，但我对这些奥秘的理解依然很有限。我猜测，他们是某种类型的灵能者，他们对帝皇的信仰稳定了他们的灵能。我听说战斗修女们在受到巨大压力时会表现出某种奇特的灵能效果，而这些都是她们的信仰产生的。或许，圣徒也只是这种现象下的一个极端例子。"

贝拉丝是在场唯一一个可能会反对这一理论的人，但她并没有做出任何手势。

"也许有一天，我会有空来研究这些事件。"基里曼接着说，"无论他们的力量来自何处，至少有一些圣徒是心存善意的。他们可以成为强大的盟友。"

"比如圣塞莱斯汀，"西卡留斯说，"她证明了自己的价值。"

"她是帝国的宝贵财富，"基里曼赞同地说，"还有许多灵能者也是。但那些存在风险的灵能者数量远超过这些人。"

"进一步地推论，"菲利克斯说，"正如大人的看法，她也许是个精神高尚的灵能者。或者，她是个骗局，可能是变幻之神为了挫败您的兄弟莫塔瑞恩的目标而设置的工具。马格努斯和莫塔瑞恩这两人侍奉的所谓神是对立的。但不管是哪种情况，她都很危险。"

"她在任何情况下都是危险的，"基里曼说，"就算她本身没有危险，在政治上也有很大的风险。"他停顿了一下，"会是马格努斯在幕后操纵吗？与莫塔瑞恩相比，他更喜欢玩弄诡计。但他很少这么愚蠢。马格努斯喜欢炫耀自己的才智，尽管他追随的那个神会有不同的做法。"

"这对我们重要吗？如果他们互相争斗，我们应该高兴才对。难道有比敌人自相残杀更好的事吗？"柯肯说。

"就算莫塔瑞恩和马格努斯同归于尽，我们也不该把他们任何人当成盟友。"基里曼说，"贝拉丝，那个女孩现在的状况怎样？"

"女孩的能力已经被六星锁抑制住了。遗忘骑士沃伊的灵能空白领域笼罩了她。如果她真的是帝皇意志的化身，这些事应该都影响不了她。"

"马格努斯也可以抵抗那些事，"基里曼说，"如果她真的是我的兄弟或者其他组织的工具，她有可能会做伪装。你一定要小心。依靠你们的能力是无法阻挡马格努斯的力量的。"

"那么传说是真的了？"做手语时，贝拉丝的手指微微颤抖。

"那些事不是传说。马格努斯现在甚至比大远征时代还要更强大。"基里曼说，"我亲眼见证过他的能力。小心那个女孩！"

"只要有任何不洁的迹象，我会立刻亲自处死她。"贝拉丝打手势。

"交给你了，"基里曼说，"但在那之前，必须谨慎行事。提洛斯人热爱他们所谓的圣徒。我绝不能因为草率行事让我的人民起来反抗我。我的那两个兄弟都很清楚这一点。在莫塔瑞恩准备好之前，我必须立刻行动。"

他陷入了沉默。一艘巨大的灵枢船从头顶呼啸而过，它的反重力推进器砰砰作响，准备接过虚空引擎的负担。人们注视着那艘船着陆，随后舱门大开，运送床伸展了出来。在长鸣的警报声中，一架弓着背的掠夺者级泰坦震颤着被送出了灵柩船，踏上了这个世界。

当噪声停止后，原体望向天空，夜空中已经可以看见星辰，它们与舰队的点点光芒交相辉映。他接着开口说：

"让我们等等加拉坦。只要它一接近，我们就进攻。"

第十八章
突袭加拉坦

警报声响彻整个加拉坦。这座星堡的现实太空引擎保持着高速前进，但反应堆发出的噪声起了很大变化，逐渐提升到了全功率输出的状态。这种噪声很特别，查士丁尼刚登上星堡不久的时候就能辨认出来这种声音了。

"准备，准备。"一个机器发出的声音说，"敌军舰队到达。敌军舰队到达。准备在22分3秒后开始交战。第一波弹药装填。准备在22分钟后迎接冲击。"

警报声已经持续响了一个小时。当时查士丁尼的小队正在集结地点等候向帕梅尼奥空降。警报声响起不久，他们就被调走，重新派往远处的一个十字路要塞，执行据点防卫任务。他们没有使用交通工具，把内部班车留给那些较弱的凡人士兵们乘坐，沿着一条通道奔跑十五公里赶往目的地。这条通道长得一眼望不到尽头，绕着星堡中央转了一大圈。如果要走遍加拉坦的每个角落，恐怕一个凡人得花费一辈子的时间。这条通道规模宏大，但此刻还是拥堵不堪，一辆辆内部班车忙碌地把人们送往各个站点。

查士丁尼跟随头盔内的全息投影的指示前进。一个微弱的方向符号指向他应该走的路线。他的小队在投影中是一个闪烁的绿点。要是他放大这个小点，它就会分裂开，分别显示出每个士兵的图标，上面都有标签呈现他们的名字：德鲁苏、帕曼托、阿基里斯、布鲁塞勒斯、卡德里安、达辛、多纳斯托、马克罗斯，还有他的副手马克森提乌斯·德朗蒂奥。在全息投影中，查士丁尼自己的图标上装饰着一个骷髅头，马克森提乌斯·德朗蒂奥的图标则是一片绿点当中的一个小白点。

这十名战士，在不久前还都是基里曼的编外之子中的蓝色制服的成员。现在他们已经都成了新星战士，无论是否心甘情愿。

一辆双层班车在单列铁轨上呼啸而过。班车的后半部分是装载着成吨弹药箱的货车车厢，在最后面拖着的平台上放着星界军的坦克。加拉坦的内部空间如此巨大，足以容纳装甲车作战。

整个星堡内都很紧张。他们此前一直都在准备登陆行动。但在进入星系后的半途中，这支奇袭舰队突然逼近。作战计划陷入一片混乱，只能执行备用方案。

战团长巴丹·多瓦罗迅速做出反应。在帝国的漫长历史当中，加拉坦从未被攻陷过。星堡上的战士们都很确信它不会在这一次失守。他们担心的是这场战斗会耽搁多少时间，以及要冒多大风险来缩短这个时间，然后他们才能赶往基里曼麾下，在帕梅尼奥战役中大显身手。

查士丁尼将这些想法抛到脑后。他只是一名士官，而非连长，不该操心这些事。胡思乱想这些未免有点僭越。

当他的小队奔跑着经过通道时，凡人船员和星界军士兵们都避让到一旁，向他们发出高声欢呼。

他们到了目的地。那是一个十字路口要塞，有一条轮辐状的通道在此处与环形长廊交叉。尽管几千年来的扩建改变了加拉坦的外形，但它原本是环形的，内部的布局是一连串同心圆的环形长廊，每隔三公里都有一条通向外圈的通道贯穿长廊。在每个这样的交叉路口，都有同样的对太空防御的据点。

要塞周围的交叉路口被扩大成了一个巨大的六边形空地，宽度将近一公里。四座圆形炮塔独立于墙壁之外，形成一个空心的四方形。这样可以保证火力覆盖到每个角落。它们的布局使得这个交叉路口看起来就像是个十字架形。星堡内部班车的单轨正好在广场的中心交错，就显得这里更像一个十字架了。在中央，天花板的高度足有三十米高。两条用于射击的装甲通道各自连接了对角线上的两座塔，覆盖在铁轨上，在中央交叉成一个巨大的叉形。另外有四条装甲通道构成了广场的四条边。还有四座装甲桥梁从四座炮塔伸出，连接中央的堡垒主体。

当原铸战士们走进广场时，显示屏中的符文开始闪烁。冗长的新提示消息引导查士丁尼穿过十字路要塞的广场，前往中央的指挥堡垒。

小队在查士丁尼带领下以整齐的队形移动。在一座炮塔前，他们的两路纵队停下来收缩成圆形队列。远程武器系统瞄准了原铸战士们，它们的机魂向星际战士们的战斗装甲请求获取完整识别代码。

查士丁尼让小队停下："你们在这里等我。"他告诉部下们。

炮塔的大门读取了他的基因代码，缓慢开启了。当他一走进去，大门就又立刻紧紧关上了。

查士丁尼按照指示前往五楼。这一整层楼全都是一个指挥台。绿色的强化玻璃窗倾斜向下，以便能看见炮塔底部。一米厚的墙壁上布满了射击孔。在炮塔高高的底部地板上，开了好几个向下的杀人洞。

一名新星战士中队长正在房间内的全息投影桌前忙碌。在桌上，全息投影正显示着庞大的加拉坦和数万公里之外的敌军舰队，就像是一大群蚊子正扑向一头肉食恐龙。在投影桌周围还有几名新星战士和一大群凡人。他们大多穿着星界军的军官制服，还有少数几个指挥部工作人员、通用记录型的机仆，还有一位有四条细长的金属臂的机械修会神父。

查士丁尼走向人群。当他做自我介绍时，人群正好结束了会议，刚要散去。

"埃德莫中队长！第六辅助小队的查士丁尼·帕里斯士官报到！"他用极限战士的方式手臂交叉胸前敬礼。查士丁尼突然想到，他还从未见过新星战士们互相敬礼，他不知道这些人是怎么敬礼的，甚至不清楚他们是否敬礼。

中队长仔细地打量着查士丁尼。他戴着头盔，看不见表情，但肢体语言暴露了他的猜疑。

"我一直在等你。你们隶属于第五连？"

"是的，从三周前开始就分配到第五连了。你要求增援，因此我们就被派来了。"

"我确实要求了增援。"埃德莫说，"你可能还不知道，那支向我们扑来的舰队规模很大。"他指着正缓慢向加拉坦的三维图形移动的那些图标，"它们足以匹敌帕梅尼奥轨道上的我军舰队。一个新的棋手加入了这场棋局。在它们最前方的船是终焉号。你应该听说过这个名字吧。"

"听说过，大人。那是瘟疫领主泰丰斯的旗舰。"

"他正带着全部手下扑向我们。泰丰斯一直都有意避开他那位堕落原体，因此他加入这场战役很让人意外。他肯定会试图登上我们的星堡，摧毁加拉坦。所以，你们才从登陆部队中被分出来，派到这里。"

"明白了，中队长兄弟。"查士丁尼说。

"你之前有过战斗经验吗？"中队长问。

这个问题激怒了查士丁尼。尽管中队长看起来很难对付，但查士丁尼很确定如果他们打起来，自己一定会赢。这已经不是他第一次受到这种冷遇了。

"在过去的十多年里，我们都在不屈远征军里跟随原体作战。原体刚到泰拉不久，我们这批人就已经被唤醒了。我们的战斗经验很丰富，中队长。"

中队长的表情放松了点："很好，我听说过一些故事，关于那些刚从静滞状态中醒来就投入作战的原铸战士的故事。有的故事结局不怎么好。即使是现在，我也听说有类似的情况发生。好像你们这个类型的兵员供应总是无穷无尽。"

"我不这么想。长官。"查士丁尼说。他隐藏了自己的怒火。他早已习惯这种事了。

"但看起来就是这样的。"中队长说。中队长这个职位是在基里曼的新版阿斯塔特圣典里才加入战团体系的。"我不关心你们训练和催眠过多少次，或者持续了多长时间。但只有鲜血和愤怒，才能铸就一个战士。"

"这两者我都见过不少了。"查士丁尼说。

"好吧，好吧。很抱歉。我还从未与原铸战士们并肩作战过。我们的战团有很深的根基，因此不喜欢变革。我的连很晚才收到考尔的赠礼。"中队长指着查士丁尼的爆矢步枪，"但有时候变革也是好事。我听说这些东西比爆矢枪的射程更远。"

"有效射程增加了六十米。"查士丁尼说。他递过自己的爆矢步枪。中队长接了过去，翻来覆去看了看。一开始，埃德莫摆弄武器的方式显得很笨拙。但不一会儿，他就像已经用过它几十年一样老练了。埃德莫注视着爆矢步枪的组合块和枪管，与他用磁力锁挂在大腿边的爆矢枪的部件相比，它们明显要长得多。

"有点沉。我还不清楚我更喜欢它还是我的爆矢枪。它的后坐力更大吗？"

"不怎么大。正如你所说，它比爆矢枪最大的优势还是在于射程。"

中队长把武器还给了他。

"射程更远是好事，但这场战斗的胜负将由近身战决定。"中队长转身面对全息投影。投影闪烁着，显示出一个上下浮动的名单。"我这里有五百名星界军，还有我们战团的四个小队。"他停了一下。

查士丁尼感觉自己的脸颊有点发烫。他有点心理扭曲地想，中队长可能察觉到了他并未习惯新的兄弟会组织，中队长说的那句"我们战团"应该是个疑问，而非一个陈述。

"我可能有点偏执了。"查士丁尼心想。

中队长接着说了下去：

"其中有两个完整的战术小队，一个毁灭者小队，还有半个突击小队。我希望你去掩护阿马里洛毁灭者小队。别让敌人靠近他们。尽管有星界军的辅助，但你们可以提供更强大的保护。要是敌人逼近的话……"中队长朝窗外望去。从这个鸟瞰点，无论是轮辐通路还是环形走廊，他都可以一览无余。这些道路很长，没有任何装饰物，所有的墙壁上都加装了装甲，这种设计可以让登舰的敌人几乎找不到地方隐蔽自己。但是，近身格斗在太空船的登舰战中是不可避免的，"一旦他们逼近，你要尽一切努力阻止他们夺取我们的重武器。这些瘟疫战士很有韧性。我们需要重型爆矢枪来对付他们。"

"是，大人。"

埃德莫没有提到查士丁尼的小队要怎样和凡人士兵们协同作战。查士丁尼从他的省略中推断出埃德莫很看不起这些人的能力。如果他的想法是对的，那就意味着查士丁尼还得准备好接受这一文化差异。

"你可以走了，士官。"埃德莫说，"我还有别的事要做。"

中队长转过身，开始与一名凡人副官交谈。查士丁尼鞠了一躬，离开了指挥所。

在外面，他的原铸兄弟们正忙于检查各自的武器。他们彼此很少交谈。

马克森提乌斯·德朗蒂奥干净利落地单手在胸甲前行了一个天鹰礼。"我们要去哪，兄弟？"他问。

"我们要去保护一个火力支援部队。在三号塔。"

马克森提乌斯·德朗蒂奥嗤之以鼻："与在远处射击相比，我宁愿打近身战。我可不喜欢躲在后方。"

查士丁尼也有同感。在加拉坦的通道里行军，跟他过去作为一名先驱者从宇宙边缘跃入战场的兴奋感相差甚远。在这里，他被新的兄弟们安排去执行护卫工作，不受信任，被发配到偏僻的角落，去打一场远不如昔日光荣的战斗。

尽管查士丁尼很清楚马克森提乌斯·德朗蒂奥知道自己的想法，但他不能把抱怨说出口。

"我们接到了命令，必须完成它。"查士丁尼说。

"是，长官。"马克森提乌斯·德朗蒂奥说。他挥手示意其他人开始行动："小队成员，你们听到士官兄弟的话了。走吧。"

在整个银河中，终焉号的舰影都被视为恐怖、死亡与腐化的预兆。纳垢对它的凡人先驱的旗舰甚是慷慨。一万年来的关照，使得终焉号从一艘塑钢巨舰变成了一只四处徘徊的腐化亚空间巨兽，驱动它的与其说是科技，不如说是腐烂的血肉。终焉号上充满了瘟疫魔法。它带着疾病的浓雾和疯狂的繁殖能力闪烁着穿越凡世的领域，就像是从纳垢之国里切割下来的一个组成部分，在群星间肆意游荡。

伴随终焉号的，是一支来自历史上各个时代的庞大舰队。尽管数量最多的是异端时代的那些舰船，但各种类型的人类舰船甚至是异形舰船也加入了这支腐化的队伍，它们都是泰丰斯那可怕的第一连俘获的战利品。

尽管这些舰船的来源各不相同，但它们却有很多共同点，纳垢的力量已经将它们全都转化了。船员们都疾病缠身，被扭曲成了恐怖的模样。在这个银河当中，他们只能同病相怜，在其他人的苦难当中寻找慰藉。

在舰队前方飞行的，是数百万吨的实弹。年代久远的炮弹飞在最前面，后面则是金属表面和腐烂骨骼融合在一起的导弹。在致命的真空寒冷中，裹住那些导弹表面的黏液却反常地没有被冻结。绿色的火焰在它们的驱动装置内忽明忽暗地闪烁，仿佛随时可能燃尽熄灭。但导弹却还是毫无异状地飞行着，呈扇形朝加拉坦的左舷扑去。那些炮弹比导弹要提前半天时间发射，与导弹的距离超过了上万公里。但在稳定的加速作用下，导弹很快就拉近了距离。

舰队全速跟随着实弹前进，以宽大的月牙阵势向星堡包围而去。在每艘船的船首，滴落着黏液、长满腐烂尖牙的血盆大口遮蔽了古老的光矛炮组的发射管。此刻，它们还保持着沉默。

在太空战中，时机无比重要。

舰队最前方的那些船腐化程度最低，还能辨认出人工建造的模样。一串串血肉堵塞了船体上方的尖塔。金属船壳上冒出了肉质的肿泡，表面不自然地布满了腐蚀性化学反应产生的凹痕。在这永恒不变的真空中，本不该发生这种氧化。但比较起来，这些船被改变的程度还是最轻微的。它们呼啸着发出痛苦的识别信号。即使无法从外观上辨认它们的身份，被诅咒的机魂发出的哀鸣也足以说明真相——泰丰斯的可怕大舰队的这群先锋，正是最近被俘获的帝国舰艇。它们的数据广播让加拉坦上的机械恐惧地颤抖着。那些船靠近后，通讯频道的所有波段，都响起了那些被亚空间诅咒的船员们的呻吟，人类守军们也同样陷入了恐慌。在瘟疫舰队降临之前，一波恐惧已经扩散开了。

棋局已经布好。一方是泰丰斯的腐化舰队，纳垢的先驱；另一方，则是庞大的加拉坦星堡与弱小的守军。帝国方受到了物理法则的约束，而叛军则不被限制。泰丰斯已占据上风。成群的恶魔蝇群笼罩着他的舰队，就像变戏法中从非物质界的虚无中诞生，化为一道活生生的盾墙。他的舰船有一种与机器无关的生命力，因此它们也更有韧性。它们的弹药，也被附上了许多诡异可怕的额外效果。

加拉坦也有自己的一些杀手锏。在驻守星堡的机械修会战斗教团的许可下，古代武器被从仓库中搬出来进行充能，从加拉坦的四核反应堆中卖力地汲取着动力，在可以回溯至数千年前的古老启动誓约的号令下，开始满负荷运转。

在导弹达到一万八千公里距离时，加拉坦的主武器开火了。那是威力惊人的等离子巨炮，制造它们的科技早已失传。数以千计的技术神父们被安排去不断地祈祷，以避免主炮过载。尽管使用者们一知半解，这些巨炮依然发挥了作用。明亮的能量束劈向瘟疫舰队，在黑暗的太空中残留下燃烧的线条。虚空盾接二连三地崩溃，仅仅第一轮齐射后，就有一艘舰船在爆炸中化为乌有。

这一切都发生在真空的死寂当中。瘟疫舰队越来越近，加拉坦则平稳地移动着。帕梅尼奥星球正在视野中缓慢地变大。对旁观者而言，加拉坦是位于明处的一尊不屈不挠的巨物，一个单体的庞大生物，对抗着一群掠食性的小生物。谁也不会注意到组成加拉坦的细小个体的忙碌活动。对帝皇和万机之神的祈祷，在太空中毫无用处。从加拉坦内核深处严密防守的战略大厅，到数以千计的每一个炮台，人类、半机械人和超人，都在忙于战争工作。但所有这些狂热的行动，都被朴实无华的星堡外壳和强大武器的发射的光芒所掩盖。

但航行中的瘟疫舰队依然没有还击。它们的炮弹在最前方展开，随后是外形扭曲的导弹，再往后则是那些被俘获的舰船。

加拉坦的古老武器再次召唤出炽热的恒星之火。对方的虚空盾也再度闪烁，发出绿色和黄色的病态光芒，任何帝国星舰的能量屏障都不会是这些颜色。一艘巨舰被击中受创了。它的反应堆未被损坏——如果那还是它的动力源——但它还是掉队了，从它那暴露在外、直通内部的血肉洞穴中短暂地冒出火焰，焦肉涌出的黑烟笼罩着巨舰。

　　加拉坦中继站内的星语者，被那艘巨舰发出的灵能悲鸣所惊骇。

　　瘟疫舰队越来越近，就像来自某个迷信传说中的幽灵船队般不祥。占卜和观测机械捕捉到了正逼近过来的这群东西的清晰影像。这个画面是对武力的展示，以及对即将发生的可怕战斗的一个预告。在战略大厅内目睹这一幕的战团长多瓦罗，心里唯一庆幸的是，他的凡人船员们当中没几个人会在这里看见向星堡袭来的恐怖之物。

　　古代主炮第三次发射时，瘟疫舰队已经进入了星堡的其他更小型武器的射程。第三次主炮发射仿佛给它们发出了信号，太空中一瞬间就陷入了猛烈的光芒和爆炸之中，来势凶猛得让刚才的平静显得甚至有点不可思议。

　　这一回，帝国军的枪炮终于集火射击终焉号。而瘟疫舰队，也终于第一次还击了。

　　绿色闪电舞动着跃过虚空，与明亮的光矛火线交织在一起。能量光束眨眼间就超越了飞行中的导弹和炮弹，以毁灭性的力量猛击在加拉坦上。闪烁的雷暴沿着星堡左舷二十多公里直径范围内施虐。虚空盾发出明亮的闪光，随着它们将能量转移到亚空间的功率逐渐下降，光芒的色泽也变得越来越暗淡，直到最后，虚空盾只残留下紧贴在堡垒和码头附近的微弱紫色光圈。

　　加拉坦拥有数十个护盾站。在星堡装甲外壳下的深处，数以千计的奴仆在技术神父的监视下工作。唱诗班唱着颂扬机械荣耀的赞美诗，劳工们则把耗尽的护盾电容弹出来，换上新的电容。这些护盾电容正通过呼啸的铁轨，从军械库不断运来。每一个都有小型炮艇大小，需要数百个男人使出浑身力气才能完成更换电容的工作。工人们拉出设备，将它从运输工具上滚下来，然后再轰的一声把新电容推进洞穴般巨大的插座内。

　　炮火在舰队和星堡之间来回穿梭。被诅咒者们的哀号渗透进了要塞的通信网络，最终完全淹没了正常的通讯信号。多瓦罗不得不下令切断通信，所有的情报都改成由肉体插管的机仆进行传输，但这并没有奏效。亵渎的巫术与科技结合在一起继续投放着那些惨叫声。与此同时，加拉坦的智能中心也报告自己受到了巫术代码的试探攻击。随着亚空间发出的电磁脉冲波，这些恶意代码不断地涌来。在沉思者阵列和串行连接的机仆心智组成的智能空间的深处，贤者们奋力对恶魔的攻击展开了信息战。在加拉坦的人类守军不得不举起激光枪自卫之前，这座星堡的机魂已经陷入了敌人的围攻。

又一次，瘟疫舰队的闪电炮组和亚空间光矛开始闪烁。它们不洁的巫术集中扫过一片特定区域的虚空盾，一层一层掀去护盾的保护，到最后只剩下唯一一个完好的虚空盾阵列。

一瞬间，瘟疫舰队的炮弹击中了星堡。巨大的爆炸将太空化为沸腾的火海，当火光消散后，最后一个虚空盾也随之消失了。

紧接其后的是导弹群。它们奋力燃烧着最后的残留燃料以增加冲击的力道。导弹猛地扎进星堡外壳，前端的热熔阵列和恶魔利齿大口咀嚼着一层层的陶钢和塑钢，就像是在家畜毛皮上钻洞的蛆虫。一直钻到了星堡装甲下方的深处，导弹才引爆自己，内部燃烧的空气从缺口喷泻到外面的真空中。

加拉坦对这种微不足道的伤口毫不在意，继续开火射击，击毁了两艘、三艘然后是五艘较小型的舰船。被俘的帝国战舰除了最后一艘之外，已全都被歼灭了。正如之前所有新星战士战团长一样，多瓦罗也是一位指挥太空战的大师。他早已经洞悉了泰丰斯的意图。毕竟那位纳垢的先驱先后摧毁了三座星堡，他的战术早已众所周知。

"集中火力攻击那艘被俘的舰船！"多瓦罗下令，"别让它通过！"

炮火猛烈地轰击着最后那艘帝国俘船的侧翼，但它掠过虚空盾阵列之间的空隙，凶猛地撞进了星堡上一处被削弱过的区域。腐烂的船首撞进了星堡的上层外壳，将表面的尖塔和炮塔碾到一旁，就像一把巨犁掀开钢铁大地般撕裂了星堡的外壳，在撞击中涌出爆炸的火焰。白色的气体呼啸着如云朵般往外冲了出来，数百万立方米的内部空气瞬间被释放。那艘患病的舰船颤动着，撞击产生的残骸从船后漂浮离去。它船尾高举，船首的撞角卡进了星堡内部，仿佛随时可能会被从中间折断。金属摩擦的刺耳响声在加拉坦的大厅中回荡。船后的引擎发动了，从锈蚀的出气槽和喷嘴中喷出了形成鲜明对比的纯净火焰，就像是它用船首在星堡表面留下致命一吻后，又向后退出，随后悬停在了星堡右舷下方。舰船右舷残留的炮组在近距离开火，把它在星堡外壳上撞出的裂缝化为燃烧的巨坑。

在这艘船后面，一大群更小型的舰船已经逼近。远古的恐怖爪强袭舱和各种大小尺寸的强袭鱼雷，围在突袭艇和侵略者级登陆护卫舰周围一同飞来。加拉坦的防空火力将周围的太空化作致命的光芒之网，但袭来的船只数量太多了。终焉号也出现在它们当中，重新扮演起了它古老的强袭舰角色。各式各样的武器轰击着它的虚空盾。那些护盾闪烁着丑陋的色彩随后失效。炮火在船壳上炸开，撕裂了血肉与钢铁的结合体。脓水飞溅入太空，大火沿着它恶心的船体燃烧。但是，终焉号不可阻挡。

在被撞开的突破口旁，那艘帝国俘船很快就被炸成了一艘废铁船，被加拉坦的炮火推开，燃烧着飘入太空。尽管上面的船员已全部丧生，但这艘船完成了自己的任务。在加拉坦厚厚的外壳上，已经出现了一个朝着太空敞开的伤口。

终焉号的叉状船首上的机库开启了，数百艘炮艇从巨大的船首利齿之间喷涌而出。

死亡守卫第一连长泰丰斯的部下们，犹如不计其数的苍蝇般蜂拥而至，登上加拉坦星堡。

第十九章
查士丁尼的战争

噪声、混乱和硝烟。查士丁尼的脑袋嗡嗡直响。他发现自己倒在地上。被一根倒塌的柱子压住了。在他的视网膜显示中闪烁着警告符号。急促的警报声混杂着周围骚乱的声音，响彻了整个十字路要塞。

他胸前的压力突然减轻了。一个身穿布满划痕的蓝白相间铠甲的身影，将破裂的金属柱子挪到一旁，俯身伸出手。

"士官兄弟！"那名战士开口说。

查士丁尼晃了晃脑袋，清醒过来。他抓住了递过来的手，被拉着站起身来。战斗装甲的稳定器喷射了一下，帮助他恢复了平衡。

"布鲁塞勒斯兄弟。"查士丁尼说。他开始检查自己的装甲系统，关闭了警报，"谢谢。"从他的铠甲外部传来的声音变得有点虚无飘渺。他的感应器警告他氧气浓度很低。地板倾斜得很厉害。这个房间在撞击下严重变形。炮塔已经倾斜，要塞支离破碎。射击孔被挤压封死了，看不见外头的通道。大块的天花板掉到地上，压死了许多未经基因强化的凡人。他们的尸体散落一地，流淌着鲜血。断裂的电缆上火花飞溅。管道嘶嘶作响着冒出各种混合气体。在外头看不见的地方传来警报声，但这声音正在逐渐减弱下去。

"空气正在泄露出去。"多纳斯托说。

毁灭者小队的阿马里洛士官查看了一名部下的尸体，抬头朝这边望来。他的铠甲受到了损坏，动力背包顶上的信号天线折断了，变成了悬挂在背包上的一团扭曲的金属线圈。

"那么严重的撞击，会留下一个无法填补的大洞。他们很快就会封闭几公里后方的站点，任由这个区域直接和真空连通。我们可能被困在这里了。"阿马里洛最后看了死去的部下一眼，拿起了那名新星战士之前携带的一把被损坏的重型爆矢枪。那名士兵的动力背包已经裂开了。爆矢子弹在被压扁的弹仓中反射着光芒。阿马里洛丢下那把枪。"你们所有人，记录一下他的坐标。"他对自己小队剩下的三个人说，"不管我们谁能活下来，都要确保药剂师们能知道他倒下的位置，这样药剂师才能找回他的基因种子。"

在查士丁尼周围，垂死的星界军士兵们正在呻吟着。查士丁尼没有理会他们，对此他也无能为力。他调出战术覆盖图，激活了部下们的状态显示。视网膜显示跳跃了一下，等沉思者重新设定完毕之后，图像才稳定下来。他的部下们都很幸运。大多数人的铠甲上有擦伤，有的人需要从废墟中拖出来，但他们的武器和战斗装甲受到的损害都很轻微。他们的大部分状态显示是绿色的，偶有琥珀色的警告提示。只有阿基里斯受伤了。他坐着冷静地审视着自己被碾碎的左臂，就好像那只不过是一把破碎的枪。他的臂甲多处破裂，溅满了鲜血和正在滴落的密封剂泡沫。查士丁尼走到他身旁。

阿基里斯抬头看着他。"密封剂没有生效。"说完后，他不满地盯着自己受伤的胳膊，"这部分的装甲损坏太严重了。我的手臂下半截已经丢了。"

"撤到后方去，"查士丁尼告诉他，"到西塔19号甲板去找药剂师。"

"他应该去不了，"阿马里洛核对了一下说，"去那儿的通道已经封锁了。他最好还是留在这里。"

"我不想留在这儿，"阿基里斯说着，站起身，"要是臂甲密封不上，我就把手臂齐肘砍掉，让它在那里封住。只需要一分钟。"他拔出半截战斗刀。

"很好，"查士丁尼说，"但你自己从那里切割会有点难度。帕曼托，帮他一把。"

其余的星际战士们都聚集到两名士官身边。查士丁尼的小队与他们奉命前去保护的毁灭者小队混杂在一起。原铸星际战士们明显比他们旧型号的战友高一个头。

"我们被打惨了。"马克森提乌斯·德朗蒂奥在通讯里说，"凡人们都被吓坏了。"他看了看房间里幸存的七名星界军士兵。他们戴着真空头盔、穿着沉重的战斗服，但依然要比星际战士们脆弱得多。透过黄色的塑料面甲，可以看到不停流汗的脸庞。还有十几个人都死在了房间坍塌的事故中。其他的重伤者也活不了太久了。那些未受伤的士兵表现得很勇敢，但查士丁尼估计他们很少有人能在后面的战斗中生存下来。

"你们的小队指挥员在哪？"查士丁尼问他们。

一名士兵朝一具尸体点头示意。尸体的脑袋被一个掉落的通风装置砸碎了。

"那么现在谁管事？"

士兵耸耸肩。

"就是你了。到我这来。"查士丁尼说。

士兵走上前。

"告诉我你的名字。"查士丁尼说。

"我叫特斯兰。"士兵说。

"你负责管理其他人。"查士丁尼说。这句话并非征求意见。

特斯兰点点头，不太情愿地接受了这个角色："如您吩咐，大人。现在我们要去哪里？"

查士丁尼没有搭理他。

"有没有中队长的消息？"阿马里洛问，"我的小队的通讯器都失灵了。"他转头看了看肩膀上的瞄准部件的破碎透镜。"这个被黄金王座遗忘的玩意，现在只是个负担。你呢，士官？让我瞧瞧你们备受称赞的第十代装甲，是不是真像大家说的那么棒。"

查士丁尼尝试了一下，扫描了每一个通讯频道。"第五连帕里斯小队，报告我们区域受到重大损害。等候命令。"但他得到的回应只有可怕的呻吟和持续的苍蝇嗡嗡响声。"没用。"查士丁尼说着，关闭了通讯链接，"十字路要塞已经被放弃了。我们留在这里发挥不了任何作用。我建议我们出去。第一笔生意，等候命令。"

"第一笔生意？"阿马里洛重复了一遍，"奇怪的说法。"

"我父亲是个商人，怎么了？"查士丁尼说，"你同意我的建议吗，士官兄弟？"他感觉自己太过强调"兄弟"这个词了，显得有些缺乏诚意。

"当然，我同意。"阿马里洛说。他从腰带上解下一个热熔炸弹，"我本想用这个来对付敌人。现在只好用它来让我们出去了。"阿马里洛检视了一下房间，想找个地方来安放这个装置，"这里。"他一边说，一边伸手摸了摸朝着下方的一面墙壁，"我们得跳下去了。"他把炸弹安到墙上，往后退了几步。"你们，士兵们。"阿马里洛对剩下的星界军士兵们说，"不要看爆炸的光。"

热熔炸弹发出一声轰鸣爆炸了，炸弹内部的一次性使用热熔反应堆启动了，在墙壁上烧出了一人大小的洞。

熔化的金属液滴落在黑暗中。墙上刚出现缝隙，室内的空气就立刻涌了出去。这个发亮的破洞，与被毁灭的外部环境倒是很相称。

这座要塞已经沦为废墟。广场对面的两座炮塔已经消失在一个裂开的金属大坑中。他们当前的立足之地虽然还算坚实，但仅隔十米外的甲板，就已经成了一团乱七八糟的废铁。在他们这边的另一座炮塔被压得就像是被踩扁的配给罐头。天花板塌了下来，完全封闭了那个方向上的环形走廊。临时照明提供了微弱的光亮，但这些灯也大部分被毁了。主要的光源来自轮辐通道上忽明忽暗的闪烁灯光。查士丁尼打开了装甲的照明灯。从他护目镜周围投射出的光柱驱散了黑暗。

"这片区域已经向真空敞开了。"查士丁尼从通讯里对别人说。忽然传来了新的撞击，让整个据点震动了一下。

"要说是爆炸的话，这力道也太轻了。"马克森提乌斯·德朗蒂奥说。

"是敌人的登船部队。"阿马里洛说，"要是在这里遇上他们，我们就死定了。"

炮塔又震动了。星际战士们的身体随着它的震动也在摇晃。金属间的刺耳摩擦，透过靴底传来。

"我们必须立刻下去。"阿马里洛说。

对那些凡人士兵们来说，攀爬下来并不容易。新星战士们不得不帮他们一把。当所有人都来到一片废墟的广场上时，他们发现在出口方向的轮辐通道也无法通行。

"两个选择。"在他们走到切断十字路口的那条巨大裂缝边时，阿马里洛说，"要么直接往里进去，要么在这儿浪费时间。"

他们安然无恙地走进裂缝，来到一个安全地带，查士丁尼重新建立起了时断时续的通信链接，在嗡嗡作响的干扰背景音和嘈杂的呻吟声中，他们接收到了来自星堡的中心枢纽的支援请求。尽管这并不是直接向他们发出的命令，查士丁尼和阿马里洛都同意把这作为他们当前的任务。新星战士们毫不犹豫地从裂缝处前往星堡的中心。

加拉坦的这个区域遭受到了巨大损害。尽管往内核方向的轮辐通道可以通行，但通道内有许多处都已向寒冷的真空敞开，内部也没有了氧气。先前在这个区域传来的雨点般的撞击逐渐变少了，转而传来的是遥远的爆炸产生的震动，还有加拉坦本身的武器炮组更有规律的轰鸣。

他们总算平安无事，没有倒霉地死在一艘遥远的星舰的炮击下。但这也算不上安慰。敌人之所以转而轰击加拉坦的其他部分，是因为他们的部队已经在附近登船了。

新星战士们小心翼翼地前进，武器随时准备开火。阿马里洛的毁灭者们走在最前面，他们笨重的重型爆矢枪已经设定好了全自动射击模式。星界军士兵们走在他们队形中间。

不久后，他们就遇到了敌人。

卡德里安在前面侦察。由于没有空气，他们听不见战斗的声音。在耳朵没有用的情况下，只能依靠双眼，但通道上有好几处都被折断了，遮挡了人们的视线。他们发现的第一个迹象，是甲板上传来了新的震动。

"准备战斗。"阿马里洛说，瞥了一眼自己脚下。

"小心前进。"查士丁尼说。

他们让星界军士兵们到队伍后方去。查士丁尼小队以扇形展开，走在阿马里洛小队前方，以保护后面的重型爆矢枪。当他们靠近甲板上的一座皱巴巴拱起的小丘时，震动越来越强烈。

卡德里安跑上小丘，脚步轻快地踏过那被蹂躏的金属地板。当他接近顶端时，卡德里安放慢了速度，压低身体。随后他停了下来。

"士官。"他从通讯里说。查士丁尼将卡德里安战斗装甲的自动感应系统连接了过来。

在小丘的尽头，是一道由金属横断面形成的断崖。它底部的一道裂缝向下通往被电光照亮的黑暗。越过断崖后的走廊上没有敌人。有一条辅助岔路偏离轮辐通道向旁边延伸，不过加拉坦概念下的"辅助岔路"依然非常宽敞。

在断崖下方的甲板上，一个突袭艇的粗长船首斜插了进来。大约十几名瘟疫战士在靠近裂缝这一侧的残骸中掩护着自己。在他们对面，星界军的坦克组成了一道屏障，挡住了通往星堡深处的道路。大部分坦克已经被摧毁，舱门被炸飞，武器无力地垂下。但还有一百来个穿着装甲太空服的步兵正在对敌人射击。通道中间堆积着不少叛徒的尸体，但剩下的瘟疫战士的战斗力依然凌驾于这群星界军之上。

"他们挺不了多久了。"卡德里安说。他一边观察一边小心隐藏着自己。

"你们看到什么了？"阿马里洛问。

"十几个叛徒正在攻击星界军，"查士丁尼说，"我们就在他们正后方。我们可以奇袭他们。"

"那我们就上吧。"阿马里洛说。无需多余的话，他把部下们召集过来，一同朝金属斜坡走去。查士丁尼小队紧随其后。

在这座新出现的小丘顶部，通道被挤压得只剩下十几米宽。内部单轨铁路断裂的轨道被从基座上拧下来，抛到了通道的另一边。这条断裂的钢轨正好可以用来当成掩体。阿马里洛很有礼貌地等待查士丁尼小队就位。跟着他们的星界军士兵在重型爆矢枪附近蹲下。

"我们会占据你们前方的阵地，以阻止敌人靠近你们。掩护我们前进。"查士丁尼说。

阿马里洛想了想："这是最快的取胜方法，但可能会付出高昂的伤亡代价。最好是在卡德里安兄弟现在的位置设立开火线。"

"我们不能在这里被卷入持久战。"查士丁尼说，"必须尽快通过这里，赶往中央枢纽。敌人已经被牵制了。我们可以在他们发现我们之前冲进他们当中。如果让你的重型武器靠得太近，他们很可能会发现我们。等到我们杀进去之后再开火。"

"那就照你说的做吧。愿卢克莱修·科尔武指引你前进。"

这个祝福语对查士丁尼而言很陌生，但他对此心生感激。

"小队，前进。"查士丁尼下令。

他爬下断崖，部下的九名星际战士也跟在后面。叛徒的注意力都放在星界军身上，在查士丁尼小队开火之前都没有发现他们。

瘟疫战士们在金属残骸后和通道墙壁之间掩护得很好。只有一个人被帕里斯小队的首次齐射杀死。他们还没来得及对侧翼包抄的敌人做出反应，查士丁尼小队又向前推进了十米。

敌人的爆矢枪开火目标迅速从星界军转移到了星际战士们身上。卡德里安被击倒了，从被击碎的胸膛中喷出了鲜血。很快帕曼托也落得同样下场，他的面甲被子弹射得塌陷了下去。但接下来，阿马里洛小队开火了，重型爆矢弹推进时发出的闪光让查士丁尼的视野中布满了光斑，瘟疫战士们被毁灭者们的压制射击赶回了掩体后，帕里斯小队得以不受损伤地继续前进。

瘟疫战士们清楚自己陷入了夹击。他们不再管背后的星界军，笨重地从藏身之处冲了出来。步兵们的激光枪光束掠过他们的腐烂陶钢铠甲，除了让甲片发热之外无法造成任何伤害。死亡守卫们向星际战士们扑了上来。

他们的人数比查士丁尼预想的要多，有二十人左右。他们单手拿着爆矢枪开火，拔出了生锈的战斗刀。三个敌人在冲锋时被重型爆矢枪打得千疮百孔，从腐化的铠甲中喷射出黄色脓液。与此同时，德鲁苏兄弟也被击倒了。

有一个丑陋的怪物，尽管他的头盔被腐蚀穿洞，呼吸栅格也不翼而飞了，但在这条没有空气的通道里他却并未窒息而死。他高高举起一把滴着酸液的斧头，向查士丁尼发出挑战。如果是一名来自更好战的基因血统的星际战士，或许会冲上去接受单挑，但查士丁尼向来将务实主义置于荣誉之上。

查士丁尼将枪口瞄准了挑战者，朝他一连射出六发子弹。他只看见三颗子弹穿透了，那本该也已经足够了。然而，叛徒并未倒下。尽管他的血肉和战斗装甲都被爆矢弹炸得满是孔洞，但他依然奋力向前。阿马里洛的重型爆矢枪取得了更显著的效果，收割了好几名瘟疫战士。但毁灭者们也已成为还击的对象，其中一人被爆矢枪的集中火力击倒，其他人匆匆寻找更好的掩护，不得不重新进行武器瞄准。

死亡守卫笨重地跳过平台上挤成一团的铁疙瘩。在逼近的途中又有两人被击杀。随后，他们终于以雪崩般的威势冲进了原铸战士们中间。

战线变成了支离破碎的捉对厮杀。人工合成的激素从查士丁尼的装甲系统中涌出，加快了他的反应速度。时间的流逝在他的感知中也有所减缓。但这些敌人与他是同源所出。他们都拥有同样的能力，而黑暗诸神又赐给了敌人更多的能力。肉搏战演变成了一场铁拳与剑刃旋转飞舞的喧闹猛击。一只触手拍打着查士丁尼的脸，分泌出的酸液腐蚀着他护目镜上的强化玻璃。查士丁尼用肩膀猛击那条触手的主人，将他撞倒在地。敌人从猪脸形状的头盔中瞪着他看。查士丁尼抬靴狠狠踩了两脚，踩扁了头盔。

一声巨响，他被从侧面击倒了。那个没有呼吸栅格的敌人从他视野中闪过。查士丁尼恢复了平衡，与他对峙。那个怪物挥起生锈的剑刺向了查士丁尼的脸。

爆矢弹猛击那名瘟疫战士的身体，将他肿胀的内脏炸飞出来，溅了查士丁尼一身污秽。

阿马里洛正在冲下小丘，他仅剩的两个部下和从炮塔幸存下来的星界军们紧随其后。战斗已经结束。最后一名瘟疫战士无声地倒下了。

查士丁尼的肾上腺素水平慢慢恢复了正常。

"损失惨重。"阿马里洛在通讯里说。

查士丁尼小队将近一半的人被击倒了。达辛、德鲁苏、卡德里安和帕曼托战死。幸存者们不动声色地继续执行任务。马克森提乌斯·德朗蒂奥取下了德鲁苏的臂铠，用来替换阿基里斯装甲的破碎部件，以保护他的伤口。在坦克的残骸后面，星界军士兵们挥舞着枪庆祝胜利。

"来吧，"阿马里洛说，"我们还有一段很长的路要走。"

第二十章

奥伯龙军团行进

凯莱布·邓克尔机长坐在指挥座上朝后靠去，想要为即将到来的战斗找一个最适合的姿势。这把棱角分明的椅子标志着巨大的荣誉，但却不怎么舒服。铁制的输入缆线从他的头上拖了下来。手动阀门离他的双手有点远，脚踏板又跟座位贴得太近了。这些操纵装置只是粗糙的备用装置，万一心灵脉冲接口被破坏时才会派上用场，但它们依然是必要的，必须时时刻刻都牢牢把控住。尽管保持四肢不动很不舒服，但很快他就会与"神之愤怒"连接在一起，他的人类躯壳的感受也会变得微不足道。在那之前，邓克尔不得不将注意力集中在周围发生的事情上，避免麻木的手脚开始抽筋。

在他背后，高阶副驾驶和操舵师正在引导武器组员工们完成最后的校准。查询和响应的问答在头部驾驶舱和炮术指挥室之间来回传递。副驾驶们犹如半歌咏般的术语，不时被轻轻的按键响声和标识功能正常的提示音打断。

"感谢万机之神的恩典，以最大功率向链锯拳提供动力。让激活之力流动。"高阶副驾驶说。

"为了机械的荣耀，导弹发射管顺利运作。它将会用炮弹和爆炸来撕碎敌人。"武器副驾驶用肉体链接的通讯装置回答。

"让你的热熔炮准备进行中程聚变，用酷烈的高热将邪恶之徒化作熔渣。"

"承命。"第三武器副驾驶阿林恩回答。

邓克尔听着他们的声音，让自己更进一步融入已经在变化的状态中。随着反应堆输出功率的增加，他的掠夺者泰坦的庞大金属躯壳也随之一阵阵震动。各个机械装置都被启动、测试，然后再关闭，偶尔有从引擎室发来的报告嗡嗡作响传入驾驶舱，但并未干扰他的机组成员们令人安心的咏唱。

邓克尔闭上眼睛，让泰坦的感知取代了人类的视觉和听觉。密集地插进他后脑勺的那些数据歧管连接线的不适感消除了。硬邦邦的座椅和笨拙的手动操纵装置也不再令他困扰。当他的心灵延伸到整个金属巨人身上时，所有的人类感觉都已烟消云散。他对自己身体的感知逐渐减弱，只在记忆里残留着细微的烦恼。

邓克尔正在化身为神之愤怒。

他硕大的双脚正踩在集结码头的坚硬地板上。他能感觉到陀螺仪的电信号维持着他的平衡。掠夺者级泰坦髋部活塞的细微调整让他能稳稳站住。所有的系统都运转良好。上次遇到的机械关节活动或者僵硬的异常情况，在这一次并没有出现。在前往图森的航程中神之愤怒进行过一次全面检修，这次检修的结果出乎意料的好。泰坦的机器人格也同样因为自己的康复和渴望战斗的热情而欣喜。邓克尔自己的人格还未完全分离。他能看到自己的心灵分成了好几重，针对不同功能的智识都以数据歧管分开，这样它们就更容易与神之愤怒的庞大存在结合在一起。引擎自己的原始灵魂在接口下方的电子线路中流动，它是一匹等待着邓克尔抓起缰绳的巨兽坐骑。昔日机长们的灵能回响，就像一位位幽灵牧师陪伴着这尊金属半神。

机长沉浸入了泰坦的心灵更深处，将他的意识与机械系统和电子系统融合在一起。他能毫无遗漏地感知泰坦数以百计的机械装置，直到它们全都融入自己躯体的控制之下，对它们的操纵变得像是心脏跳动般在潜意识里自动进行。每个机械装置的机魂在被他触碰时都会震动一下，随后就平静下去。机器的接口让这些相互感应变得更加顺畅。在这过程当中，神之愤怒如同一尊泥雕木塑般纹丝不动。

在它的电流王国里，神之愤怒开始与邓克尔和他的六名副驾驶建立连接。在邓克尔融入泰坦之前，其他驾驶员的心灵也已在边缘融合，通过高深的数据歧管技术建立起了网络。六位一体，这是个神圣的数字，两倍于万机之神的三位一体。邓克尔在内心深处陷入了狂喜，因为他在执行一个神圣而光荣的使命。

神之愤怒的灵魂就像是一片深红之海，正狂热地召唤着他们。邓克尔喜悦地坠入其中。

一阵震颤晃动着泰坦的庞大框架。

"数据歧管连接已建立。一切赞颂归于万机之神。"邓克尔喃喃自语。但他已不再是邓克尔，而是神之愤怒。当他的肉体凡躯开口时，这些话语也从掠夺者级泰坦的战争号角中突然急促地迸发出来。在塑钢巨兽深处的某个地方，有一小块肉体凡躯露出笑容，但他早已被遗忘。

就像是一个沉睡者苏醒过来，神之愤怒就这样重生了。

数据歧管网络扩展到了机长、副驾驶和泰坦的结合意识上，完成了人类和机械的融合。邓克尔还能感知到自己和副驾驶们的每个个体，但这是一种移情似的感受，仿佛看着一条被冻僵的胳膊，知道那是自己身体的一部分，却无法真正感觉到它。神之愤怒已经被完全唤醒了。随着巨大的齿轮和伺服器的轰鸣，泰坦开始动了，左右晃动着那昆虫般的头部。

机械视觉在邓克尔的视点里绘制出一个微缩化的世界。他的部下们也都各自获得了在其他视点的影像，肉眼看到的驾驶舱内的图景，犹如一层半透明的幻影般覆盖在泰坦用一米厚的观察镜获取的画面上，若隐若现。

奥伯龙、圣火、强勇三个军团的泰坦们，在各自的灵柩船前矗立着摆出棋盘阵势。在它们后方，帕梅尼奥那如同衣带般狭长的河海的浪花正在翻卷拍岸。受到蹂躏的岛屿城市提洛斯，高悬在将它从赫卡顿海岸分隔开的狭窄海峡上方。位于大陆的码头平台已经被净化完毕，随后被铲土机推成平坦的混凝岩地面。几十艘灵柩船看起来像是在一座临时城市中林立的摩天大楼群。泰坦整备架使用的轨道已经铺设完成，照料这些金属巨人的起重机和装弹车通过铁轨，从灵柩船中行驶到了开阔的外头地面上。在空旷的场地上，它们可以更好地执行工作。基里曼的攻击计划对这些军团很照顾。它们无需进行危险的空投作战，也无需在缺乏后勤车辆的情况下进行绝望的苦战。泰坦学会的部队可以按部就班地展开进军。

基里曼建立的新防御网的最后一道防线，环绕着这些泰坦们。三个泰坦半军团包括了总数一百零二架型号各异的庞大战争机械。它们需要一个属于自己的停靠场地。这座泰坦广场也是机械修会在帕梅尼奥的指挥部，万机之神的庞大军力在此展示。仅仅奥伯龙军团在此地就有三十六架白色和深褐色涂装的战争引擎。这是一场壮观的盛会。这里有许多位战场上的英雄、曾持续战斗过几十个世纪的引擎、在大裂隙出现后的绝望战斗中赢得威名的机长和机组成员们。来自机械修会封臣和帝国封臣的几十架骑士分两排站立，中间留出一条足以让巨大的泰坦通行的宽阔道路。骑士们的旗帜在微风中摇曳。

在泰坦们的脚边，上万名身穿数个铸造世界战袍的护教军正在待命。战袍的颜色包括了红色、赭色、白色、黑色、还有灰色。在他们边上，三千名智控军团的战争机器人排列着紧密阵形。在新建成的幕墙线后方，还有其他的防御工事和其他军队的基地，星界军的兵团司令部，还有极限战士和白色疤痕的空投要塞。还有来自其他世界的旗帜，代表着从整个星区调来的派遣军，但其中大部分还是来自奥特拉玛星区和附属的铸造世界的部队。这是一场属于极限战士和机械修会的战争。

数十万名战士，无论他们来自何处，他们都在等待，等待着帝皇的钢铁之神们前进。

原体发布了演讲。邓克尔虽然听到了，但并不知道原体在讲什么。他知道那些词语，但刚听见就立刻遗忘了。他已经被神之愤怒那粗野的战争意志所控制，而神之愤怒并不在意任何言辞。

命令已经下达，从原体的最高统帅部传达给帕梅尼奥上的各个部门的领导。邓克尔收到的命令来自乌舍津，他是中队指挥官，战将级泰坦"报复"的机长。

命令很简单，与其说是听见，不如说是感觉到。

"死亡之箭。"他用奥伯龙军团的低哥特语名字下令，"前进。"

首先出发的是战犬级泰坦们。它们的战争号角齐鸣，带着狩猎的喜悦晃动着像甲壳虫般的背部。当最后一架侦察用泰坦大步走出广场边界后，剩下的泰坦们也开始行动了。

神之愤怒看着它的兄弟神之誓言、神之灾厄和火之宽恕先后大步擦着它走过。它心头涌起的沮丧差点就压垮了邓克尔机长。邓克尔不得不努力坚定意志，以驯服机器的心灵。终于轮到他了。与其说邓克尔是在遵从乌舍津的命令，不如说是回应了他的引擎出动的渴望。

沉重而威严地，这架掠夺者级泰坦张开脚趾踏上了前往战场的第一步。由于无法也不愿意抑制引擎的狂喜，在神之愤怒发出嘹亮长鸣的同时，邓克尔也无法自制地发出一声没有言词的战争咆哮。

神之愤怒的钢铁兄弟们也都加入了这场大杀戮的合唱，发泄着机械的怒火，咏唱着它们渴望将叛徒从帕梅尼奥地表抹去的决心。

双腿摇摆着，它们就像吊车的落锤般沉重，就像高塔般有力。赫卡顿的破裂大地被神之愤怒的脚扫成了黄色和绿色的模糊轮廓。死亡守卫首次攻击时留下的弹坑，让这里变得犹如月球表面般坑坑洼洼。在丑陋的荒原中，屹立着断裂的树木和成堆的三角形砖块，那些砖块都是从建筑物上碎裂崩落下来的。被死亡守卫轰炸之后，肥沃的土壤化作了泥沼，滋生出各种病菌。一片片迷雾从像有金属般质感的泥潭上蒸腾而起。没有一条道路还能保持完整，也没有一座建筑物能毫发无损。死一般的寂静碾碎了所有的生命。帕梅尼奥的生物们不是逃走了就是死亡了，而瘟疫之神的恶魔产物还没来得及在这里生长繁衍。但基里曼的大军出现了，十万双脚踏过地面的巨响和坦克引擎的轰鸣声，让被泥浆覆盖的赫卡顿再度充斥着生命。

数以百计的坦克，为步兵开辟出了道路。它们将缠在一起的铁丝和木块，从焊接在坦克后方的主轴转动放下去，拖出了一条条人行步道。所有木材都采自这个行星未受玷污的土地，死亡守卫们还未来得及把那些森林化作残败的树桩。纳垢的污染以各种方式传播。通常情况下，净化这些污染的方法和腐化的手段一样可怕。

泰坦军团以标准的四分之一速度走在人类和机械组成的大军前方。它们就像是蚂蚁大军的战争领主，带领着脚下匆忙奔走的蚁群。尽管体形庞大和重量惊人，泰坦们的移动却很安静。它们每一步都相隔很远，反应堆的嗡嗡响声和齿轮的噪声混入了整个大军移动的巨响当中。只有当脚步落下，与地面发出沉重的撞击，在涂抹着怪诞色彩的被污染水面上掀起涟漪时，人们才会注意到泰坦的巨大力量。它们的每个脚步，都像是落到地面上的惊雷，敲打出末日降临的缓慢鼓点。

泰坦们继续在废土中前进，邓克尔的视野——或者说神之愤怒的视野——变成了一片翻卷的迷雾之海。越是前进，雾就变得越发浓密，一开始被大军的行进驱散，随后又重新聚集。正如一支军队在一场小小的失败后再度重组，莫塔瑞恩的毒气就这样持续变得浓厚。神之愤怒破雾而行。在没有比例尺的情况下，这架掠夺者级泰坦看起来就像一个在茫茫大海中的人。驼背的战犬级泰坦在雾中开辟出临时的道路，就像是一条大鱼的鱼背划过水面。更庞大的那些泰坦，战将级和其他各种型号，就像更高大一点的人，或许可以比喻成冲进浅滩撒网的渔夫。它们巨大的背甲如同扛在背后的圆形小木船。星际战士的攻击飞艇像海鸥般呼啸掠过头顶。而在浓雾下方的人类大军，则是一群鬼鬼祟祟的螃蟹。

　　占卜仪读取的图像涌入邓克尔的思维，就像是他亲眼看到一样逼真。雷达脉冲在稍纵即逝的光波中勾勒出了轮廓。黑色的光和热成像提供了不同的视觉显示，与邓克尔自己的视觉、神之愤怒的高分辨率的鲜明视觉全都混淆在一起。对一个不习惯这种混合感官输入的人来说，这种体验很容易让人恶心呕吐。但对邓克尔而言却并不是这样，当他坐上自己引擎的指挥座，就好像是一个盲人终于重获光明。

　　通信频道的喧嚣和数据流干扰了他行走时的静谧。邓克尔集中起注意力，提醒自己，他的职责是去战斗，而非只是沉溺于驾驶他的引擎的喜悦。

　　许多声音在竞相引起他的注意。神之愤怒的沉思者将它们按照重要程度进行排序。他自己的直接上级的通话优先级最高，其次是最高统帅部。剩下的，所有的将军、上校、支派领袖的声音，都只在他的意识边缘徘徊。等他偶尔想起，才会把这些消息调到主意识当中。

　　"死亡之箭第五中队，停止前进。"高阶机长乌舍津下令。乌舍津是在传达一秒钟前刚从军团指挥频道发来的命令，由原体联络处直接下达，"展开战斗队形，呈三列纵深防御。执行！"

　　还没等邓克尔做出反应，神之愤怒已经遵从了命令。一只有力的脚牢牢地踩在地面上，在四方形的脚趾周围推起一圈烂泥。后腿也调整了姿势。神之愤怒进入了射击姿态，准备应对它那巨大武器的后坐力。火之宽恕在左方五百米处停下。神之灾厄和神之誓言则在右边排列成一条直线，直线方向指向五十公里外的河海海岸。在那里，原本狭窄的海峡被一段海湾大大拓宽了。本军团其他中队的泰坦在齐腰高的浓雾中隐约可见。在它们后方，其他的泰坦军团都只是黄褐色蒸汽中的阴影斑点。

　　整个奥伯龙军团的排列方式与乌舍津中队很相似。骑士王公们在王家禁卫队的拱卫之中，战将级泰坦在较小的掠夺者级泰坦后方三百米处占据阵地。这个布局就像是一个弑君棋的棋局。

　　帝国战争机器的每一部分都着手于自己的任务，通讯频道的通话数量变少了，通讯主题也仅限于各处局部情况。紧张情绪正在加剧。

　　邓克尔与粗犷的机械之魂的结合体瞥了一眼迷雾之海。神之愤怒能感觉到还没有敌人出现的迹象，但他们应该已经不远了。每到开战前，人类与机器的结合总是会处在巅峰状态。在这些时候,机长都几乎会遗忘掉自己的个体。邓克尔努力让自己不要在神之愤怒的灵魂中迷失。有时候,机长会在引擎的思维中沉浸得太深,以至于迷失了自我,与自己的心灵断开了连接。在他的灵魂永久存在的那个地方,所有的一切都和神之愤怒没有关联。邓克尔很清楚这件事,但他很难抗拒这样的诱惑。他想要更加深入,去感受本源的力量,与那些以前去那里的人一同化为机器的一部分。或许有一天,他也会被放进一个羊水箱里,享受毁灭自我后的永恒愉悦。但现在还不行。

战犬级泰坦继续往远处移动。它们悄然无声地在雾中昂然前进。尽管它们体型庞大,但仍然能伏击和奇袭它们的猎物。

随着电子投影的闪烁跳跃,更多的指令沿着信息通道被传输过来。邓克尔在心里想象着指令传输的过程,那一定很像是用动力的神圣波动来表示的生命之树。

十五架科诺家族的骑士奔驰而过,前去支援那些更庞大的亲戚。它们的速度比战犬级泰坦要慢一点,那双较短的腿在复杂的地形中冒险狂奔。它们以曲折的路线移动,以确保一直能踩在最坚实的地面上。只要一次失足,就会令它们深陷泥潭。所幸它们全都平安无事。

沿着这条路线,其他军团的战犬群也正在各自的同盟骑士家族的协助下前进。在行进中的泰坦投下的阴影下,军队中的人类士兵和较小的机械在原地展开战线,即使赫卡顿的大地颠簸起伏,也不能破坏《帝国战典》的严格信条。原体曾经亲自在那部神圣的著作中写下许多条目,谁也不希望在他本人面前违反这些规章。

坦克群以锐角阵形前进,步兵们隐藏在坦克的掩护后。在大军的中央,泰坦战线的后方,一大群奥特拉玛军的超重型坦克由原体本人直接指挥。凭借着巨大的重量与强大的引擎动力,它们强行通过泥潭,用巨型推土铲夷平了那些不平整的地面。据说自从荷鲁斯之乱的时代以来,很少出现过如此宏大的军阵。基里曼的指挥履带车稳稳地移动着,始终保持在坦克群后方的安全位置。

当那些巨大的机械对前方展开侦察时,帝国军在原地等待着。

乌舍津在数据网络中发送了好几个可供选择的部署模式。它们都是专门为这次交战设定的单个词语的编码。邓克尔对他们都熟稔于心。浓雾再度升起了,雾墙高得几乎可以淹没西面的这群神圣机器。山脉再度隐没在雾中，潮湿的昏暗遮蔽了这片平原。从泰坦背后洒来的阳光，被浓雾明亮地反射了回来。

爆炸在雾中闪烁。等离子放电的耀眼光芒勾勒出一架奥伯龙军团战犬的轮廓，以及三公里外的泥潭中的两架支援骑士。一连串的信号从前线涌来。

"接触敌引擎！接触敌引擎！"

三枚大型火箭一同呼啸着掠过头顶，差点就击中了泰坦"终极坚韧"。其中一枚火箭被锁定了，随后被军队后方的防空火力击落。其他两枚穿过顶上的浓雾，在击中地面时高高扬起了圆锥状的碎片和残骸。泥浆、人和机器都混杂在其中。这场爆炸让神之愤怒吓了一跳。

"禁用核子弹头、生化弹头和等离子弹头。采用标准弹头配置。"乌舍津通讯说。他的话语中伴随着高通讯干扰等级的刺耳噪声，"保持冷静。"

这不过是虚情假意的战场道德，泰坦的一击就足以杀死数千人。因此必须让引擎来迎战引擎。邓克尔想。要是没有泰坦军团，原体的大军注定毁灭。

泰坦之间进行着数据流的脉冲，传输着机器的快速二进制语言。图像信息闪过邓克尔的脑海。那是侦察泰坦捕捉到的阴影轮廓。迷雾笼罩着敌方的引擎群。

高能武器在闪光，前方某处也传来炮弹爆炸的轻微震动。

"随时准备交战。已确认接触十七架引擎，数量还在上升。采用盾状攻击模式。"乌舍津说。他冷静而沉着，在他的话语中，完全没有受到机器灵魂影响的迹象。"准备支援正在撤退的侦察引擎。给予掩护和保护。"

奥伯龙军团的十几架侦察引擎从成排的泰坦面前急速返回，以宽广的弧形曲线移动，躲避敌人战将级泰坦的追击。等重型引擎进入战斗后，这些侦察泰坦还可以从当前位置再度出击，包抄敌人。火光在它们背后的热熔伤痕上摇曳着。骑士们则依然在作战。它们之间的战斗通讯分散了邓克尔的注意力，于是他将那些谈话转移到自己意识之外。

浓雾犹如涂鸦般被画上了一团橙色的闪光，接着又是一团。是骑士的反应堆的爆炸，那些小小的单人引擎正陷入苦战。

神之愤怒在他下方躁动。"稳住，稳住。"邓克尔说，就像他正在安抚一匹有血有肉的坐骑。与此同时，他通过联接着机器处理核心的心灵脉冲来施加控制，抑制着泰坦那原始的杀戮冲动。

战犬们三三两两地返回了奥伯龙军团的战线。但乌舍津中队麾下的一架战犬世界之痛的信号消失了。邓克尔花了点时间让战略全息图显示出队伍其他部分的状况。在前线各处都有类似的损失情况。

　　战斗的喧嚣声逐渐逼近，敌军不断攻击着撤退中的侦察部队。但它们很有经验，始终没有进入两军的最佳交火距离。只有少数几发子弹掠过空中，射向帝国引擎的主战线。

　　"塞恩专员，让护盾保持最大功率，以避免跳弹击中我们。"邓克尔在肉体联接的通讯中说。用他自己的嘴来说话感觉很怪。神之愤怒迫切地渴望在他说话同时发出鸣响。"让我们在最大限度的庇护下投入战斗。"

　　"遵命，机长。"塞恩从反应堆室的通讯站点发回消息。发动机的轰鸣声变得更强烈了。

　　随着战线越来越近，战斗也变得越来越激烈，骑士们解散了阵形，紧随在战犬之后撤退。它们奔跑着从邓克尔身边经过，弯下腰以免遮挡神之愤怒的视野范围。这些较小的引擎只能达到神之愤怒腰部的高度。邓克尔读取了报告，辅助骑士家族损失了百分之三十的兵力。骑士们向来都为了保护大型引擎而作为炮灰使用。与更大型的亲戚们相比，骑士更快也更小，它们的战场角色是把敌人的炮火从我军泰坦身上引开，并依靠自身速度来保命。但光靠敏捷，并不能挡住神之武器的一记直击。

　　"敌军的辅助部队在哪里？"火之宽恕的机长古格海姆通讯说。

　　"确认通信。"乌舍津通讯说，"四十七架敌方主战引擎。大约二百架辅助的小型引擎。"

　　当最后一架科诺家族的骑士匆匆退入奥伯龙军团战线后方时，武器射击的闪光停止了。持续前进的战争机器们踏过地面的响声取代了炮火的轰鸣。

　　"它们正在逼近，视觉确认。"古格海姆通讯说。

　　"准备交战。所有武器充能。保持阵形。随时听候我的命令。"乌舍津说。

　　邓克尔总算看到它们了，敌人的泰坦正从迷雾中隐约出现。它们在许多方面都与奥伯龙军团的引擎很相似，但它们的灵魂特征改变了它们的外表，使得它们变得扭曲而不祥。与之相对，帝国的泰坦则像是被职责的重担压得弯腰驼背。敌军以右斜梯形前进，两架战将泰坦在最前方的边缘处，携带着近战武装。它们是突破战线的先锋。

每个军团的纹章都是独特的,每架泰坦的标记也都像人类的指纹一样独一无二。甚至连叛军泰坦也没有因为怯懦而掩饰自己的罪孽,它们自豪地显露着自己的效忠对象和身份标识。

　　"死灵军团,"神之誓言机长范托普说,"是死亡之首。"

　　"自豪感。当所有的荣誉都已抛弃它们之后,它们依然还保留了自豪。"神之灾厄机长莫斯科夫说。

　　"确认。确认。"乌舍津通讯说,"死灵军团的叛徒。现在开始传输敌军标识信息。"

　　那些泰坦的名字和编号进入了智能数据网络。邓克尔的思维中充斥着一长串的暴行,这些用刻板的技术用语表示的暴行可以追溯到很久以前的历史。

　　死亡之箭的防御网由一个一个中队组成。死亡之首则以半军团的整个军力展开攻击。所有的重型泰坦都布置在最前沿。两支军队都没有得到地形掩护,敌军的攻势直压邓克尔的阵地。

　　"它们想要突破,别让它们击穿战线。"乌舍津说。

　　敌军的战争号角齐声发出了挑战的鸣响。

　　奥伯龙军团鸣号回应,强勇和圣火两个军团的泰坦们也一样。

　　死灵军团开火了。忠诚派则还以颜色。

　　很快,两军之间的空地化作了一片致命的杀戮地带。泰坦的武器的破坏力令人生畏,除了最强大的星舰的主炮之外,其他武器都无法与之匹敌。在能量束掠过之处,周围的空气都随之燃烧。货车大小的炮弹超音速飞行时产生的冲击波,撕裂了沼泽地的水面。直线状的雷电放射着电火花,被击穿的迷雾化作雨点落下。雾气被沸腾成了彩色的粒子。

　　支援那两架近战特化的战将级泰坦的,是一架标识为"剧毒之主"的远程武器特化怪物。它的右臂装着一门等离子歼灭炮,左臂装着一门火山炮,外壳上还安装了两门大型激光炮。它在作战中的角色,是从防御线上撕开一个口子,让死灵军团的近战先锋从中突破。剧毒之主的武器一齐发射,猛烈地击中了神之灾厄。能量护盾吸收了冲击波,在震耳欲聋的砰砰声中过载关闭。当剧毒之主再次开火时,那架掠夺者级泰坦正拖着浓烟向旁边移动。明亮的线条划过神之灾厄的复合装甲。它晃动了一下,左腿失去了动力,变得一瘸一拐。

"前进！"乌舍津下令，"攻击它们！"

其他中队的高阶机长们也纷纷效仿。奥伯龙军团的棋盘阵散开了，每个中队都锁定了敌军梯队的一段。从战略上讲，它们的密集队形可以将火力集中在个别目标上。敌军以梯队阵形迎面而来，使得每一架泰坦的射击路径都不会被自己人遮挡。为了破坏敌人的战术优势，最大限度发挥自己的优势，奥伯龙军团交错开来，以难以预测的路线向前推进。中队之间互相遮蔽，以避免任何一架泰坦承受过多的敌方火力。

从神之愤怒的甲壳背上的导弹阵列中，三枚导弹飞射而出。这是这架引擎唯一的远程武器。总共只有二十发导弹，邓克尔不想浪费任何一发。他付出了很多努力才成为了神之愤怒的机长，因此并不想辜负这份荣誉。

导弹猛地击中了剧毒之主的护盾。火焰覆盖了噼啪作响的紫色能量场，并将其破坏。神之灾厄趁机一瘸一拐地逃出了敌人的射程，燃烧的液体从它的左腿上滴下。

神之愤怒发射出更多的导弹。炽热的激光光柱击中了它的虚空盾，这是敌人的还击。耀眼的亮光让邓克尔为之目眩。

"一号虚空盾只剩下 20% 功率。我们不能再承受这么强烈的打击了。"塞恩发出警告。

"反应堆加压，给移动器提供更多的动力。准备使用热熔炮。"邓克尔命令。他渴望靠近敌人来使用这件武器。

火之宽恕启用了多管激光炮，朝敌人射出灼热的光线。剧毒之主的虚空盾在薄雾中发出嗡鸣和爆响，用一层光芒的外衣截断了光束，虚空盾上浮现出明亮的旋涡，以眼花缭乱的方式旋转着。那架战将使出所有的武器全力还击。从它的双臂都喷发出火焰的风暴，沸腾的烈火吞没了火之宽恕。掠夺者的第一个虚空盾立刻失效了，第二个也在短时间后崩溃了，随后第三、第四个也步其后尘。一发激光炮笔直地击中了火之宽恕的胸甲。乌舍津的报复正掠过这架受损的泰坦身旁，它的武器朝剧毒之主开火。但在邓克尔的感知系统中出现了一道能量警告，剧毒之主正在准备开火摧毁它的目标。此刻三架掠夺者中的两架都已退出了战斗，其中一架甚至可能永远失去了战斗力。另一个我方中队向前靠近，牵制住了剧毒之主的战友的火力，挡住了敌军梯队的射击通道。它们承受着攻击，虚空盾闪烁着危险的光芒。

剧毒之主的炮火猛击火之宽恕，吹飞了它的肩甲，扭伤了它的关节。火之宽恕的手臂失去了动力，已经无用的枪炮垂向地面。

神之愤怒为受伤的战友发出一声悲鸣。它猛地冲向前方，挡下了朝火之宽恕射去的下一炮，无论是邓克尔还是剧毒之主都被吓了一跳。邓克尔的头盔前方洒落下大片的火花。一个机仆在他被固定的座位里抽搐着，输入端口中涌出了黑烟。

这架引擎不讲规矩的挑战，使得敌方战将级泰坦发出了一声非人的尖啸。

"退后！邓克尔，让你的引擎后退！"乌舍津下令。

邓克尔的引擎挡住了高阶机长的射击路径，但神之愤怒已经失去控制。它的人工兽性灵魂暂时挣脱了邓克尔的管束。它身体前倾，笨拙地加速奔跑着。这架泰坦的好斗在整个军团都很有名，它的代号和武器都是特意配合这个特性选择的。大家公认只有邓克尔能驾驭它的愤怒。但这一次，他失败了。

"驯服它！"乌舍津大喊。

"启动感知遮断器。"邓克尔命令。他奋力推动着手动控制装置，但却毫无作用。

"逻辑引擎已经被锁了，机长。"塞恩回答，"我们阻止不了它。这是万机之神的意志。"

"那我们就加把劲上吧。左臂开火，立刻！"邓克尔让自己从与机器的精神融合中解放出来，唤醒了自己的个体意志来瞄准敌人和命令副驾驶操作热熔炮。神之愤怒正在奔跑。它的系统正致力于近身进行肉搏厮杀，因此瞄准非常困难。邓克尔选择了剧毒之主的硕大躯体中央的一点，向万机之神祈求能够命中。副驾驶奥伯斯坦努力让泰坦抬起手臂。神之愤怒正在抗拒邓克尔的意志，试图举起近身格斗武器来战斗，但邓克尔压低了装着格斗武器的手臂，以避免遮挡射击路径。奥伯斯坦终于设法在神之愤怒猛撞上敌人之前，发射了热熔炮的聚变光束。

热熔炮的能量足以蒸发塑钢，因此如果热熔炮能直击敌方引擎，就会带来最好的结果。用一次这样的炮击，神之愤怒可以打垮一架比它更大型的泰坦，甚至有可能击毁对方。但如果敌人激活虚空盾，就会将这件武器产生的高能微波散射到亚空间。退而求其次的方案，则是用热熔炮压倒敌人的护盾，以便用白刃直取敌人。

热熔炮的充能在匆忙中进行，还没等到聚变焦点正确地显示出来就已经开火了。但不知出于什么原因，神之愤怒喷发出的灼热吐息竟然准确命中了目标。

光束的聚焦点正好击中了虚空盾的中央。攻击引擎护盾的最佳位置是打中护盾的力场边缘，但神之愤怒的这一击距离已经足够近，在力场波动扩散、化解攻击之前就在场外发生了充分的聚变反应。高杀伤力微波的光束贯穿了目标点，热熔炮得以全力释放。在神之愤怒扑上去开始攻击的同时，武器的沉思者阵列持续维持着对目标的光束聚焦。

空气中的水分首先起了反应，被热熔炮加热到爆炸临界点的温度，随后空气本身变成了一个不断膨胀的炽热等离子球体。

爆炸的范围越过了剧毒之主的虚空盾，闪电在整个能量力场表面穿梭，沿着爆炸产生的歪歪扭扭的电离子折线向大地延伸。爆炸、放电和大气中活跃原子的随机传导交错结合在一起，使得剧毒之主的虚空盾一个接一个崩溃。

神之愤怒冲过支离破碎的护盾，贴近剧毒之主的身前。

战将级泰坦比掠夺者级要高好几米，而且也更加魁梧。但在神之愤怒的撞击下,剧毒之主向旁边倾斜了。奋力抑制机器灵魂的痛苦让邓克尔喘不过气，他终于放弃了努力。当他让这架掠夺者级泰坦获得自由时，他也被机器的狂喜感染了。它发出一声惊天动地的长鸣，在邓克尔和副驾驶们都没有输入指令的情况下，神之愤怒举起了链锯拳，上面的锯齿以肉眼看不清的速度高速转动。这条链锯比坦克履带还要宽大，每个锯齿都有一个人的大小。链锯拳如镰刀般劈下，在剧毒之主还未站稳时，从肘部砍上了它的左臂。锯断炸开的金属碎片遮蔽了神之愤怒的驾驶舱。邓克尔的视野随着锯齿的跳动咬合而剧烈摇晃，锯穿金属的动作震动着整个泰坦。敌方泰坦的全身都覆盖着流着腐蚀性酸液的有机物质。大片大片的铁锈损坏了它的装甲板。它那蜡黄头骨般的头盔驾驶舱。仿佛拥有某种非自然的生命。

"锯啊！"邓克尔吼叫着。他现在已经完全被掠夺者级泰坦的战斗狂热攫住了，"锯啊！"

他的全身心都与克莱恩副驾驶和泰坦的人造灵魂一同努力，引导着倾斜的巨型武器贯穿战将级泰坦的手臂。掠夺者级泰坦身体前倾，将它的全身重量都集中在左臂，在那位更巨大的亲戚的肢体上切割下去。一个虚空盾又重新激活了，将它们都笼罩在其中。

剧毒之主在痛苦和愤怒中发出哀鸣，呼唤它的兄弟前来援助。那两架突破战线的战将级泰坦已经从邓克尔的视野中消失了，它们的近战武装能很轻易地干掉神之愤怒，但现在已经没有时间担忧这些事了。他必须消灭眼前的敌人，否则死的就是自己。剧毒之主的长距离武器在近战中全无用处。但它还是开火了，喷射出等离子的洪流。剧毒之主把导弹全都发射了出去。那些导弹近乎垂直地向天空呼啸射去，消失在天际。

邓克尔咧嘴大笑。敌方泰坦的机魂陷入了惊骇，它的思想已不再听从驾驶员了。现在正是时机。

一群帝国海军的轰击者战机呼啸掠过头顶。射出的导弹击中了战将级泰坦，将它的虚空盾再次击破。几枚导弹在剧毒之主的甲壳上炸开，它被打得膝盖往下一沉。

当神之愤怒继续砍杀时，剧毒之主的点式防御激光枪从侧面不断射击着这架掠夺者。

剧毒之主的手臂掉落到地上，大片的机油和肮脏的液体向下喷溅了神之愤怒一身。战将级泰坦因为突然失去了胳膊而向后踉跄，甲壳上安装的武器旋转着摇摆。

"邓克尔，控制你机器的灵魂。别挡住我开火！"乌舍津命令。

"把所有的动力都给移动器！"邓克尔的命令声接近吼叫。他再度控制了自己的引擎。神之愤怒的每一步都在与他作斗争，它唯一的念头只有不停劈砍那个伤害了它战友的仇敌。邓克尔用力拉起移动操纵杆，用机械制动和多歧管意识输入合力迫使神之愤怒向前移动，越过了战将级泰坦。

敌方机器后退了一步，转过身，残留的那只主武器臂上的等离子线圈一环接一环地亮起充能。顶部的激光炮和它周围的点式防御激光枪持续地猛烈攻击着掠夺者级泰坦，追逐着向前跑去的神之愤怒，这些光束都无法穿透它的虚空盾。

但等离子炮可以。

剧毒之主锁定了神之愤怒，瞄准了装甲最薄弱的后背部分。只要一次全功率射击，就将贯穿护盾和装甲，笔直射入反应堆。邓克尔让他的引擎绕着一条很长的弧线移动，试图超出剧毒之主的射程。金属的巨神们仿佛在表演着一出缓慢而又笨拙的华尔兹。

"我们要被打中了，"他说，"准备迎接冲击！"

突然，剧毒之主射出的光束大幅变宽，横扫过掠夺者级泰坦发出刺耳的嗡响的虚空盾。在邓克尔身体旁边的一根电缆闪光着火了，被护盾过载的输入所烧毁。

但他们并没有大碍。

被痛击之后的神之愤怒又变得驯服了下来。邓克尔操纵着这架机器，在弧形前进中又接下了敌人的第二发射击。

剧毒之主已濒临毁灭。数十架小型引擎隐蔽在报复的阴影之下，集中火力射击那架战将级泰坦。三架骑士联合起火力，用它们的热熔炮从膝盖处切断了剧毒之主的一条腿。报复则用它的两门火山炮的齐射击穿了敌人的装甲。

邓克尔的驾驶舱内警报大作。

"反应堆临界点警告！"塞恩大喊，"快躲开！"

随着一个刺眼欲盲的等离子半球体的出现，剧毒之主的反应堆从甲壳中爆炸了。不知为什么，尽管这架引擎早已被腐化了，它的动力源却还是纯净的。反应堆爆炸的净化之光将它堕落的痕迹全部焚烧殆尽。在漫长的折磨后，这架引擎的灵魂终于逃脱出来，得到了万机之神的宽恕。

一架骑士无力地跌倒下去，电磁脉冲波摧毁了它的系统。但它已经算幸运了，它的许多同伴在刚转身想要后退时，就已被原子聚变的烈焰吞噬。

邓克尔终于能有空来判断一下自己的处境了。他已经突破了敌人的战线，成了在敌阵后方的唯一一架我方泰坦。死灵军团的梯队停下了，开始向后退回。奥伯龙的初始阵列也已四分五裂。尽管忠诚派造成了巨大的破坏，但他们的引擎战线也已经陷入散乱。死灵军团的引擎正在一架一架后撤，每两机一组轮流互相进行掩护，将所有的我方引擎都卷入包围圈。两架先锋当中的一架已经被烧毁了，残骸笔直地矗立在神之愤怒左方两公里处。它们是个圈套，充当了昂贵的牺牲品，把忠诚派军团诱入了死灵梯队的炮火风暴。第二架先锋迎着上千辆坦克的炮火，正在蹂躏着帝国军队。圣火军团被引诱向死灵梯队的左翼。强勇军团没有轻易上当，正在向前进军，试图从远处绕到邓克尔右方的位置。

是弹簧陷阱。最高统帅部下达了命令，让所有引擎都停止前进。神之愤怒不情愿地向后退回，加入了反击死灵军团的我方引擎战线，持续开火，直到射完了所有的导弹。随后，它接到严令，禁止它再靠近那些拥有大型聚变炮的敌方目标。

泰坦军团们就这样持续战斗下去，整晚都和那些邪恶的兄弟们互相交火，直到黎明来临。

基里曼的巨型指挥车无情地越过潮湿的平原。这架巨型机械的重量使得它深深陷入泥中，与其说它在行驶，不如说是在泥海里航行。

在一张地图桌上方，原体审视着他兄弟的军队的布阵。

在死灵军团的引擎们的庇护下，敌军主体就像一只充满恶意的巨大苍蝇，体形肥胖，如同地面浮雕般主宰着全景。在中心处，三支精锐部队形成了连环阵，彼此都可以互相援护，形成了一个三角形的昆虫腹部。两翼后掠收起，就像是一对造型怪异的翅膀。长长的散兵线在前方布置开来，组成了伸向侧面和前方的腿部和下颚。在后方的殿后部队阵势，则几乎就是前方阵势的镜像翻转。总共有二十一个编队。每个编队的尖端都聚拢在一起，紧贴着大军的主体。这些支队的角度形成了某种图案，基里曼不禁猜测，这个图案对他那位着魔的兄弟有着某种虚无缥缈的神秘意义。

战略室内的光线很暗。从安装着反应性装甲玻璃的狭长观察孔向外看，可以看见赫卡顿的废土。迷雾笼罩着一切，而且还在继续变浓。空气中的湿气阻碍了声音的传播，将光线变成了令人不舒服的模糊炫光。为了减弱这种光亮和在迷雾深处泰坦的武器的不时闪烁，观察孔自动变色成了烟熏般的褐色。因此，室内才变得如此昏暗。苍白的全息投影光照亮了那些正在仔细观察战术球的脸庞：他们有星际战士，也有未经改造的人类。

"您还在等什么，大人？"马德瓦·柯肯高喝一声。

基里曼没有因为他的语气而批评他。在泰拉的时候，柯肯就已经是他身边最直言不讳的批评者之一。正是出于这个原因，当图拉真·瓦洛里斯任命柯肯加入不屈远征军时，基里曼没有表示反对。把你的对手留在身边，康诺王总是这么说。基里曼至今仍在后悔自己过去未能始终做到这一点。

"我在等某种事情发生，"基里曼说，"某种我们意料之外的事。"他指向死灵军团的神之机械的战线，现在这条战线已经向后大幅弯曲，右翼几乎已经碰到了前进中的苍蝇阵形大军。"他想要引诱我进入陷阱。但这个策略太明显了,应该只是某个更宏大的棋局的一部分。尽管莫塔瑞恩总是想找机会证明自己多么勇猛不屈,但他是一位出色的将领。他就在这里,就在他的军队的中央。这是一种嘲讽。他想要把我吸引过去。"

"我们还没有看见他呢。"柯肯说。他总是踱来踱去,很少安静地站着,始终心怀怒火。

"他肯定在这里。"基里曼在全息投影上方挥舞了一下戴护手的手臂,"在那个毫无意义的荒谬阵形里,我们看见了变节者、叛逆星际战士、敌方泰坦、变种人、奇形怪状的亚人、雇佣兵、重型大炮、履带装甲车等等一切。莫塔瑞恩的那些病态的堕落追随者们全都在此地集结。好像还少了点什么……"

"还有恶魔。"柯肯说。他把沉重的金色护手按在地图桌上,向前倾身。在他手掌周围的全息图像消散了,"那些无生者呢?"

"正是这个问题困扰着我。"基里曼说,"它们到底在哪里?在我们发现之前,我还不能行动。莫塔瑞恩可能把它们藏了起来,正等我落入陷阱。莫塔瑞恩一定和它们在一起。对了,加拉坦现在情况如何?"原体朝一个通讯监控站发问。

一个身穿整洁的制服、脸色苍白的男人从成排闪烁着的机器前转过身。

"舰队发来报告说,星堡正在接近,但依然没有摆脱死亡守卫的攻击。我们自己的舰船已经前往接战。"

"距离多少?"

"八十万公里,还在持续接近中,总司令大人。"

"状态怎样?"

"我们无法联络上,总司令。我们的信号被堵塞了,但星堡还在持续对敌军开火。"

"那么也就是说它还未沦陷。"基里曼说。

"或许还没有。"柯肯说。

"或许吧。"基里曼同意。他把注意力转移到了全息投影模拟武器射击表现的闪光和炸裂声上。

"那么,请让我带着我的战士们去那里,大人,把这个问题交给我们解决。"柯肯说。他突然停下脚步,有点紧张,期待着被派出作战。

"不。"基里曼说,"加拉坦的防守很周密。我们必须信任那里的守军。我们不能从地面的这场战斗中分心。"

柯肯恼火地把拳头按在桌子上:"那么,您的命令是什么?"

"我们已经痛击了敌人,现在坚守阵地。"基里曼说,"我们等待。"

第二十一章
十字堡第二门防御战

　　加拉坦上的战斗已经持续了好几个小时。对于查士丁尼而言,这场战争是每隔一段时间发生一次短暂交火,以及随后的长时间步行。他的部下没有新的伤亡,不过阿马里洛小队有一名战士因伤脱队了。大家保证了以后会回来找他,让他用汗腺改进器官分泌出的汗液覆盖全身,以提供真空保护,随后就将他留在原地了。在星际战士们刚越过裂缝时,有一群辅助军士兵坚持要跟查士丁尼他们同行。他们说自己想要赢得荣誉。但查士丁尼怀疑他们只是觉得跟着星际战士生存概率更高点。如果是真的话,那他们就打错了主意。士兵们一个接一个战死了,最后只剩下特斯兰和几十名残兵。当他们经过一个主交通枢纽时,遇到了一支奥特拉玛辅助军的半团,查士丁尼命令跟着自己的凡人们都加入这些辅助军的队伍。查士丁尼的借口是这样他们可以更好地战斗。但查士丁尼心里想的是,或许这样他们战死的时候至少能有同类的陪伴。

　　没有了凡人的累赘,星际战士们加快了速度,尽可能跟随通讯的指示前进,在通讯失效的情况下,就寻找震动甲板的战斗响声前进。有两次,他们遭遇了难以对付的大规模敌人,并选择小心翼翼地绕了过去。有一次是穿过维修隧道,还有一次则是沿着敌人头顶的甲板升降梯爬了过去。

　　在其他情况下,他们都冷酷无情地扑向敌人,消灭那些还没来得及和主力会合的登船小队。

　　就这样,他们终于来到了一道防止空气损失的密封舱门前。在警惕的机魂控制之下的自动武器把守着大门。凭借新星战士的通行代码,他们终于穿过装甲气闸,进入了舰船内部的循环大气环境。

　　随后,查士丁尼小队又继续走了好几个小时。他们一直朝中央枢纽前进,带着疲惫和战伤,终于来到了十字堡第二门。

巨大的城门堡垒守卫着通往加拉坦枢纽的四条轮辐式主干道。其他的道路都在城墙前中断了。除了穿过十字堡大门之外，再无别的路可以通往中央区。星堡的中央核心几乎本身就是一座战斗空间站。

一对高塔从堡垒的精金装甲内壁向外延伸出来。宽阔的城垛俯瞰着下方三公里宽的开阔杀戮场。通常安放在宇宙建筑外部的强大武器，布满了堡垒的墙壁，并密集地配置在堡垒地基周围。它们是庞大的巨型炮塔、导弹发射组，还有那些强大的能量武器，要是在较小的宇宙建筑内部发射它们，产生的能量束甚至可能会一击贯穿舱体。

但加拉坦足以承受如此可怕的攻击。

星堡的同心圆环形通道的最后一个环围绕着中央核心，在杀戮场周围通道逐渐变宽，而在远离战斗区域的地方则变窄到只有一公里。内部堡垒的幕墙四周镶嵌着武器发射孔和射击台。每隔两公里都会有一座小型城堡探出来俯视着道路。

加拉坦的中央枢纽是在黑暗时代铸造的，使用的高深技术远超当代的科技神父们的想象。环绕核心的装甲足有一百米的厚度，使用纯精金制成，建造时采用的冷却方式使得结构内的晶体大小均匀，完美地紧密连接在一起。这一层装甲是一个完整的建筑结构，只有用一整颗恒星改造成的巨大锻炉才能制造出来。传送遮蔽层紧贴在建筑结构上，在它的外表面上，用古老的工艺刻下了可以对抗任何亚空间实体的符文。那些研究加拉坦奥秘的技术考古学者们推测，这些符号是在很晚期才加上的，可以追溯到旧日暗夜的陨落时期。

查士丁尼带着布鲁塞勒斯、阿基里斯、多纳斯托、马克罗斯和马克森提乌斯·德朗蒂奥穿过空旷的金属平台，走到了紧闭的大门前。自动炮台群始终瞄准着他们，这些武器构成的交叉火网，能给敌人造成最大限度的伤亡。

但是，他们并未受到任何挑战。主门户上的一个侧门开启了一条缝，透出的黄光洒在平地上。他们的身份早已在远处就被识别了。要是他们被怀疑的话，现在早已被彻底消灭了。

从门后，可以看见一排终结者将巨大的影子投在漫长的侧门通道地面上。在他们后方，新星战士的坦克群在许多座防御炮塔之间布置下阵地。

"进来，兄弟们。"一个声音低沉地说，"动作快。敌人正在逼近。"

几乎没有休息的时间。查士丁尼和他的部下们立刻进行补给。为了给他们的爆矢步枪寻找稀缺的弹药，一个脸上有刺青的人类军需官带着不悦的表情离开了大门。一个小时后，他带着三个塑钢箱子回来了。

"就这些了，大人们。"军需官心情复杂地说。他一方面是为了不得不去找这些少见的爆矢弹而恼火，另一方面又因为自己只能找到这点而羞愧。

"谢谢你。"查士丁尼说。那人有些不安地道了个歉，带刺青的脸因为难堪而扭曲。

查士丁尼和马克森提乌斯·德朗蒂奥将弹药分发了下去。

"这些已经足够我们六个人用了。"马克森提乌斯·德朗蒂奥说。

"要是我们还有十个人的话。"查士丁尼说，"弹药就会短缺了。"

不久后，阿马里洛士官奉命被派往别处。他带着小队剩下的几个成员离开之前，只简短地道别了几句。他和查士丁尼都没有什么聊天的心情。两人都失去了不少战友，而且谁也不怎么了解对方。

"新星战士们在悲痛时都很沉默。"阿基里斯说。

查士丁尼心不在焉地点点头。他依然不太能接受这个战团的冷漠氛围。

减员的帕里斯小队奉命前往城门右侧高塔的一个房间，在那里监视中央的杀戮场。从这个有四层楼高的鸟瞰点往下俯视，金属杀戮区域看起来比正常的地面还要荒芜。炮台无休止地进行着循环搜索目标的来回运动，尽管在它们的射程覆盖区域内还没有出现任何敌人。

从他们所在的碉堡，有一条曲折的回廊延伸通过许多米厚的内堡城墙。回廊中间被一扇五重门挡住了，这扇门通往另一条回廊。在回廊尽头，是如同他们所在碉堡的镜像般的另一个碉堡，从那里可以俯瞰堡垒内侧的广场。轮辐通道在城门内侧明显变得狭窄了许多。四辆兰德掠袭者排成一排，封锁了通往星堡中心的道路。以区区一个战团而言，为了守备这个城门派出的兵力令人印象深刻：六十名终结者在坦克群前方组成了活生生的屏障，三个差不多满员的战术连把守着城门，九个突袭小队在兰德掠袭者后方作为预备队，到处都有新星战士的指挥部成员。六千名来自不同兵团的凡人士兵充当辅助部队，加拉坦守军的主力齐集于此，这是出于战团长多瓦罗的命令。敌人所有的行动迹象都表明，他们要集中全力对十字堡第二门发起一次集中攻击。

星堡其他各处的守军都已经撤回，以防卫十字堡的另外三座城门和高墙。

多瓦罗放弃了外围的大片区域，以保护星堡的核心地带。加拉坦的主引擎、反应堆、指挥中心，以及最重要的古代武器库，都位于这个地区。查士丁尼现在很确信，特斯兰和他的同伴们都死定了。

查士丁尼和马克森提乌斯·德朗蒂奥离开了他们的兄弟一会儿，到里面的碉堡商量事情。他们摘下头盔，都很庆幸可以暂时不用呼吸自己铠甲内的回收空气。

"挡住敌人，同时突破他们的舰队。不论是否能打退这些登船的敌人，我们都得去帕梅尼奥协助基里曼。"马克森提乌斯·德朗蒂奥说，观察着那些集结起来的新星战士们，"但这个策略有点冒险，必须考虑到泰丰斯攻击成功的可能性。"

"确实如此。"查士丁尼说。由于系统已经不堪重负，他现在已无法进入指挥部数据网络，但他可以想象到，一旦混沌军队决定攻击那些较次要的星堡炮组和外环引擎，而不是猛攻中心枢纽，在那些位置的人员必将死伤惨重，"如果我们不守住中心枢纽，我们都会死在太空里。星堡的航线已经设定完了，叛军只要没有攻下中心枢纽，就既不可能阻止我们前进，也无法破坏我们的主炮。即使我们的星堡带着这一大群异端赶到目的地，我们依然可以帮上原体的忙。"

"我们肩负的责任真够重大的。"

"我们也有强大的盟友。"查士丁尼从射击孔指向堡内的广场，有一群银色铠甲的战士们在阴影中等待着，"你知道这些灰色兄弟的事情吗？"

"不是很了解。"马克森提乌斯·德朗蒂奥说，"他们自称为灰骑士。他们都是专家、恶魔猎手、灵能者。他们守口如瓶。最好不要深究关于他们的问题。"

"你只知道这些吗？"

马克森提乌斯·德朗蒂奥点头。

查士丁尼又朝外望去："很遗憾，我知道的也只有这些。此前我曾经和这个战团一起参加过十四次不同的战斗。但我从未和他们当中任何一人交谈过。我很疑惑他们的主人是谁，他们又是从哪里冒出来的。"

"尽管这个问题很有趣，但我们恐怕没资格回答。"马克森提乌斯·德朗蒂奥说。

查士丁尼看了看副手："你要是一直都这么会打官腔，恐怕很快就可以接替我当士官了。"

"帮你做好你的事，是我的职责。"马克森提乌斯·德朗蒂奥的笑话有点冷。

"行，那我谢谢你。"查士丁尼说。

"瞧。"马克森提乌斯·德朗蒂奥指着他肩膀后方说，"多瓦罗大人来了。"

查士丁尼和马克森提乌斯·德朗蒂奥之前都没见过这位战团长，他们饶有兴致地注视着正在走来的多瓦罗。多瓦罗从兰德掠袭者阵列后方的黑暗中出现，来到了他的部下们中间。他比一般的星际战士们要更高大，那件骨白色和暗蓝色四等分涂装的终结者甲上，装饰着许多纪念他的辉煌成就的物品。在他的左肩甲上有一个多刺的新星爆发图案及战团的头骨标记。右肩甲上有一面华丽的盾牌，盾牌的一半装饰着他的个人纹章，另一半则装饰着终结者十字徽章。一个伺服颅骨用带棱纹的缆线连接到他的头盔上。单眼透镜闪烁着红光。两名凡人奴仆抬着一个木制的架子，木架上的天鹅绒垫上放置着多瓦罗的双手动力巨剑。

多瓦罗走到堡内广场的中央，开始了他的演讲。在战斗前通常都会有这样的演讲。查士丁尼曾经听过很多次，自己也说过很多次。尽管广场上的演说充满激情，查士丁尼却无动于衷。

"他的言语让战团的兄弟们都心潮澎湃。"查士丁尼对马克森提乌斯·德朗蒂奥说，"但我得承认，我没有像这些战士们一样的感觉。"

"迟早会有的。"马克森提乌斯·德朗蒂奥说，他的语气中并未流露出他是否也有着像查士丁尼一样的疏离感，"这是一个高尚的战团。"

"在这个堡垒内，聚集了战团的三分之一力量。与编外之子相比，这支军队真的是太小了。"查士丁尼一边说着，一边意识到自己的话有点危险。

"那些日子已经过去了，兄弟。"马克森提乌斯·德朗蒂奥说，"基里曼大人遵循了他自己设定的法律。正如他的圣典规定的，任何人都不得统率一千名以上的星际战士。"

"他确实这样做了，"查士丁尼说，"但为此付出了多少代价？"

"那是他的事，与我们无关。"马克森提乌斯·德朗蒂奥说。他的语气中很明显带有警告意味。

"你和新星战士们在一起多久了？"查士丁尼问。

"一个标准年。"马克森提乌斯·德朗蒂奥说，"但实际可能有四年了。这个战团经常在进行亚空间航行。我属于第一批加入他们的原铸星际战士。"

"你能感觉到与他们之间的兄弟之情吗？"

房间内陷入了片刻沉默，"我理解你问的是什么意思，帕里斯士官兄弟。"马克森提乌斯·德朗蒂奥小心翼翼地说，"脱离了我们在编外之子的兄弟会，被派遣到完全不了解的战团，还有那些很清楚我们将会是他们的接替者的人当中，总有人会觉得很难接受。"

"你不觉得难以接受吗？"查士丁尼问，盼望着能找到某种与自己的悲伤共鸣的情绪。

马克森提乌斯·德朗蒂奥转过身来面对着查士丁尼："说实话，我并不在意。我有自己的职责。我正是为此而生的。至于在什么地方履行这个职责，我觉得无关紧要。"

"我明白了。"查士丁尼有些羞愧。

"无意冒犯。"马克森提乌斯·德朗蒂奥说，"或许是我无法理解你的心情。我醒来之后立刻就被派来增援这个战团，从未在编外之子中服役过。我只是听说过一些你们的事。"

查士丁尼转移了话题："不管怎么说，多瓦罗确实是个伟大的战士。"

"他们当中很多人都是这样的。"马克森提乌斯·德朗蒂奥说，"你很快就会看到了。"

在广场上，多瓦罗结束了演讲，新星战士们一片欢呼。

马克森提乌斯·德朗蒂奥戴好了头盔。

"演说结束。"他的通讯栅格发出低沉的声音，"时间要到了。"

"让碉堡的门开着，城墙隔板也同样开着。"查士丁尼说。当他们离开时，他环视了一眼内侧碉堡，"我们很快就会需要这个地方。哪怕能节省一秒的开门时间，都对我们有用。"

标志着敌军接近的第一个迹象，是杀戮场上方的炮台全都停止了来回巡游，瞄准了轮辐通道的同一个位置。

片刻后，纳垢追随者们的颂歌飘来了，听起来就像是一种遥远而恼人的嗡鸣。

查士丁尼紧张地注视着通道。笔直的隧道一直通向远方，两侧的墙壁仿佛在尽头处合拢了。但是，那个"隧道尽头"却在越来越靠近。

"他们来了。"查士丁尼对小队说。随着这句话，所有人的爆矢枪都"哗啦啦"地响起了子弹上膛的声音。

"各部队，准备交战。"多瓦罗在通讯中对全战团说，"敌军已至。"

堡垒的大炮开火了，咆哮着摧毁了整个通道。加拉坦在自己武器的重击下震动不已。敌人不断升高的战斗哼唱声被炮击声完全盖过了。

不久后，那些自动炮台的小型武器也开始射击。首先是长距离的激光武器和宏炮，许多架自动炮和重型爆矢枪还在等待着敌人进入射程，以便能清晰地锁定目标。

越过翻滚着爆炸烈焰的通道，那个"隧道尽头"依然还在不断靠近着。在行进的纳垢大军前方的，是缓慢移动的攻城堡垒车组成的巨墙。那些攻城车是如此高耸，它们的顶部甚至刮掉了天花板上悬挂着的管材。密集的弹雨朝着攻城车射去，但都被弹飞了。其中的大多数炮弹根本未能碰到金属表面，就在攻城车正前方闪烁着的能量护盾上爆炸了。

"泰拉的灰烬啊。"马克森提乌斯·德朗蒂奥说，"瞧瞧那些东西有多庞大。"

"只有帝皇才知道它们有多厉害。"阿基里斯说。

他们等待着命令，手指紧张地握着武器的扳机。

攻城堡垒车转动着吱呀作响的钢轮往前行驶。它们一共有九辆，表面光滑而漆黑，显然刚建造不久，几乎看不出瘟疫之神奴仆们的用具上常见的腐化迹象。来自城墙的炮击正瞄准敌军能量力场的交叉点，在那里护盾的波形最为扩散而且薄弱。在炮火下，攻城车不得不加快了移动速度。

三公里宽的杀戮场被反射的火光照亮了。红宝石色的激光束割裂了空气。在这个密闭空间内，硝烟和钷素的刺鼻气味迅速扩散，空气中弥漫着浓厚的战斗烟雾。

一门防御激光炮近距离击中了能量盾。能量力场颤动闪烁了片刻，这一瞬间已足够让炮弹和激光束如雨点般猛烈轰击最左边的攻城堡垒车，将它劈成了两半。攻城车向侧面旋转着倒地，暴露出了一直在推着它的半机械半恶魔的怪物。随着敌人的阵线出现了缺口，城墙上的防御武器全都瞄准了那架恶魔引擎，以将这只怪物彻底摧毁。

冒烟的金属碎片和肉块如雨般洒落在杀戮场上。从后方显露出了一大群模糊不清的怪物，它们躯体扭曲，头颅和头盔上都长着角。

小型炮台锁定了敌人，它们的炮火也加入了战争的爆炸和轰鸣当中。突击炮嗖嗖作响地穿刺过烟雾。自动炮难听的咔哒响声也加入了合唱。重型爆矢枪的三联射击管发出急促的撕扯声。尽管帝国防御武器不断轰击，敌军依然持续前进。他们提高了嗓门，赞颂着他们的黑暗之神。

攻城堡垒车还在推进。它们的动力非常强劲，那些巨大的轮子碾碎了布置在外面的小型防御炮台。这些堡垒车非常巨大，至少有一百米高。敌军距离城门只剩下了最后一公里半，随后是一公里。最靠近敌阵中央的又一辆攻城堡垒车被轰成了熔化的残骸。随着剩下的七辆攻城车逐渐逼近，敌人阵形的缺口缓慢地合拢着。而帝国的重型武器则趁机狠狠地从缝隙间收割着后方的怪物群。

在距离最后半公里时，一个邪恶的号声尖锐地响起，敌人开始了冲锋。

成群的装甲车从攻城堡垒车遮蔽的后方隆隆驶出，在组成阵形的同时已经在开火了。笨重的攻城坦克射出的炮弹高高飞越过大军，轰击在中央枢纽的外墙上，朝防御工事泼洒下强酸溶液。金属被溶解，炮管从炮架上摔落，剧毒的烟雾随之升涌。数量远超过任何一个忠诚派战团的标准配置的大群兰德掠袭者，集中激光炮的火力朝一个又一个自动武器炮台射击，将它们纷纷炸成碎片。恶魔引擎森然出现在它们的后方，亚空间炮喷出的电光深深扎进了城墙和城门。

攻城堡垒车加速冲向城门。叛徒们都在朝防御工事上的炮台射击，尽管他们腐朽的坦克损失惨重，但也让许多防御炮台都陷入了沉默。很快，战场上到处都是一边燃烧一边散发出焦肉臭味的残骸。一股阴郁、恶臭的迷雾从敌军中升腾而起，逐渐笼罩着杀戮场。

敌军距离城墙只有百余米远了。他们已进入爆矢步枪的有效射程。

"开火！"查士丁尼下令。他的小队仔细瞄准着自己的爆矢步枪，确保每一发子弹都是致命一击。从城墙上顿时洒下一阵由激光光束和爆矢弹组成的暴雨。敌军被上方袭来的射击打得千疮百孔，纷纷倒下。

攻城堡垒车散开了，往侧面推进，以避开纵向射击的炮火。数以千计的瘟疫战士举起他们锈蚀的武器开火。爆矢弹扫射着十字堡第二门的外圈和缝隙，巨大的嘈杂声中混入了要塞守军士兵的垂死惨叫。

一辆四百米长的装置被推向前方。在它的构成中，血肉和机械的比例不相上下，腐臭的黏液在表面流动，散发出令人难以忍受的恶臭。它那正在冒烟的引擎产生的动力并不足以推动它，还有数以千计的病奴正在死亡守卫的鞭笞下奋力劳作，让这个装置的上百个轮子朝前滚动。

在装置的前端，有一个长长的钻头，以20度角朝上方举起。这个装置的一部分是有生命的。透过它穿孔的面颊，可以看见一排排的牙齿，但那些牙齿都融合在一起，充当了从喉咙中伸出的热熔炮阵列的基座。装置的后面是一堆像是球茎般的发动机。沿着脊椎挂着许多黄色的塑料箱，晃动溅出色彩鲜艳的液体。

躯体严重扭曲的变种人乱糟糟地在这辆血肉引擎的平台上工作着。一个命令刚被下达了。引擎喷出了更多的刺鼻烟雾，使这个区域在雾气笼罩下更加昏暗。钻头吱呀作响地落下，开始震动起来。当它水平指向城门时，装置的整个前部都开始旋转，并且转得越来越快。随着一声咆哮的闷响，装置前端的热熔炮启动了。火山喷发般的高热直冲向查士丁尼的位置，迫使他的小队急忙后退，他们的装甲系统自动执行调节，降低体表急剧升高的温度。

十字堡第二门残余的枪炮都在猛烈地开火，但恶魔引擎的绿色血肉被击中后并没有出现明显的伤痕。引擎发出幸灾乐祸般的闷响。它的尖头带着高热的呼啸，被推向城门前。

引擎开始在城墙上熔出一条通道。当它在运转的时候，那些较次要的攻城部队也纷纷前进，用热熔装置和恶臭的酸液来破坏城墙的基座。瘟疫战士们爬上摇摇欲坠的登城梯子，朝射击孔里投掷手榴弹。幸灾乐祸的小恶魔骑着像马一样大小的苍蝇在城墙边嗡嗡作响。查士丁尼把爆矢弹倾泻进一个恶魔苍蝇骑兵的体内。浓稠的体液从伤口朝外乱喷，就好像那个恶魔是个装满了脓水的大袋子。它摔下去掉进了城墙脚下沸腾的大军中间，但周围还有好几百只恶魔苍蝇骑兵，甚至可能有好几千。

"他们一定是在船上召唤出了这些怪物。"马克森提乌斯·德朗蒂奥说，"谁也不可能用常规手段让这么多部队登上船。"

"朝下面开火！"查士丁尼下令。他的部下们重新找位置开始射击。

在一团模糊的聚变火焰当中，恶魔攻城锤一路焚烧着穿过大门，打开了一个足够让无畏机甲通行的大洞。城门缺口处的高热烤熟了攻城锤的血肉外皮，它那被熔合封住的嘴里发出痛苦的惨叫，但它的主人们仍然在驱使它前进。攻城锤的尖头陷得更深了，整个身躯都埋进了大门里。它背上的平台从查士丁尼的碉堡下方经过，可以看到一群群黑暗机械教神父正在拨动着开关，或是察看镶嵌在这个染病的怪物体内的显示屏。在平台周围悬挂着的那些液体箱子发出汩汩的水声，控制台前方的那个不洁引擎正在将这些液体消耗殆尽。

"干掉那些操作员！"查士丁尼在通讯中说。敌人的子弹、爆矢弹、激光光束不断在帕里斯小队的位置附近爆炸，把光滑的金属墙壁表面打得凹凸不平。一个苍蝇恶魔飞过，把一个被切断的头颅扔进了房间。那个头颅就像真菌般塌陷下去，毒气顿时充满了整个空间，吞噬着他们的铠甲软密封处，腐蚀他们的呼吸装置。但原铸战士们自始至终都在对准目标射击。

查士丁尼消灭了一个叛逆技术神父，他的爆矢弹把那个神父炸成了漆黑的碎片。他的部下们击杀了另一个神父。恶魔机仆们用神秘的武器对碉堡射击，一片绿色的火光扫过，斩飞了多纳斯托的脑袋。查士丁尼继续用爆矢枪射击那些技术神父和他们的器械。但他没能再次成功。

"城门已被攻破。所有守军，准备近战。"来自多瓦罗的讯息很简短。

在嘈杂的脚步声中，恶魔攻城锤退后，并从侧面驶出去，撞翻了几百个恶魔和哀号着的邪教徒。它一直都被炮火轰击着，喷涌着恶臭的液体。它在痛苦中发出可怕的尖叫，就像是在农场里被活活烧死的猪。但是，它的使命已经完成了。大军纷纷让开道路，让一个由瘟疫战士们组成的方阵朝大门缺口行进而去。方阵最前面的七排瘟疫战士推着带轮子的盾墙，就像是城门外的那些巨型攻城堡垒车的缩小版本。其他瘟疫战士则带着生锈的斧头和刀剑，还有正在泄露毒液的生化喷枪。在同伴们的几千把爆矢枪的射击掩护下，他们令人厌恶地模仿着帝国的行军纪律，高傲地齐步行军，装甲靴无情地碾过地面上的死者。查士丁尼和部下们仍然守在刚才的射击孔旁，与其他人一同朝死亡守卫开火。在他们碉堡外头，死亡守卫们的枪弹没完没了地射击着，弹壳一刻不停地从碉堡周围砰砰作响地弹开，如同冰雹般隆隆作响。

这群死亡守卫通过大门，走过散发着高热蒸汽的隧道，他们只损失了区区几人。

城墙边挤满了敌人。邪教徒和恶魔们正从各处涌来，穿过城门缺口。炮台上不断发生爆炸。城墙上的最后一件防御武器，终于也陷入了沉寂。

一枚爆矢弹从查士丁尼身边紧贴着飞过，推进火焰在他眼前闪着光。子弹撞到屋顶，反弹下来爆炸了。

"我们在这里已经无济于事了。"查士丁尼大喊着，努力让声音压过在外壁不断爆炸的爆矢巨响，"马克罗斯、阿基里斯，拿上弹药箱。马克森提乌斯·德朗蒂奥，在门上安装手榴弹。等他们闯进来的时候，最好能干掉几个。"他从爆矢步枪中弹出一个冒烟的弹匣，砰的一声塞进去另一个弹匣。"退到内侧的房间去。"

第二十二章

帝皇的意志

到了夜晚,战斗已经远离提洛斯。凯尔托大陆上的防御激光炮发射的雷电,偶尔还会划破暮色的天空。但随着战斗中的舰队逐渐脱离防御激光炮的射击路线,它们的发射间隔时间也变得越来越久了。加拉坦的巨大轮廓正在逐渐变大,被落日的余晖照得泛白。就像是在空气中画出的一幅城堡,宇宙的蓝色和紫色背景勾勒出城堡的轮廓,上面闪烁着亿万的细小光点。它仿佛是一座幻影城堡,却拥有千真万确的可怕破坏力。庞大的舰队簇拥着它,进行着彼此的战争。加拉坦的塑钢平台在海军的炮火后若隐若现。与其说这座太空中的山脉是战场的一部分,不如说它只是一个背景。它看起来就像是遥远的群山,衬托着前面的战斗。但这些群山喷吐着火焰和雷霆,攻击要塞周围的一切物体。在提洛斯城墙上的士兵们,甚至无法判断这艘巨舰究竟效忠何方。马蒂厄曾经历过规模大大小小的各种战役,因此他猜测加拉坦目前正处于被争夺状态。不同的武器组朝着不同的目标开火,一切只取决于谁夺取了这些武器。

装甲靴的脚步声从后面靠近他。马蒂厄现在已经很熟悉那套动力铠甲的机械嗡鸣声了。对星际战士的铠甲而言那太轻了。是战斗修女。他心里想着,自己微笑了一下。不出所料,尤兰特果然来找他了。万事都尽在帝皇的掌控之中。

"高阶修女尤兰特。"马蒂厄没有转过身,开口说。

"马蒂厄修士。"尤兰特说着,走到他身旁。尤兰特把戴着红色护甲的手臂放在栏杆上。正在降临的暮色让她的铠甲颜色变暗,投下了一层血腥的光泽。这样的一双手,是用殉道者们的鲜血染红的。想到能在近处与帝皇意志的纯洁工具站得这么近,马蒂厄心中涌起一阵喜悦的颤抖,差点就触发了他的自动鞭笞器的例行鞭打程序。马蒂厄用食指轻轻触碰在掌心处的按钮,考虑着是否要手动开启它，惩罚自己不得体的愉悦。

"我很高兴你能称呼我那个更谦卑的头衔，"马蒂厄说，"在人类之主的眼中，谦卑是一种美德。"

"虚荣者无望获得恩典。"尤兰特赞同说，"不过，我也像尊重你的修士身份一样尊重你的战争使徒职位。你很勇敢，屡立战功，甚至连我都听说过你的英勇行为。"

"请不要说我勇敢，"马蒂厄纠正说，"我之所以不害怕，是因为我无须害怕。帝皇与我并肩作战，时刻都保护着我。"

"赞美帝皇。"尤兰特说。

"赞美帝皇。"马蒂厄回应。

"这是一场苦战。"尤兰特说着，望向平原上方的闪光和爆炸，又望向天空中那座幻影般的城堡，"我真希望能离开这里，去参加战斗。"

"你可以去。"马蒂厄狡黠地瞥了她一眼，"去下面的信仰战场，用鲜血来赞颂你的神圣武器，我不会告诉任何人。"

尤兰特对他那玩弄阴谋的语气报以大笑："我在这里有自己的职责。尽管被剥夺了监护圣童的权力，但我们会随时等候召唤。帝皇掌管着一切。鲜血的圣餐可以等日后再品尝。那你呢？你不去前线吗？"

"我也被命令留在这里。"马蒂厄说。但这其实是个谎言。他必须离那个少女越近越好。

"因为那个孩子的原因吗？"尤兰特问。

"不完全是，"马蒂厄感到羞耻地笑了笑，"是因为我惹怒了原体大人。"这倒是真话。

"怎么惹怒他的？因为你的性格，还是你的事业？"尤兰特不动声色地问。

"我太自负了，还以为他会像别的普通人一样花点时间听我讲道。但他一向很不尊重牧师。"马蒂厄说。

"那么关于他的传言是真的了？"尤兰特问，"原体真的不相信至高帝皇的神性？"

马蒂厄点头："很遗憾。尽管原体亲眼见证了他父亲施展的一切奇迹，他依然看不出那是出于帝皇的神力。他拒绝承认这一切。"

"他怎么会不相信呢？"尤兰特问，为这个念头而困惑不已。

马蒂厄若有所思地说："就好像他自己捂起眼睛一样。因为他不想看，他就看不到。基里曼大人很少谈及他的父亲。当他谈起时，他总是坚持帝皇的人性。我已把开悟基里曼大人视为我的神圣使命。我会让他看见，让他相信。"马蒂厄停顿了一下，"我最近看到了一些预兆。我做过一个梦。"

"好梦还是噩梦？"

"是噩梦，但却带着一个美好的讯息。"

"帝皇经常通过梦与他最忠实的信徒交流。"

"据说是这样的。"马蒂厄犹豫了一下说。他让尤兰特自己得出结论。

"那个梦告诉了你什么？"

"时间的流逝是如此急迫，"马蒂厄说，"战斗同时在太空和平原上展开。我们在失败的边缘徘徊。很快，那强大的加拉坦，就会进入能准确打击地面目标的距离，这场战争的胜负也将在那时决定。倘若叛徒们夺取了星堡，我们就将灭亡。想象一下，倘若原体可以从这里脱身，前去协助守军，结果将会变得多么不同。但他却被限制在此地。不过，在这个世界上还有一把通往速胜的钥匙。我们应当利用手头的一切资源来协助他，让他能尽快赶往轨道作战。"

"你说的是那个孩子。"

"是的。"

"基里曼总司令下过命令，她必须留在此地。"尤兰特说。

马蒂厄平静地微笑着，注视着笼罩着平原的浓雾。在那里，泰坦们正在用光芒和力量的武器决斗着，百万士兵在他视线看不到的地方拼死搏杀，"我愿为拯救原体而死。倘若他能有一秒钟的时间看清他父亲本性的真谛，我会乐于承受亚空间的一切折磨。我很肯定，只要他能觉醒，全人类必将迎来前所未有的繁荣。"马蒂厄停顿了一下，随后迅速转过身，直视着高阶修女的双眼，饱含热情地说，"告诉我，尤兰特修女。你是否能像我一样不惜一死，让帝皇的儿子放射出他的全部光芒？"

"我会的。"尤兰特说，"我唯一渴望的，就是用我的生命、用我的死亡来侍奉人类之主。"

"那就跪下吧。"马蒂厄说。

尤兰特犹豫了一下。马蒂厄伸出手，指向地板。

尤兰特单膝跪下。她的辫子垂在了脸上。马蒂厄将手轻轻放在了尤兰特的头顶，"我不能告诉你接下来会发生什么事，因为那是帝皇本人的礼物。但我可以告诉你，这个女孩将会拯救原体，让他知道他并非独自战斗，他的父亲一直在他身旁，这样一来，我们就能把原体引入帝皇的光辉之下。只要女孩能让原体睁开眼睛领悟这一切，她就可以拯救整个帝国。无论谁曾协助过这个女孩，都会被世人尊为圣徒。"

尤兰特抬头看着他。

"你为什么不自己去做？"

"我不能亲自去行动。原体将会对向他揭示真相的人大发雷霆。一旦这件事发生了，我必须在身边开导他。他在一开始时肯定会非常抗拒的。这是帝皇给我的安排。"

"你被安排到这个位置，就是为了开导原体。"

马蒂厄点点头。

"那么，我知道现在该做什么了。"尤兰特说。

"我不会命令你，"马蒂厄说，"我也不能。如果你想要投身这个事业，那必须由你自己来做出决定。"

"我已经决定了。"尤兰特的声音变成了低语，"祝福我，战争使徒。这样我为了实现帝皇意志而犯下的任何罪孽都将被宽恕。"

"有时候，善良的目的必须用恶行来实现。帝皇的恩典已将你环绕，我看得很清楚。圣洁之光拥抱着你。"

"我是一名忠诚的仆人。我的信仰坚定无比。"

"我很明白。这是一种圣洁的信仰，一种强大的信仰。正是这个原因，在我无法帮助原体的情况下，只有你才能拯救他。"马蒂厄把手放在她头顶，闭上眼睛，"以全人类的主宰、泰拉的帝皇的名义，我祝福你，祈请帝皇保佑你！"他睁开双眼，"起身，尤兰特高阶修女。"马蒂厄轻声说。

尤兰特站了起来，斗志高昂地看了马蒂厄一眼。

"我是一名帝皇的战士，我将尽心竭力侍奉他，至死方休。"

马蒂厄微微一笑："这就是他对我们的全部要求。现在去吧，去执行帝皇的意志。"

尽管尤兰特的部下们从头到脚都全副武装，但在必要时，她们也可以移动得无声无息。三名战斗修女像幽灵般沿着走廊，朝关押着少女的海岸堡垒的那个区域走去。一百多公里外的武器轰鸣声，完全掩盖了她们动力铠甲机械装置的微弱响动。她们一直躲在暗处，其中两人位于后方，举着爆矢枪随时准备开火，另一个走在前面，手中握着短刀。突然，领队的战斗修女悄悄停下脚步，举手示意。其他修女们都在走廊几米后停下，举起武器掩护她。

潜入自己一方设施的最大优势，就是所有防守盲点都一清二楚。

德沃罗斯兵团的一名士兵独自在十字路口站岗，只有一个人而已。谁也不会预料到攻击会来自帝国军内部。门是锁着的，门的控制面板上的六个指示灯都是表示锁死的红色。尽管提洛斯目前并未受到威胁，那名士兵还是严肃地履行着他的职责，既没有放松，也没有因为过分紧张而无法正常工作。他泰然自若地站着，激光枪摆在胸前，手指笔直地放在扳机旁边，随时准备开火。他警觉的双眼来回扫视，将通往大门的正前方、左侧和右侧三条道路都尽收眼底。当他的目光瞥向战斗修女们的方向时，修女们都不由得退缩了。

尤兰特从正前方朝他走去。士兵既没有立正，也没有敬礼，而是轻轻挪动了一下自己的枪，准备开火。他是个经验丰富的杀人者。那种过于轻信他人的普通人，在帝国防卫军里往往活不了多久。

"我是高阶战斗修女尤兰特。"尤兰特做了自我介绍，"我来这里看望那个孩子。开门。"

"我知道你是谁，修女。"士兵说，"我猜得到你为什么来这儿。我不会开门。"

有的士兵非常虔诚，对战斗修女敬畏若神。但有的士兵则毫不在乎她们。德沃罗斯精心挑选了他的哨兵。

"非常好。"尤兰特说，"我把我的请求改成命令。立刻开门。"她向左边移动了几厘米。士兵紧盯着她，确保能看见她的每个动作，但士兵也没有因此背对左边的走廊，三名战斗修女就躲在那边的暗处。

士兵举起了枪，眼神对枪管示意了一下。"别靠近这扇门，修女。"他说，"我不能放你过去。"

"实在遗憾。"尤兰特修女说。

这名士兵训练有素，可惜尤兰特技高一筹，她向侧面一闪身，空手抓住了士兵的激光枪的下端。激光枪只射击了一次，在空气中掠过一道灼烧的裂纹。

在尤兰特压碎枪管的同时，其他修女已经冲了上来。

领队的战斗修女杀了那个士兵。

但这并没有用处。

一枚传感器在男人的胸前闪烁着，在监听到他心跳停止后，警报声大作。潜入游戏结束了。其他的战斗修女沿着走廊跑来，占据了射击位置。

"王座在上。"尤兰特说。门上的指示灯闪烁着变蓝，"封锁这里。福音小队，留在此地阻挡援兵。拉普西蒂修女，把门炸开。其他所有人准备好，只要道路开启就立刻跟我走。"尤兰特给武器上了弹，"帝皇命令我们面对挑战。为赢得他的赞许，我们必须接受挑战。"

拉普西蒂修女从腰带上取下一个椭圆形的内爆弹，将它安装在门上。"站开！"她一边说一边退后。

手榴弹爆炸了。门被炸得朝里面打开。拉普西蒂将门板踢进内侧，站到一旁让出了路。尤兰特跨过地上的士兵，当士兵咽下最后一口气的时候，她已经走进了门廊。

战火在赫卡顿平原的上空闪烁着，朝夜空投去多彩的闪电。夜已深了，战斗依然激烈。恐怕会连续打上好几天，德沃罗斯心想。他曾经很高兴能接到留守后方的命令，但现在他开始厌倦了。他的同伴们也让他感到不安。德沃罗斯渴望与其他部队一样去执行更单纯直接的战斗任务。

在这房间内共有四个人：德沃罗斯、女孩、寂静修女，还有一位魁梧的原铸星际战士。他是英杰菲利克斯派来监护他们的。在普通人类看来，所有的星际战士们都很奇怪，而且他们当中的大多数欠缺感情，很少有兴趣与他人交谈。这个原铸类型的战士似乎比旧型星际战士更加沉默寡言。他站在角落里，蓝色铠甲和阴影融合在一起，就像山脉般纹丝不动。

更让他感觉不舒服的是寂静修女。她跪在房间的另一侧，紧闭着双眼陷入沉思，出鞘的大剑插在地板上。她有个名字——沃伊，德沃罗斯想着。已经有好几次听到过这个名字了，但他却总是记不住。每当想到这件事，他就会怀疑自己的记忆力。修女的存在让他感到心神不宁。尽管心生嫌恶，但德沃罗斯的目光却经常忍不住瞥向修女。每当沃伊走近时，德沃罗斯就会感到一种可怕的、令人窒息的虚无，就像死神出现在他身旁一样。德沃罗斯重复体验了几次，每一次都让他全身战栗，就像是在忍受一颗疼痛不已却又无法拔掉的病牙。

他需要分散一下注意力。

"为什么你不告诉我你的名字？"德沃罗斯问女孩，这是他今天第四次这么问了。现在他已经不指望得到答案了。自从初次会面之后，少女就再也没有对他开过口。她的精神和生理状态都在持续恶化。

少女把膝盖往回收了收，紧贴着自己的下巴。她把脸埋在怀里，从德沃罗斯的视角只能看到油腻的长发。与尤兰特第一次把她带回来时相比，她变得健康了一些。德沃罗斯已经不像之前那样担心她被敌人的瘟疫感染了。少女现在有了一件用植物纤维刷成软毛编织成的长睡袍，这是一种只有富人才穿得起的漂亮长裙。这件睡袍对皮肤保护得很好，但长袖和高领都无法掩盖刑讯在她身上留下的疤痕，有些地方还能看见结痂的血块，特别是在背部，从她伤口渗出的血凝结成了硬块。她的手腕和脚踝被六星锁拘束着，在脖颈后方，还有一条更细的链条在长发中时隐时现。

"很抱歉我老是问你。"德沃罗斯说，他在说话时不自觉地带着一丝笑容，"不过我这么问也是合情合理的。我们会在这儿一起待很长时间，直到战斗结束为止。"

和无能为力相比，德沃罗斯更害怕忍受无聊，换言之，这两件事他都不喜欢。他脑海里想的都是在平原和太空中的战斗。白天的时候他几乎看不到什么有意义的事情，就算用望远镜也一样。而现在，这两处战场又都变成了炫目的灯光秀，他的眼睛都快被刺瞎了。

他放弃了交谈，在房间里的唯一一把椅子上坐下。无意识地，他把椅子放到了床的另一边，尽可能地远离寂静修女。虽然这样会让他更靠近星际战士，但怎样都比靠近寂静修女强。德沃罗斯忍不住把双脚朝前伸了出去。通常他都会注意自己的举止。作为一名高级军官，需要更严格地要求自己，但他现在太累了，已经顾不了这么多了。他躺在椅子上休息了一会儿，感觉几个月来令他筋疲力尽的重压又回到了自己身上。突然他打了个呼噜，就像空气中响起一声奇怪的爆炸。德沃罗斯根本不想这么引人注目，他又往前坐直了身体。

"好吧，我不该坐得太舒服了。"

"你很累，"少女小声说，"我能感觉到。"

她终于说话了，德沃罗斯心里非常惊愕。他必须小心回应，否则少女可能就再也不会开口了，他很确定这一点，"现在你能告诉我了吗？"德沃罗斯装作随意地问。他用手遮住脸打了个哈欠，努力睁开眼睛，"你知道，自从原体到来以后，我终于有空睡觉了。但睡完后我却变得更困了。"

　　"你为什么不去参加战斗？"少女说。她依然没有抬起头看他。

　　"是原体，愿帝皇赐福他，他觉得我和我的部下们应该在长期艰苦工作之后喘口气。"德沃罗斯俯下身体靠近过去，用手挡在嘴边，滑稽地装作不让原铸战士听见："他让我留下来照顾你。原体觉得我很适合做这个工作。"

　　"是英杰菲利克斯下令的。"原铸战士像机器人般冷冷地说。

　　"我……我的天，原来你也会说话。"德沃罗斯说，转身看着蓝色的巨人，"好吧，没错，我想应该是他的命令。"德沃罗斯想起了当时听到的那些话，高声复述起来，声音越来越低沉，"'基里曼大人会考验她。'英杰这么说。他的声音很深沉。"德沃罗斯向少女解释，"'在那之前，她要留在这里。不要让她离开这栋房子。不要让你之外的任何人与她接触。德沃罗斯，把这些命令当作是原体亲口说的。'他说得非常严肃。"

　　原铸星际战士没有做出任何反应。

　　"不会吧。你因为这么点鸡毛蒜皮的小事醒过来，然后又睡着了？"

　　"我没睡着。"原铸战士说，"就算接下来三十六个小时都不睡觉，我也没关系。"

　　"真棒。"德沃罗斯说。现在他就像讨厌寂静修女一样讨厌原铸战士了。他的畏惧转为了恼火。

　　"我纠正你，是因为错误的信息会影响效率。"原铸战士说。

　　"仔细看你这家伙还挺帅的。"德沃罗斯说。少女从垂发下往外偷看了一眼。德沃罗斯朝原铸战士的方向靠近了点，"不过你这么大的块头，帅也没什么用。不是吗？"

　　原铸战士一言不发。

　　"那么，"德沃罗斯双手拍了拍膝盖，尽量让自己不要看寂静修女，将注意力又转到了少女身上，"既然我们要一起待在这里，我问问你的名字，应该不会太不合情理吧？"

　　"凯莉娅。"少女低声说，"我的名字是凯莉娅。"

德沃罗斯笑了。他有一种胜利的感觉："谢谢你。"

"我之前没有说，是因为这个名字已经不重要了。"她低声说，"只有那一位才重要。"

"让我们来谈谈那一位怎么样？"德沃罗斯说，"你看到我有多无聊，凯莉娅，还有他也不怎么健谈。"德沃罗斯朝原铸战士的方向点头示意了一下，但没有提寂静修女。

别看修女。德沃罗斯提醒自己。别看了。

"他可以说的话题不多。"凯莉娅说，"他的思考方式跟你不一样。他不会在意你在意的那些事。他不在意食物、不在意睡觉、不在意爱情、不在意和平。他只是想像你一样奉献。这是他唯一想做的事。他想要战斗。"

"真的吗？"德沃罗斯说。他瞥了一眼六星锁。这种锁链据说可以对抗灵能，房间里还有一个寂静修女……凯莉娅怎么可能读懂那个战士的思想？德沃罗斯朝原铸战士看去，他正目光坚定地注视前方。

"我能感觉到。"少女说，"自从那一位来找我之后，我就可以知道别人的事了，而且不需要他们告诉我。"

"这是什么时候开始的？"德沃罗斯问。

"一周之前。"少女说。

"你已经可以熟练运用力量了吗？"德沃罗斯问。

他对灵能者所知甚少，通常也都对此保持缄默。讨论这些事情会招来厄运，但到底会发生什么他也不是很清楚。他只知道，一个人的灵能倾向经常会在十几岁的少年时期表现出来。德沃罗斯不是很确信在这里发生的就是这种事情。他仔细地上下打量着凯莉娅。这和他之前接触过的新生女巫的能力大不相同。小戏法或是解读帝皇塔罗的神秘能力，像这样的人通常活不了多久。德沃罗斯也亲自逮捕过好几个这样的人。那些用来囚禁灵能者的装置，会对他们产生毁灭性的影响。他们的智力将会被完全压制，受到痛苦折磨。德沃罗斯过去只见过一次凯莉娅身上的这种锁链，那时有个很强大的女巫拒捕，黑船的船员们就像是帝皇本人的怒火般从天而降。这种锁链对灵能者产生的影响非常恐怖。尽管德沃罗斯就像混凝岩块一样没有丝毫的灵能，但他只碰了六星锁一下，就立刻呕吐了起来。因此，当看到少女戴着六星锁就像戴着首饰般没有表现出任何反应，德沃罗斯不禁感到很不安。尽管如此，他从少女身上还是没有感觉到任何危险。

"那不是我的力量,"少女说,"是那一位的。"她大胆地注视着德沃罗斯,"你想要奉献,他也想要奉献,而我也一样。我任由他们伤害了我,是为了能让他们明白,我说的都是真的。是帝皇,是那一位。他让我去战斗。为什么我非要留在这里?他不希望这样。他希望我去帮助原体。"

在少女的双眸中,闪烁着巫术般的火焰。德沃罗斯的口鼻间充斥着一种幻想出来的气味:少女的血肉本该正在六星锁之下焚烧。

他咽了口唾沫,瞥了一眼寂静修女。沃伊正用不友善的目光盯着少女。

"你在害怕我。"凯莉娅说,"你无须害怕。我不会伤害你们。但我必须要走了。"

"我看你最好还是留在这里。"德沃罗斯说。他又看了看原铸星际战士,希望能得到一些帮助。战士凝视前方,好像变成了一件里面没有人的空铠甲。

"求求你。"少女说,"要是你不放我走的话,她会杀了你们的。"

德沃罗斯的脊背一阵发凉。他又看了一眼寂静修女。她正在站起身,拿起了剑。凯莉娅说的那个人可能是沃伊。

德沃罗斯从椅子上站起来,拉直了身上的制服:"我们会听从原体的安排。"

"他需要我的帮助。"少女说。

"我们会知道原体的——"

从墙上传来的警报声让德沃罗斯吓了一跳。他的身体僵住了。他的手已经伸向了枪套里的激光手枪。在隔壁站岗的他的部下们的叫喊声,传到了走廊上。

接着又是一声爆炸,短暂而又空洞。寂静修女走到少女身旁,手中已经举起了巨剑。她的靠近让德沃罗斯一阵犯呕,但那位少女却依然没有受到任何影响。

"破甲手榴弹。"德沃罗斯说。随后是更多的爆炸声,"是爆矢枪?"德沃罗斯不敢置信。但他已经知道来的人是谁了。

"留在这里。"原铸战士说。

那名星际战士侧着身体迈步走到门外,甚至没有看一眼外面有什么敌人,一出门就立刻放平爆矢步枪开火。德沃罗斯没有听他的话,跟在后面,从超级战士和门框之间的缝隙向外窥视。

有人正在喊叫。空气中弥漫着硝烟和电解臭氧的气味。他的一名部下的尸体躺在地上。但从原铸战士的背后，德沃罗斯看不到太多外面的情况。那名星际战士把爆矢步枪紧紧地顶在肩甲上，警觉地搜寻着目标，不时射出一梭子爆矢弹。但热熔枪的呼啸声突然响起，原铸战士踉跄着后退。一股热风袭来。他差点来不及后退，眼前的一切都在高热中变得模糊。原铸战士沉重地跌倒下去，身体上出现了一个切口整齐的洞。

　　一梭子爆矢弹击中了原铸战士，穿透了铠甲，在他的体内爆炸。金属碎片飞溅到德沃罗斯的的腿上。那很痛，但他以前受过更严重的伤。德沃罗斯拔出激光手枪，瞄准那群正沿着通道走来的女人。那些战斗修女正停下来一个个杀死他重伤的部下，但德沃罗斯举枪的手毫不动摇。

　　尤兰特从硝烟中浮现。

　　"把枪放下。"尤兰特说。通讯发声器给她的声音附加了一层权威的色彩。德沃罗斯差点就服从了。

　　"我不会放下枪的。"德沃罗斯说，"在事态进一步恶化之前，你最好马上投降。"

　　"你无法用这把手枪伤害我，它对付不了我的铠甲。"

　　"我可以。"德沃罗斯说。

　　"你最好祈祷自己好运，帝皇今天与我同在，德沃罗斯。你知道那个女孩是什么。帝皇对她有所安排。你是一个虔诚的人，是一名帝皇的真正战士。听从他的召唤吧。他需要你的效力。"

　　"我会听从原体的最终裁决。她是个灵能者。她可能很危险。"

　　"原体看不见自己眼前的真相。她不是个灵能者。"

　　"你很了解原体吗？"德沃罗斯说，"丢下武器，我可以接受你的投降。快点，现在就做。只要你这么做，一切就可以结束了。"

　　尤兰特的战士们在狭窄的走廊上散开，占据了门口的位置，掩护着她们刚才进入的通道。

　　"你已经看到了她创造的奇迹，德沃罗斯。"尤兰特说，"那些六星锁也阻止不了她。她并未被亚空间触碰，而是其他的力量，某种荣耀之力。"

　　"我已经见过许多类似的事情了。"德沃罗斯说，"有些事跟这次很像。其中有一些是好人做的，有些则是邪恶得多的人做的。但所有事情的结局都很糟糕。或许她能拯救这个世界，但她也会因此让这个世界陷入诅咒。"

"在这个银河当中，有许多力量都在运作。并不是所有的力量都是邪恶的。"

德沃罗斯悲伤地微笑了一下："我不能赞同这个观点。做最坏的打算，总是会更好一点。"他用大拇指推了一下激光手枪的动力滑块，调到了最大功率。

"德沃罗斯少校，你是个好人。但只有好人受难，全人类才能活下去。殉道者将会受到赐福。因为他们将永远与帝皇同在。把你的枪扔到地板上，你就可以留下生命继续侍奉他。"

"你不能这么做。这是原体的命令。这个女孩必须留在这里。"

"我的命令来自更高的权威，世间最高的主宰。"

德沃罗斯的手指在扳机上抽搐着。

"我不能让你这么做。对不起！"

激光一闪。但光束持续的时间太短，甚至无法在人类的视觉中留下印象。光束掠过空气的响声与接下来的爆炸间隔太近，以至于无法分辨出彼此，混合成了一声巨响。

一团烟雾从尤兰特的胸甲上升腾而起。德沃罗斯打得很准。尤兰特和他只有一米远，但她的动力装甲是全帝国最好的铠甲类型之一，尽管从胸甲的孔洞中能看见她的内衣，她依然毫发无伤，纹丝不动。就连德沃罗斯都对自己能打破铠甲的表面而略感吃惊。

"对不起，德沃罗斯。"尤兰特说，"任何人都无法阻挡帝皇的意志，尤其是像你这样一个微不足道的凡人。愿你在帝皇的光芒中得到永生。"

尤兰特的枪响了。

越过德沃罗斯的尸体，尤兰特跨入房间她的武器持续怒吼着。

第二十三章
基里曼现身

　　清晨破晓时分的感觉是最令人讨厌的。乳白色的太阳爬上天空。阳光透过毫无层次感的迷雾，在所有物体上都只勾勒出轮廓，让这一切都显得不太真实。

　　神之愤怒在雾中行走着。这些恶心的浓雾在夜间不断堆积升高，已经淹没了掠夺者级泰坦的头顶。这架引擎现在什么也看不见，只能依赖于其他兄弟引擎发来的被干扰的数据脉冲和充斥着大量误报的机械感知。邓克尔早已失去了对战场全局情报的掌握。他的战术叠加图随着一阵阵干扰而跳动着，不时用恐怖的图像取代从数据歧管发送来的任务地图。从那些成功传送进来的轨道拍摄图像中，可以看到莫塔瑞恩大军的苍蝇阵形。不管死了多少士兵，那个阵形从未被扰动。死灵军团还在负隅顽抗。尽管在夜里有几架敌方泰坦被摧毁了，那些被腐化的神之机械仍然顽强坚守着它们的东向战线。叛逆泰坦的作战效率之高令邓克尔愤怒，它们的引擎击杀率要比帝国方的数据高出五个百分点。

　　现在这里已经没有大规模战斗了。清晨早些时候，死灵军团已经被迫后退，它们的战线终于开始破碎。神之愤怒和神之意志奉命前往一个近处的突破口。在战犬级泰坦和十几架科诺骑士的支援下，它们冲入那些较弱的敌人的密集大军之中，执行歼灭行动。它们奉命将这些敌人从帕梅尼奥的大地上焚烧殆尽。战术方案原本很普通：击穿敌军，摧毁后方的增援部队，让帝国大军中的步兵和装甲车去前线击溃敌人。但是，敌人并未被击溃。他们毫不犹豫地继续推进，包括成群的坦克、恶魔引擎和数十万的步兵。泰坦无数次将敌人烧成蒸汽。那些胆敢朝高耸入云的泰坦举起炮口的坦克都被粉碎成了原子。被欺骗的人类邪教徒在帝皇的斥责下接受了最后的教训。

　　他们为自己的罪孽忏悔了吗？邓克尔想着。在他们的生命被夺走之前，是否抓住最后一次机会顿悟了帝皇——万机之神的光辉？

驾驶舱显示屏上的杀戮计数器嘎嘎作响地运作着，数字不断攀升。但这数字只是个摆设，因为泰坦的武器破坏力太高，无法精确统计这么小的目标的数量。每次泰坦发射出足以震动自己躯体的强大武器时，都有成千上万的人死去，但计数只增加了几百。神之愤怒所有的导弹都已经用光了。那些渺小的步兵在引擎下方离得太远了，让他没有挥动链锯拳的意愿。但在屠杀时，泰坦的大脚发挥的作用不亚于任何科技武器；热熔炮更是能把成群的活人化作热腾腾的蒸汽。

虚空盾在弹雨的密集射击中颤动。主武器的聚变轰鸣声就像海浪的拍击声一样有规律地重复着。每次开火，反应堆都会循环运转。这种反应堆运转声几乎已经成了邓克尔存在的一部分，他早就注意不到这声音了。泰坦的脚在地上掀起持续不断的地震。邓克尔已感觉不到自己的身体。他和他的部下、他们的机器，都是万机之神的神圣意志下的一个整体，合而为一用来处理死亡的事务。

某种奇怪的感觉，将邓克尔从被祝福的合体中抽离了出来，那是一道划过现实表面的波浪，就像平静的水池上的一圈涟漪般轻柔。

神之愤怒朝西方望去，死灵军团依然坚守在阵地，与强勇军团和圣火军团持续交火。突然，他的地图上蹦出了一个危险信号，邓克尔随之转向东方。有三个完整骑士家族的瘟疫叛逆骑士，正沿着昨天死灵军团阶段性撤退的路线往回移动，试图对奥伯龙军团进行侧翼包抄，并攻击圣火军团的后方。

一次新的攻势的迹象。

"我发现了敌方小型引擎的行动，坐标（339，768）。敌方骑士部队正快速移动中。"

"消息确认，明白无误。"乌舍津在通讯里回复。

骑士们只不过是先锋。比泰坦还要大的巨大块状物体正从雾中浮现，也许它们来自其他维度，从虚无之中幻化出实体，出现在此时此地，来对抗万机之神的泰坦们。在原本空无一物的位置上，现在肯定出现了什么。

邓克尔眯起眼。无论是他的肉眼，还是神之愤怒的视觉，都无法看清楚那里发生的事。

"净化占卜，给我那些引擎的图像。"他下令。神之愤怒的号角阵列与他一同发出咆哮。

这些东西的轮廓看起来更像是建筑物而非引擎。它们都是高大的长方体，有点像堡垒。但它们不是建筑物，因为它们正在移动。

"获得可用的稳定图像，"塞恩神父从反应堆室发出通讯，"放大至最高倍率。"

一个像素颗粒图像突兀地在邓克尔的思维之眼中出现，将掠夺者级泰坦的玻璃镜头看见的画面反馈给他。

七座庞大的带轮塔车从雾中驶出，往帝国战线推进。成群长着野兽脑袋的亚人簇拥着塔车而来。

"齿轮和利齿啊。它们到底从哪儿冒出来的？"乌舍津在通讯中叫喊。通讯流突然在这时变得顺畅了，就好像敌人也有幽默感，想要品尝一下他们的沮丧。

"需要引擎识别描述。"神之意志的机长伦斯坦在通讯中说。他在几百米后方，看不太清前面的情况。

"它们都是塔楼，带轮子的塔车。"数据卷轴在邓克尔的信息注入显示屏中滚动着，忽然他迟疑地停顿了一下，"它们是由……木头做的。"邓克尔报告。

"这种玩意怎么可能成为威胁？"伦斯坦问，但他并没有嘲笑的意思。邓克尔能从数据歧管中感觉到对方很不安。宇宙的法则已经被颠覆了。他们正与噩梦编织出的存在战斗，那为什么一座木塔就不能很危险？

"小心为上。"乌舍津命令，"奥伯龙军团前进，以神之愤怒和神之意志为中心布阵。"

圣火军团和强勇军团的泰坦们也调整了阵形，以适应这一变化。当奥伯龙军团离开战线时，它们用密集的火力将死灵军团的泰坦牵制在原地。利用这个短暂的清晰通讯时机，各种命令在不同的指挥层级之间来回穿梭。

邓克尔放大了神之愤怒的占卜图像。黄色浓雾飞速掠过战场，又遮盖住了那些塔车，不再泄露出任何外形细节。

在忧虑中，泰坦们加快速度进行布阵。报复站定在神之愤怒的后面。它的武器已将敌人纳入射程，两架泰坦都瞄准领头的塔车一起射击。神之意志也开火协助。激光毁灭炮发出许多道红宝石色光束和一道最为强烈的淡红色中央光束，轰击着那座建筑。迷雾在光束周围旋转起舞，遮蔽着目标。

"我什么也看不到。第五中队向我报告，塔还在那儿吗？"乌舍津问。

邓克尔的心灵之眼盯着神之愤怒的外部图像反馈。那座塔穿过一团怒涛般的浓雾再次出现在图像中。塔车没有受损伤，火焰在它的正面闪烁摇曳，"塔车毫发无损。他们有护盾。"

"那就准备攻上去，用近战。邓克尔，你打头阵。我们会毫无畏惧地把它们打倒，让它们变成一堆废墟。第一中队，我请求你们转向，与叛逆骑士引擎们交火。"

"没问题，乌舍津，但你得干得漂亮点。"第一中队的高阶机长奥皮萨·艾利亚斯在通讯里说。

"别让它们靠近超重型坦克。科诺男爵，你可以援助我们吗？"

"能与你的神之机械并肩作战是我的荣幸。我承诺为你效劳。"

"神之愤怒、神之意志，最大功率前进。报复将会紧随你们。艾利亚斯机长，让你的中队前进到坐标（492，664），然后以所有火力进行远程攻击。掩护我们前进。"

报复和它的两架护卫以箭头阵势向前方行进，什么也无法阻挡它们。它们是帝皇复仇意志的化身。

在领头的塔车顶上闪烁着发射了绿光。一道被烟雾裹带的光芒划过天空，就像是一个骇人的巨大弹弓投掷出的磷光炸弹。

邓克尔看着那枚炸弹逐渐化作一颗猛烈燃烧着的彗星。各种防空武器沿着帝国军战线开火。曳光弹闪烁着好斗的火光，导弹猛击着那个下坠中的巨大物体，但都无法让它停下。当那颗彗星撞击地面时，一阵令人作呕的颤动摇晃着世界。一团半球形的绿色火焰在帝国军战线中冲天而起。能量的波动让通信网络中充斥着非人间的惨叫。神之意志也被击中了，一团幽火点燃了它的手臂。当这股力量侵袭那架泰坦时，神之意志的机魂就像一条撞到鬼魂的狗般颤抖起来。

"以王座的名义，那玩意是什么？"乌舍津通讯说。

他们没有收到这武器造成的伤亡报告。没有人能幸存下来报告损失情况。随后，数据流汹涌而至，无休无止。在那一瞬间有数千人死去。

"加速前进！"乌舍津下令，"死亡之箭第五中队，一边开火一边前进。我们必须摧毁这些塔！我请求军团指挥部立刻派出援兵。全体机长，将目标情报传送给友军。"

在神之愤怒身后，光束就像标枪般笔直飞过。被高热灼烧的雾气，在被激光扫清的通道周围疯狂起舞，科诺家族的骑士们将敌军步兵和装甲车都向旁边击退，但没有重型引擎的支援，它们推进不了多远。邓克尔驱使着神之愤怒大步向前。

现在七座塔车都隐隐约约出现了。绿色闪电球掠过迷雾，无论是发射还是飞行都几乎无声无息。

"虚空盾最大功率。准备迎接冲击。"乌舍津通讯说，"弹道——"

这是他的遗言。绿色彗星如雨般落下，四枚瞄准了报复，三枚瞄准了神之意志。

虚空盾湮灭时发出的静电咆哮响彻了通信网络。神之愤怒在噪声停止之前就已经在狂奔了，邓克尔那时甚至还没有意识到这声音预示着发生了什么。

引擎死亡。

报复的反应堆首先爆炸，卷起一团高热的旋涡，在地面上炸出了一个深达百米的大洞。神之意志在一瞬间后也阵亡了，猛烈燃烧着倒在了恶臭的泥泞中。它的等离子核心停止了运作，没有产生殉爆。但这架机器已经死亡，被破坏到再也无法行走的程度。

神之愤怒承受住了报复的反应堆毁灭带来的电磁风暴，尽管跑得踉踉跄跄，但它没有摔倒。从神之意志身上喷出的燃烧液体溅到了神之愤怒的腿上，将它的外框架烧焦了。神之愤怒为死去的兄弟们发出哀号，加速前进，冲进敌人在赫卡顿平原上制造出的泥潭深处。

"我必将赢得杀戮之乐！我必将赢得复仇之乐！"邓克尔咆哮着，但他无法分清这些话语到底是他自己说的，还是这架引擎用他的声带来说的。

领头的塔车穿过泥潭，庞大的车轮上沾满了污秽。它毫不在意地碾压着那些簇拥在基座下的半兽生物们，用它们的鲜血来润滑自己的轮子。

这座塔车根本不配称为引擎。它很像是那些落后民族的攻城塔，与万机之神的神圣战争造物全无相似之处。带有橙色条纹的铁板从头到脚包裹着塔车，但它本身的材料是未加工完成的木材。侧面有很多层被楔子劈开的木板。在塔车内部还保留着完整的树干。没有任何心智正常的人能忍受这上面长出的森林的丑陋模样，那些树错综复杂地缠绕在一起，让人看了觉得恶心。塔身全都被这些扭曲的木瘤覆盖着。树枝像恶毒的爪子般从树干上向外伸出。黏糊糊的藤蔓将所有的东西都捆紧在一起。像人一样大的钉子从木块上弯曲下来。朝前的三个塔面上装饰着奸笑着的巨大脸孔。它们的黄铜表面上布满了绿色锈斑。从它们张开的嘴里像舌头一样探出了原始火枪式的喷嘴。塔上的每一个缝隙都渗出液体,涂满了整座塔。塔向后倾斜,压在基座上。基座上有一个喷涌着毒雾的庞大发动机。与神之愤怒主炮一样大的发动机活塞推着最大的中央车轮转动着,带动这座塔车前进。这东西是绝对的野蛮与不洁的化身。

"烧了它!"邓克尔咆哮着。

他的命令是多余的,神之愤怒早已做出了决定。一团高热空气闪耀着出现在热熔炮前方,正中塔车中间。有一种怪异的能量聚集起来想阻挡神之机械的怒火,但并未成功。

当塔车的金属熔化,木材着火的时候,邓克尔感觉到他的机组成员和引擎都陷入了狂野的欢乐。他本该再次开火,但邓克尔已经控制不了这架引擎的好战灵魂了。神之愤怒控制了他的心智。泰坦猛冲向前,受伤的腿还在冒着化学灼烧的蒸汽。它开始笨重地奔跑,将巨大的链锯拳向后拉回,准备攻击。

神之愤怒猛烈地一拳打在塔车的侧面。这架攻城引擎是它的两倍高度,但基座很窄。它在轮子上摇晃着,在冲击下稍稍偏离了行进路径。在疯狂的放纵中,神之愤怒一拳打穿了这座塔车的腐朽的侧墙,链锯拳的锯齿带出了滴落着黏液的巨大碎木块。神之愤怒发出了号叫。骑士们从后方潜近,寻找着致命一击的机会。它们的战斗炮射出的三联炮弹在车轮上炸开,热能炮将轮子的中轴劈成两半。

塔车停下了,卡住的轮子冒着烟。上半部分熊熊燃烧。

"如果它能被弄伤,它也就能被杀死!"邓克尔咆哮着,准备送出最后的一击。

但这座塔给了他最后一个意外。

塔身上雕刻出的大嘴中,那些管子里喷出了腐臭的液体,呈扇形大范围向下抛洒。污秽如雨般落在塔车前方半圈,浇在神之愤怒和在他脚边徘徊的骑士们身上。

虚空盾断断续续地闪着火花。液体泼溅的速度很慢,因此无法突破快速反应的护盾，但那些液体却和护盾力场以某种奇怪的方式发生了相互作用，就像护盾是固体般沿着它向下流动。在一些地方，液体冲刷了过去，重重拍打在泰坦的装甲板上。陶钢合金起泡了，塑钢在燃烧。装甲熔化的样子就好像是被等离子火焰灼烧的塑料。邓克尔在机器的痛苦中发出尖叫。神之愤怒充满怒火地咆哮着，声音里一半是痛苦，一半是蔑视。

　　塔车咯咯作响。在丑陋的背上突出的那些管子吹出了绿色的蒸汽，石像脸又开始了一轮新的喷吐。

　　这一次，掠夺者级泰坦的防护虚空盾没有做出任何反应，整团液体都在它躯体表面爆裂开来。强酸的洪流从正前方流下。腰旗烂成了线缕，油漆起泡流了下去，将地面斜坡染上了油污。电缆的绝缘层被腐蚀了。液压管道损坏和爆裂了。酸液以渗入柔软部件同样的速度渗入了金属，将掠夺者级泰坦的装甲板腐蚀成了海绵般的板块，向下垂落。

　　但死神还是给掠夺者留下了最后一击的机会。链锯拳猛挥向塔上的脸孔，从上面锯咬着穿过，割裂了塔车内部的水箱。大片的剧毒液体从塔中溢出，让它上面那些由树枝和霉斑组成的丑陋花园都剥落下去。塔车的整体框架就像掠夺者泰坦一样被迅速溶解。

　　泰坦四分五裂，倚着塔的正面滑了下去，尽管双腿都已从身躯脱落，但双臂仍然用挑衅的姿势紧抱着塔车。

　　神之愤怒跌落到正被腐蚀冒泡的大地上，随着自身的溶解沉入其中。三架骑士也在它旁边倒下，溶化殆尽。它们的家族骑士们鸣响了仇恨的合唱，这些合唱由机器而生，由机器演奏，以战斗炮和聚变炮的形式，飞进了神之愤怒的最后一击在木塔上捣出的大洞。塔内的混合物剧烈燃烧起来，然后猛然爆炸。骑士们高声发出复仇的吼叫。

　　第一座塔终于被阻止了。

　　当他的机器在身边死去时，邓克尔发出了惨叫。之后当那些酸液渗透入驾驶舱的甲壳，溅到他的血肉之躯上时，他又再度惨叫。神之愤怒为他们的共同死亡而悲鸣，它最后的吼叫一半像是雷鸣，一半像是狮吼。随后，酸液吞噬了他们之间最后的联系，掠夺者级泰坦陷入永恒的沉眠。

　　剩下的凋零塔，还在无情地向帝国泰坦的战线滚滚驶来。在它们之后，恶魔军团正昂首阔步。它们从凡世之外赶来，成群结队地出现在雾中。蒸汽浓厚地凝聚成恶魔的形体，原本空无一物之处出现了成千的大军。走在最前面的是数不清的纳垢灵，但紧随其后的瘟疫使者们依然还在不辞劳苦地试图统计它们的数量。大群的恶魔苍蝇从污秽的云端降下。东倒西歪的成群野兽对这有趣的场面兴奋得咯咯发笑。大不净者们在它们的奴仆之间如鹤立鸡群——这些庞大臃肿的肉山摆动着走向敌人。它们的躯体正在骄傲地展览着所有形态的可怕疾病和残疾。每一个大不净者身上都散发着腐烂的臭味，但在它们布满痘疤的脸上，都有一对充满了邪恶智慧的眼睛。腐烂和瘟疫让纳垢的子嗣们更加强壮。在它们肥软的肉体中栖息着敏锐的思维。它们今天暂时把戏谑的心情抛开一边，精心谋划着对付敌人。

鼓声隆隆，号角呼啸。噩梦般的疯狂音乐污染了活人的心灵。莫塔瑞恩大军中的凡人部队在瘟疫军团来临时倒下死去。死亡守卫向他们的恶魔盟友致敬，期待着自己接下来的任务。

随着恶魔们显露实体，苍蝇阵形的头部长出了巨大的双眼和一条长喙。拥有了无生者的力量，莫塔瑞恩准备摧毁他的敌人。

位于恶魔大军中央的，是瘟疫守卫。它们是古加斯的近卫军，是纳垢最强大的军团之一。瘟疫守卫由七位最强的大魔统率，这个军团的人数是其他军团的三倍，而战斗力则是其他军团的七倍。

它们穿过恶心的沼泽，管乐声号泣悲鸣，计数声嗡嗡作响。从腐臭的喉咙中，外吐着荒唐而阴郁的重复旋律。

古加斯的轿子走在这群怪叫着的群魔的最前方。在它周围，是它的六位副手：败血病、乞徒、坏喉咙、极度肥胖的饥荒、黑死病和矮子。

要是普通人类目睹了这支军团，就会被诅咒发疯。尽管它们的力量远超凡人想象，但对这群纳垢的子嗣们来说，这次行动一切都不顺利。亚空间正逐渐对帕梅尼奥失去控制。从它们主人的花园里吹来的清爽微风正在减弱。亚空间的影响力虚弱得几乎不足以维持它们的存在。每一次行动、每一次施展巫术，都让这些力量进一步变弱。塔车上的灵魂熔炉提供了一些帮助，用窃取的精髓供养着恶魔，向它们的体内吹送变化之风。但已经有一座塔倒下了。如果其他塔车都被摧毁，恶魔们也将步其后尘。

"快点！快点！"败血病叫嚷着，"这场战争让瘟疫之父不得不离开它的工作！古加斯必须尽快回到亚克斯，制造出有史以来最伟大的瘟疫。快点！快点！"

其他的副手们娴熟地用鞭子抽打着部下们的脊背，每次挥鞭时都哈哈大笑。

败血病的巫术幻视看到人们的灵魂烛火在迷雾中摇曳。尽管它们的数量正成百上千地持续下降着，在被带往亚空间时闪烁出明亮的光芒，但总数依然非常壮观，适合摆放到任何一座沉闷的魔殿里。尽管这幅景色很美好，当品尝它们时也一定很美味，但这些渺小的存在并非败血病的狩猎目标。它寻求的灵魂，比其他凡人的灵魂都要更加明亮，几乎就像它自己的一样亮，因为它要猎取的对象在亚空间和实体世界中都同时存在。

忽然，莫塔瑞恩扇着飞蛾般的双翼俯冲而来，围着古加斯摇摇晃晃的轿子盘旋。

"找到我的兄弟，逼他出来。"莫塔瑞恩说。他的嗓音就像是含着一口痰在低语。他的翅膀在迷雾中掀起了小小的旋涡："但别杀死他。不能在这里。把他弄伤，感染他，粉碎他的军队。但必须让他活着！必须把种子种在绝望的土壤里，再让它们开花。我们得先把基里曼变成孤家寡人，最后再去亚克斯结果他。"

古加斯满脸怒容。败血病这次没有拿他的管乐，而是带着瘟疫连枷和瘟疫剑，它打断了莫塔瑞恩喋喋不休的唠叨，回答说：

"把他引诱进来，抓住他，然后我们就去亚克斯，在那里完成对原体的计划，把这一切毫无生命力的不毛之地全都毁掉！"

其他大魔纷纷窃笑，只有黑死病发出喧闹的大笑。

莫塔瑞恩理解不了它们的幽默感。他像古加斯一样板着脸："找到他！"他嘶声说。当莫塔瑞恩飞走时，大不净者们都对他的装腔作势放声嘲笑。

坦克群闪烁的轮廓就像是纸灯笼，被内部机组人员的灵魂照亮。泰坦们则像是异教仪式中被点燃的庞大的柳条人偶，他们的怪异机魂在半梦半醒的生命中发亮。从后面赶来的步兵大军犹如一片摆动的小亮点组成的海洋，每个步兵像在夜晚浪花中发光的水中生物，神秘，却又脆弱不堪。

在败血病这一侧的战场上，灵魂光芒带有不同的性质：红色的就像是旧疮疤，黄色的像是快破裂的脓包。这是一片病态光芒翻腾着的炽热区域。腐化的战争引擎闪烁着内部被奴役的恶魔的怒火。宣誓效忠圣父的凡人们都是正在逐渐消退的水泡。巨大的凋零塔闪烁着剧毒的绿光，被内部熔炉中燃烧着的灵魂所照亮。在两军阵线交错的地方，光芒互相融合，蓝白色与病态红色的微尘旋转舞动不休。

"他在那儿！"乞徒气喘吁吁，举起一条瘦削的胳膊指着。漆黑的手指因为麻痹症而抖动着。

败血病朝那边望去。有一个几乎完全显现出来的巨大轮廓，在三十架超重型坦克后方缓缓行驶。在它顶端有个纯洁而强大的灵魂，仿佛遥远海岸上的一座灯塔，就连感知到它，仿佛都能对败血病产生伤害。

"基里曼！"败血病呼唤，"基里曼就在那里！他来了！他来自寻死路了！前进，我的美人儿们，前进！"

锈蚀的巨钟嘹亮地响起。恶魔军团摇摇摆摆地前进了。瘟疫守卫们走在最前面。

在空中，莫塔瑞恩发出了狂喜的尖叫，俯冲向地面。

"出来，我的兄弟！"他吼叫说，"出来见我！"

莫塔瑞恩在瘟疫守卫们上空盘旋。在这片喧闹的方阵上空，他又一次大喊："罗保特·基里曼！出来！出来！"

他的挑战得到了回应。利维坦指挥车停下了，前方活动梯开启。

基里曼现身了。莫塔瑞恩跃入高空。

第二十四章
英雄折戟

当帕里斯小队跑到内侧的射击间，从上方俯瞰被攻破的城门时，十字堡第二门正在爆炸中震动。从当前的位置，查士丁尼只能看到一条通往城门上的大洞的小路。金属在熔化中发光。周围陷入了片刻的宁静，他只能听见自己装甲发出的轻柔警报声。有几个系统受损了，密封性受损。他已经不能再信赖这件装甲来抵抗敌人的疾病。

他关掉了警报。现在没有任何办法来处理这些损伤。他举起爆矢步枪瞄准着堡内广场。

排成一条弧线的终结者们正在等待着敌人。上千支枪炮都对准了城堡广场的入口。

沉寂持续了片刻。每一名战士都纹丝不动，枪口指向城门的缺口处。仿佛连人们的呼吸都凝固了。

低沉的吼叫声在隧道中回荡着传来。

敌军冲向守军组成的这堵死亡之墙。

莫塔瑞恩的子嗣们开始战斗。他们在阵前推着重型盾牌，将他们的剧毒手榴弹从上方投掷过来，用令人敬佩的训练水准通过盾牌的射击孔开火。但无论是普通的护具还是神力的保护，都无法让他们躲过新星战士们倾泻进城门缺口处的怒火。数十人倒下了，他们的盾牌被激光炮和热熔光束烧穿。但数不清的敌人，在对星际战士们无法遏制的仇恨的驱动下汹涌而来。在后方的人强迫那些臃肿的死者前进。一寸一寸地，一具尸体一具尸体地，死亡守卫们夺取了广场。在彼此连锁在一起的攻城盾和轮式堡垒车的掩护下，他们展开队形，随后收起盾牌，如潮水般扑来。更多的敌人在此刻倒下了，就像腐烂花朵的花瓣般翻滚落地。但每一次攻击退潮都让下一次攻击冲得更远，更深入新星战士第一连的枪炮射程。战场的噪声非常巨大，让自动感知系统都被震得失去了作用。查士丁尼装甲内置的系统抑制了喧嚣声，只让他听见无数支枪开火的闷响和一阵噪声。

帕里斯小队向下方的城门内侧开火。死亡守卫们是如此紧密地挤在一起，以至于帕里斯小队根本不可能射不中。古老的头盔被炸出了更大的裂口。那些本应该在三百个世代之前湮灭的生物，终于迎来了结局。

如果战斗以这种方式继续下去，也许我军迟早都能逆转局势。但在外面，在那片杀戮场上，敌人正不受阻拦地穿过城墙进入。外圈的守军已经全都病死、被毒死，或是撤进了内部。死亡守卫的瘟疫战士们并非唯一的敌军部队。

"据点罗-7的城墙已被攻破，急需支援！"

查士丁尼忽略了这条通讯。罗-7在一公里外，远到无法前去帮助。他的战场就在这座城门。近在眼前的缺口要比通讯报告紧迫得多。

"到门口去。"他命令马克森提乌斯·德朗蒂奥，"用火力覆盖入口处。"

他的副手刚赶到门口，就立刻回头对房间里大声喊叫："他们正沿着内部通道过来！"

查士丁尼诅咒了一句，用爆矢步枪朝下方最后射了三发，随后就和马克森提乌斯·德朗蒂奥一同过去。沿着城墙内侧有一条侧翼走廊，将城墙内部的各个防御点连通在一起。一百米外的一组强化门被炸开了，瘟疫战士们正沿着走廊向帕里斯小队的位置走来，这里是这条防线的最后一个阵地。士兵们从堡垒里向敌人侧面射击，但随着敌人一个接一个地扫荡过射击走廊和掩体，守军都被消灭了。

查士丁尼开始射击，马克森提乌斯·德朗蒂奥也紧随开火。他们的子弹洒向一名领头的敌方战士。那个巨人身穿被腐蚀的绿色铠甲，上面流淌着漆黑的脓水。他在爆矢弹的冲击下被打得翻身起舞，吸收了足以杀死一个排的凡人士兵的爆炸力，才最终倒下了。他的同伴们检视了一下查士丁尼和马克森提乌斯·德朗蒂奥藏身其中的那座内嵌强化门，随后撤退了。

"我们打了十四发爆矢弹才要了他的命。"马克森提乌斯·德朗蒂奥一边说，一边寻找着隐蔽处。

"穿甲手榴弹。"查士丁尼说。

他们往道路上扔了一枚手榴弹，沉闷的爆炸声迫使敌人退得更远了一点。

"封住堡垒的门。马克罗斯，火力覆盖它。"

防爆门砰然关闭，活塞锁随着坚实的撞击声合拢了。

"在墙内的敌人进入我们的位置之前，我们必须尽可能杀掉足够多的外头的敌人。"查士丁尼说。

"是，"马克森提乌斯·德朗蒂奥说，"因为他们迟早会进来的。"

查士丁尼将注意力转向外头，广场上的情况已经变得更糟糕了。在城墙上出现的多处突破口，迫使多瓦罗调走了很多在城门前阻击敌人的部队。警报声从四面八方响起，但在枪炮无尽的轰鸣声中只是隐约可辨。敌人从防御工事内部的城墙通道中蜂拥而出。起初人数不多，只是一点干扰，但他们持续不断地增加着。新星战士遭到侧翼包抄，伤亡惨重。终结者们仍然坚守不动，他们的武器因为开火过于频繁而冒烟。但在他们周围，那些只穿普通动力甲的战士们就没有这样幸运了。许多战士在等离子光束和爆弹之中倒下；随着那些奋勇为主人的武器装填弹药的仆从们纷纷战死，战士们的枪炮在弹尽后无法得到补充。查士丁尼和他的部下们从高处向异端阿斯塔特的大军开火，但他们的射击几乎无法撼动敌人分毫。

有一段时间，战局摇摆不定。新星战士挡住了死亡守卫。然后转折点来临了。新星战士第一连得不到新的弹药。随着弹仓耗尽或是仆人被击倒，新星战士的武器都陷入了沉寂。莫塔瑞恩的子嗣们占据了上风。没有了新星战士第一连的持续火力，更多的死亡守卫涌入了广场。很快这个区域内就挤满了人。敌人疯狂咆哮着，与终结者们展开了凶猛的肉搏战。

"他们正在突破！"查士丁尼咆哮着，朝堡垒下方的那堆破裂的铠甲和染病的肉体的集群猛烈地射击。

布鲁塞勒斯正在翻弄着地板上的弹药箱。

"士官兄弟，我们的弹药快用完了。"他说。

"数量还有多少？"查士丁尼一边射击一边问。

"十五个弹匣。"布鲁塞勒斯说。

"把它们分发下去。立刻。不要停。在子弹全打光之前，一直射击。"

门上传来了第一声砰响，随后是磁力锁贴上的咔嚓声。片刻后门上响起了聚变的轰隆巨响。

"是热熔弹。"马克罗斯说。他调整了一下枪，尽管之前准心已经设置得很完美了。金属嘎吱作响，防爆门扛下了这一次爆炸。

237

"陶钢很坚硬，他们还得花点时间才能突破。想要砸开我们的壳，他们得找点更好的东西来。"马克森提乌斯·德朗蒂奥说。他的声音中带着讥笑。

"他们会找到的。"查士丁尼环顾了一圈周围的人，"不过，在他们成功之前，我们还得战斗下去，直到最后一颗子弹用完为止。"

一阵可怕的嗡鸣声响起，就像一百把链锯剑同时开始转动般响亮，压倒了战场上所有的噪声。

"王座在上，发生什么了？"阿基里斯说。他受伤的手臂挂在身旁，但右手中的爆矢手枪还在冒烟。

查士丁尼转向射击孔，发现了一幕新的恐怖景象。从城门大洞里，涌入了一团嘶吼着的苍蝇之云。它们有翅膀、复眼、六条腿，以及所有泰拉昆虫的特征和形态。但相似之处仅限于外观。它们都是恶魔的眷族，瘟疫之神的王国中的一种疫病。它们的双翼携带着死亡。它们翻腾着从堡垒射击孔前掠过，短暂地遮蔽了查士丁尼的视野，随后盘旋着俯冲向广场上的守军。

恶魔苍蝇成群地围攻着守军，所到之处杀戮遍野。铠甲被腐蚀成了细小的碎片，铠甲内的星际战士变成了疾病缠身的残废。蝇群不断扩散，腐蚀着接触到的一切事物，并让那些没法彻底摧毁的机械都被堵塞卡死。

在蝇群的中央，出现了一个庞大的独角巨人，他披挂着古老的终结者甲，双手拿着一柄巨大的镰刀。从他的背后，长出了骨质的排气管，蝇群还在不断从这些管子里飞出，汇入无穷无尽的苍蝇之河。

"泰拉的黄金王座啊，那是泰丰斯，死亡守卫的第一连长。"马克森提乌斯·德朗蒂奥说，"要是我有机会干掉他的话……"

"祈祷他没听到你的话吧。"查士丁尼说，"他可以干掉我们所有人。"

纳垢的先驱与瘟疫蝇巢的主人已到达战场。

一位终结者过去试图阻拦他。泰丰斯朝他伸出手，那名老兵就立刻跪倒在地，从呼吸栅格中咳出黑血。

泰丰斯挥舞起镰刀，冲破了阻挡城门的封锁线。星际战士们在他的刀光下被斩为两段，仿佛他们身上的铠甲都是纸扎的一样。从泰丰斯背后出现了他的终结者卫队，每个人都像主人一样臃肿但势不可挡。他们紧跟着泰丰斯，与身穿蓝白相间铠甲的远亲们彼此厮杀，继续一场从远古持续至今的漫长战争。查士丁尼小队剩下的人都朝叛逆连长的亲卫队开火射击，但他们的爆矢弹在古老的护盾上一闪而逝，或是在扭曲虬结的铠甲上毫无效果地爆炸。

泰丰斯傲然大步走向终结者们背后的兰德掠袭者。从城墙内侧射下来的火力已经明显减弱了。查士丁尼继续有规律地瞄准和射击，他的子弹在下方敌人终结者的护罩上炸开。但瘟疫蝇巢的大群苍蝇遮蔽了他的视线。那些蝇群还在继续扩散，杀死了所过之处的一切。主通讯频道中传来一阵阵惨叫声：急迫的求救、恐慌的报告，以及作为背景音的枪火声和叛徒们的恐怖颂歌。

在终结者之后，又来了更多的瘟疫战士和恶魔。他们蜂拥而来，将新星战士第一连的老兵们击倒在地，扩大了缺口，让更多的污秽之物穿过城墙。新星战士的战线后方那些训练有素的齐射，随着敌军逼近，已经变成了杂乱的局部交火。兰德掠袭者的引擎轰鸣着向后退去，拉开自己与攻击者之间的距离。它们在主通道的深处组成了第二道防线，持续对死亡守卫射击。泰丰斯面无惧色地踏入它们的弹雨之中。激光炮的射击在他的能量护盾上爆炸弹开。泰丰斯再度举起了手。大气在他的拳头周围盘旋，能量在他指间噼啪作响，随后他猛地一挥手臂，一辆兰德掠袭者被撞到墙上，履带发出刺耳的尖叫。泰丰斯又捏紧了拳头，那辆坦克顿时被压皱了，粉碎的装甲板炸飞到墙上，击倒了成群的忠诚派士兵。

从帝国军防线后响起了火焰的咆哮。淡紫色的火焰巨浪从左向右焚烧着恶魔蝇群，将它们从天上一扫而空。

一个小队的灰骑士兄弟，手持长柄动力武器，身穿闪闪发亮的蓝银色终结者铠甲走上前，挡住了泰丰斯的道路。与他们一同出现的，还有新星战士战团长多瓦罗和他的荣誉卫队。

"将他们击退！"多瓦罗喝令，"把它们掷回亚空间！我们为马库拉格而战！"

带着沉默的挑衅，泰丰斯举起巨镰。亚空间的闪电在刀刃上噼啪作响。

查士丁尼将步枪的准心放在了第一连长身上。他刚才一直没找到这么好的瞄准机会。查士丁尼扣下扳机，枪"砰"地空响了一下。查士丁尼咒骂着换上一个新弹匣，但现在他已经很难找到合适的射击目标了。在广场中央，混战的旋涡已进入高潮。泰丰斯以可怕的优雅动作移动着，他那庞大的病体丝毫没有妨碍他的战技。那柄巨镰并不适合现在的战斗环境，但泰丰斯就像在用一把双刃细剑般巧妙地挥舞着镰刀。在人屠毒镰的刃锋上和他手中都闪烁着病态的光芒。灰骑士的战士用几乎不相上下的战技猛击和劈砍他，他们的头盔上都闪耀着纯净的亚空间能量的光环。但泰丰斯已经战斗了整整一万年。从他还是个孩子的时候起，就已经浸淫于魔法的领域。他对利刃和亚空间都同样精通。一名灰骑士被一道黑光的标枪刺倒在地。另一个灰骑士被泰丰斯的镰刀一分为二。灰骑士的长戟根本无法伤及死亡守卫的第一连长。人屠毒镰那光滑的木柄本该在戟下断裂，却挡下了一击又一击。锈蚀的镰刀挥开了每次的刺击和劈砍。泰丰斯迫使最后三名灰骑士后退，用锈铁镰刀看不清的一扫斩断了其中一人的胳膊。那名灰骑士大叫一声倒下，从他的受伤处出现黑色的纹路向全身蔓延，污染了他庄严的铠甲。

一声大喝如惊雷般响起。

"泰丰斯！叛徒，疾病和污秽之主！我挑战你！我蔑视你！"

巴丹·多瓦罗，新星战士之主，迈步走向战场。

凭借巫术的力量，泰丰斯将最后两名灰骑士扫到一旁。泰丰斯的护卫们向他们扑去，手中的镰刀高举挥落，划出鲜血的弧线。多瓦罗的部下冲上来拦截泰丰斯的护卫。当两位主人对决时，他们属下的三对勇士们也同时展开了厮杀。

没有装腔作势，也没有唇枪舌剑，两人凶猛地互相攻击，他们都穿着终结者动力甲。多瓦罗身上的是不屈型终结者甲，更灵活一些；泰丰斯身上的则是铁骑型终结者甲，更迟缓但拥有强大的力场发生器。多瓦罗发起了一系列的快速猛攻，他的双手动力剑噼啪作响。泰丰斯后退着，双手挥舞巨镰，将多瓦罗巧妙而致命的攻击全都躲开了。

"多瓦罗正在压倒那个叛徒！"布鲁塞勒斯叫喊着，"胜利就在眼前！"

看起来是这样的。战团长的战技是如此巧妙，查士丁尼觉得泰丰斯一定会被击倒，这一天的胜利将会属于我方。他目不转睛地注视着双方展示的武技。

泰丰斯又退了几步，耐心等待着，直到他发现了一个查士丁尼都没能看出来的破绽。他的镰刀无情而准确地挥出，割裂了装甲。多瓦罗猝然停住，战斗装甲的补强肌肉系统在混乱的感官输入下抽搐着。他的剑掉了下去，多瓦罗伸手抓住深深埋进自己胸膛的镰刀刃。

从泰丰斯的白色头盔中发出了含糊不清的笑声。他将镰刀扯了回来。刀刃整个切开了多瓦罗的胸腔，分解力场让陶钢、骨头和血肉一起湮灭。多瓦罗残留的内脏被从肚子里钩了出来，散落在地板上。

战团长在那一刻战死。

"一切都完了。"布鲁塞勒斯说。

"别说这种话！"查士丁尼吼叫着。战团长之死出乎意料地直击他的心灵。多瓦罗原本是他可以为之效力的一位英雄。

在惊愕中，新星战士们仍坚守不退，但那些较弱的士兵都已魂飞魄散。他们表现得如此恐惧，查士丁尼甚至很奇怪他们刚才竟然能坚持这么长时间。忠诚派的战线动摇了。

"瞄准叛徒的护卫！撕掉他的保护网！"查士丁尼再次开火，利用愤怒带来的冷酷之情来保持他的瞄准精度。他的爆矢弹闪烁着命中，但每一发都被叛徒们的能量力场和重型装甲弹飞了。爆矢弹在泰丰斯的部下们周围爆炸。城墙内剩下的星际战士、兰德掠袭者组成的坦克部队也都在朝他们射击。有一名敌人被击倒了。那是一个没有眼睛，长着食人鲨牙齿的恐怖怪物，身上的终结者甲被生锈的铁丝缠在一起。其他的叛逆终结者都哈哈大笑，毫不在意那些能将一台无畏机甲炸得粉碎的猛烈轰击，继续着屠杀。他们为主人收割的血肉堪称一场大丰收。广场的地板上血流成河，他们仍然奋力前进。城墙内侧的开火已经逐渐减少到悄无声息。敌人从多个地点突破进入。不久后，死亡守卫就将冲入坦克群当中，摧毁守军的最后一道防线。

查士丁尼很快就耗尽了弹匣，当他伸手去摸腰带找替换弹匣时，却发现已经空无一物。

"弹药！"他大喊。

"我们也没有了！"布鲁塞勒斯说。

"兄弟，门外出事了！"马克罗斯的叫声让查士丁尼急忙望向防爆门。

重击声响起。在一阵短暂的沉默后，一个庞大物体被拖到门前的声音传来。钻头刺耳地开始钻入金属板。一连串不祥的砰砰响声透过门板传来。

"他们就要进来了！"马克森提乌斯·德朗蒂奥说。他丢了爆矢枪，拔出爆矢手枪和战斗刀，"等他们一冲过来就丢手榴弹，随后用刀子和手枪！"

查士丁尼也扔下了没有子弹的步枪。外头，有一个新的挑战者走到泰丰斯面前。那是一位灰骑士，一位灵能大师。他的铠甲是一片炫目的银色。他的装甲片上闪耀着神秘的光辉。复杂的徽章装饰着他的肩铠和侧面。一个亚空间能量光环在他头上盘旋。他的大戟上闪烁着奥术的力量。

防爆门外的噪声已达到了高潮。

"准备好！"马克森提乌斯·德朗蒂奥说。

在广场上，灵能大师和泰丰斯战斗着，这场交手的激烈程度不亚于多瓦罗刚才的那一战。灵能大师的巫术能力不下于泰丰斯，当他们展开灵魂对决时，空气中充满了恶魔般的尖叫和号哭。

一声巨响从门外响起，让查士丁尼从广场上的决斗收回了注意力。当他又朝射击孔外瞥了一眼时，发现那位智库正向前猛冲。

随着一声恐怖的惨叫，泰丰斯踉跄着，对手闪闪发光的长戟刺穿了他的铠甲。鲜血从伤口处渗出。灵能力量从那件武器迸发出来，叛徒摇摇欲坠。

查士丁尼还在想着有可能胜利，但碉堡的防爆门就在这时向内炸开。他最后看见炽热的金属破片撕裂了马克罗斯的身躯。随着爆炸笼罩了他，查士丁尼眼前只剩下炫目的光芒，而后一切都归于虚无。

第二十五章

世界的命运

尤兰特把少女带上了阿尔沃斯运输艇，她的修女姐妹们为了阻挡星界军而纷纷殉身。

当士兵们突破大门进入时，她们已经离开了。运输艇在夜空中飞过港口的狭海，沿着海岸线飞到了某处，那里有一辆深红色的犀牛运兵车在等候着。

尤兰特关闭了通信系统，禁用了她的装甲识别信号，这样她就不会被追踪到。少女紧张不安，眼睛眨也不眨地盯着前方。运输艇从提洛斯飞出，紧贴海水表面飞行。没有了提洛斯岛的遮蔽，此地的河海变得波涛汹涌，海浪拍打着快艇的船壳。

少女一动也不动，身体陷在安全座椅里。尤兰特的目光不时扫过六星锁被熔化后的残余部分。少女的睡袍被高热烤煳了，衣服上被划开了长长的口子，上面残留着焦黑的丝线。但她的身体依然保持着纯净，没有增加新的伤痕。

"对不起。"这是她唯一听到的少女说的话，"对不起。"

事情是这样发生的。

杀害德沃罗斯之后，尤兰特走进房门，她的爆矢枪瞄准了遗忘骑士。要与一位帝皇的近侍女仆战斗，让尤兰特的心中充满了亵渎神明的刺激。

"我以帝皇的名义带走这个女孩。这场战争的胜利需要她。"尤兰特这么说，但很清楚对方不会听从。

寂静修女已经做好了战斗准备。尤兰特一进房间就举枪射击，但寂静修女的动作太快了，尤兰特的爆矢弹并未伤到她，只是炸破了墙壁。在少女的尖叫声中，遗忘骑士开始攻击。

尤兰特的武技在她的修道院中很有名。她认为自己是个活生生的证据，证明了武装起来的女人可以和男人一样善战。她是战斗修女会的一位冠军。

无论是异形、恶魔还是异端，都曾倒在她的剑下。

但她从未与阿夏拉·沃伊这样一位对手交战过。

遗忘骑士将大剑的剑刃挥向前方朝她冲来，尤兰特扔掉爆矢枪，一瞬间拔出并激活了动力剑，挥动武器做出一个拦截，把沃伊的武器撞开。两柄利刃交错时，能量力场噼啪作响。沃伊速度极快，一边脱身一边斩向敌手的大腿。尤兰特挥剑一圈，对手的剑刃从她大腿边仅差几厘米的位置滑过。尤兰特的动作又快又准。她的出招很完美。但沃伊更胜一筹。

"停下！"尤兰特说，"没必要用这种方式来解决。让我带走这个女孩。我是奉帝皇之命行事。"

从护颈甲的深处，沃伊的眼睛闪烁着仇恨的目光。"你背叛了你的誓言。"那双眼睛仿佛在说话。"你背叛了你自己。"她再次攻击，转身举剑，将她的大剑嗡嗡作响地挥向尤兰特的咽喉。

尤兰特闪身躲开，动力甲的力量帮助她跳得很远。她沉重地落地，动力背包撞到混凝岩上发出响声。沃伊已立刻扑来，大剑就像长矛般刺向战斗修女。尤兰特沿着墙壁往旁边一滚，没有来得及挥出的兵刃擦过地板。随后她又再次翻滚逃开。沃伊的剑刃深深插入混凝岩中，分解力场在墙上炸出了一个冒烟的坑。以迅雷不及掩耳之势，沃伊再一次发起攻击，尤兰特终于开始感觉到恐惧了。

尤兰特快速招架了三次，头顶、左边、右边，手腕向下挥动以格挡对她身体的打击。沃伊的速度太快，尤兰特根本无法以反击或者强攻来扭转危局。外面的战斗喧嚣声正变得越来越大，在爆矢弹推进器的轰鸣和爆炸声中，混入了越来越多的激光穿梭声。德沃罗斯的兵团正在涌入。尤兰特必须尽快结束战斗。

但她唯一能预见的结局，就是自己的失败。沃伊比她更强。

遗忘骑士无情地攻击着一直招架的尤兰特，迫使她远离少女。沃伊那令人欲呕的空白灵魂，使得尤兰特难以承受。她的反应神经变得麻木，她的胃肠不适，她的力量正以比以往任何一场战斗都更快的速度流失。她无法集中注意力。面对沃伊那虚无的存在，尤兰特仿佛能看到自己的所思所想，这让她更加恶心——她对荣耀的渴望，对职责的迷恋，对个性的摒弃，还有她的骄傲。沃伊就像一面无情的镜子。与这位女子对帝皇的伟大奉献相比，尤兰特觉得自己变得肮脏而渺小。

"停下！"尤兰特再度叫喊。对方双手大剑的重击把她向后甩了出去。"你和我一样都理解帝皇。我们都是他的仆人！我正在履行他的意志，你也一样！"

沃伊的目光就像钻头般刺向尤兰特。她又举起了大剑。尤兰特几乎没能看清这一击。大剑斩过她的身边，切开了她侧面的铠甲。剑锋在她的肌肤上划出了一条火辣辣的伤痕。

剑已收回，即将再次斩出。

"停下！"一个声音突然响起。是那一位的声音。尤兰特在听到的同时就发出了呻吟。这句话犹如一根钉子插进她的耳膜。她几乎能尝到流进嘴里的鲜血。

"现在停下，"那声音再度响起，"我命令。"

尤兰特和沃伊都陷入了震惊。这些话与其说是带来了压力，不如说是直接刺伤了她们。刚才抱膝而坐的少女从床上站起，飘浮在空中。金色的光辉从她的肌肤上升腾而起。六星锁变得红热，随后变白，最后随着一股蒸发的热浪挥发成了灼热的蒸汽。

少女安然无恙地向上飘起，笔直地转过身，肮脏的双足悬在离地板三尺高的位置。在她的双眸中光芒燃烧最盛。那是神圣之光，是帝皇之光。

沃伊停住了。尤兰特阴险地抓住了机会，她一边自我嫌恶着一边挥剑攻击。但沃伊察觉到了。她的大剑护手架住了尤兰特的剑。两人冲向对方，直到彼此面对面靠在一起，铠甲互相碰撞着，鼻尖几乎相触。这时，金光也变得更加耀眼了。

沃伊一摇头。她猛地一扭剑柄，将尤兰特的武器劈手夺过。动力剑在地板上弹开了，动力力场自动切断，很快就滑进了房间的角落。

沃伊贴近身来，准备结束尤兰特的性命。

"不。"那个神圣的声音说。沃伊弯着腰猛地横飞出去，就好像被巨人的一鞭扫中。她撞到墙上，摔了下来。

尤兰特抬头望着漂浮的少女，能量的光环将她笼罩。少女回望了一眼。那目光中带着力量和专断，所有的意志都无比强大。

"噢，我的主人。"尤兰特说。她双膝跪下，低下头，紧闭双眼，等候判决，"噢，我的帝皇。"

"对不起。"少女说，那是她自己的嗓音，"对不起。"

光芒消失了。一个身躯轻柔地撞在地板上。尤兰特睁开了眼。少女正躺在地上，轻轻呼吸着，盯着天花板。她眼睛周围的皮肤上烫起了水泡，原本的雪白色变成了红色。泪水顺着她的脸颊流下。门外，自相残杀的枪声和爆炸声还在持续着。

尤兰特的伤口痛得抽搐了一下。她收回自己的武器，随后抱起少女。尤兰特瞥了一眼失去知觉的寂静修女，判断她的脊背已经折断了。尤兰特有一瞬间想要过去杀死她，但心知这样的想法会让自己堕入地狱。

她把骑士留在原地，心里默默祈祷了一句，希望沃伊会被发现，得到救治。

尤兰特用铠甲遮挡少女那柔弱的身体，带着她冲出门口。当她逃往楼梯井时，激光枪射在她的背后，点燃了她的斗篷。尤兰特奔到屋顶，登上了那架阿尔沃斯运输艇。

从驾驶舱发来的通讯消息刺耳地噼啪作响，让尤兰特从回忆中清醒过来。
"高阶修女，我们将会在两分钟后着陆。"

尤兰特做好了心理准备。她已决意踏上这条万劫不复的道路。

阿尔沃斯飞向在朝阳下反射着橙色光亮的卵石滩。当运输艇驶向陆地时，浪花在后面扬起了高高的弧线。透过驾驶舱的玻璃天窗，尤兰特瞥见了一条潮汐线，那是被瘟疫之神的疾病屠杀的海洋生物堆积而成的。运输船飞到了被荆豆树覆盖的沙丘上方，随后减慢速度，在一辆盖着迷彩网的犀牛运兵车旁边降落。

"下船。别在这艘快艇上留下我们的任何痕迹。"她告诉驾驶舱里的两名战斗修女，"最后记得烧掉它。"

尤兰特走到客舱，少女在降落时跌回了座位里，但依然还是用同样的表情凝视着虚空。尤兰特解开她的安全带，将她扶了起来。客舱升降梯嘶嘶作响着伸到下方。外面还有三位战斗修女正在待命。尤兰特把少女交给了她们。

"其他人呢？"一名战斗修女问。

"她们已前往帝皇的光芒之中了，薇蒂修女。"尤兰特说。

"这女孩，她会醒过来吗？"薇蒂修女跟着大步走过草丛的尤兰特，前往犀牛运兵车。其他的战斗修女扯掉了犀牛的伪装网。灯光亮起，引擎启动。

犀牛开启了侧门，将车内的红色战斗灯光洒进晨晖中。少女被带上了车。

"那是帝皇的意志。"尤兰特说。

"那就一定会醒过来的。"薇蒂充满激情地说。

"我相信会的，"尤兰特说，"帝皇又一次在我面前显灵了。当我找回她的时候，帝皇将一位至少是遗忘骑士级别的寂静修女扔了出去，只是为了让我能带走这女孩。"

"那么，我们是被祝福了。"

尤兰特在犀牛的圆形舱门前停下脚步。两名刚才驾驶阿尔沃斯运输艇的战斗修女正从快艇旁边跑开。运输艇在她们身后爆炸，尤兰特一直注视着它燃烧的样子。

"我们或是被祝福了，或是已经仓皇地坠入了地狱。祈祷我们的所作所为是正确的吧。"尤兰特说完，转身上了车。

犀牛运兵车从成群的士兵中间穿过，冲进了一场钢铁的风暴中。豪雨般落下的炮弹不停轰炸着早已布满弹坑的大地。交叉的光束撕裂了天空。爆炸每次都来得很突然，总是令人震撼。从远处的大炮投掷而来的炸弹，执行着无差别的杀戮。

战争是混乱的同义词。无论一支军队使用什么科技手段，都无法确保情报能保持正常传输。尤兰特的小组安然无恙地通过了大军的后防线。在人们眼中，这只不过是又一辆普通的盒式运兵车，艰难地驶向前线。就算尤兰特犯下罪行的消息已经被送出提洛斯的城墙，这些消息现在依然未传到任何能阻止她的人手中。尤兰特心想，恐怕这时候也很少有人会在意她们。长长的队伍穿过破碎的平原，在炮火轰击下溃散，等弹雨停歇后又再度集合起来撤退。后方的士兵们既没有基因种子强化的力量，也没有她的信仰之力来保护自己。他们只是接受过基础军事训练的普通男女，带着劣质装备，以及一个模糊的半信半疑的希望：觉得帝皇或许会保佑他们免于遭到比死亡更悲惨的命运。

战斗修女，对这些人而言是遥远的神明的象征。这辆上面装饰着奉献符号的深红色犀牛驶过时，许多士兵都向它欢呼，疲惫地挥手致意。还有人跪下祈祷。牧师们指着她们，高喊着祝福和鼓励话语。整个兵团都为它让路，人们走进旁边恶臭的淤泥中，以便战斗修女们顺利通过。

这些人甚至不知道与她同行的是谁。噢，尤兰特心想，要是他们看得见的话就好了。

大军在兵站、仓库和医护营之间逶迤前行。基里曼在赫卡顿的荒野里布置出井然有序的网格，用通信线路、连接道路、精确间隔的补给点和其他各种设施，分隔好了被莫塔瑞恩破坏的大地，仿佛他可以用秩序来扭转混沌的浪潮。无论是撤退、增援还是补给，原体的手简直无所不在。换一个水平差一点的指挥官，恐怕就连地形的困难都无法克服。

几个兵团朝着相反的方向，分别从尤兰特的运兵车两侧走过，士兵们都耷拉着脑袋。其中一个纵队由几支受到重创、需要返回基地的部队组成，他们的皮肤被灼伤，四肢鲜血淋漓，所有人都沉浸在之前目睹的恐怖景象当中。那些失明的士兵排成了长队，把手搭在前面的人肩膀上走路。而那支向前行进的增援纵队，他们都在害怕前方将会看到的场景。尤兰特有一种强烈的愿望，想要打开犀牛运兵车客舱上方的巨大射击门，让所有人都看见那位少女，让他们从圣徒身上汲取勇气。

尤兰特很希望每个人都能安然无恙，但她从小就知道拯救所有人是不可能的。所有人都说"帝皇保佑"，但大多数信徒误解了这句话的真意。他们以为帝皇会以个人形式出面保护他们，但帝皇的角色其实是守护整个人类物种。一个单独的人对他毫无意义。尽管每个悲惨的人生都在阐述着这个真理，但人们始终抱着希望，依然向那位饱受困扰地俯视着一切的神明不停祈祷。

这一事实既悲伤又绝望。认识到这一点足以击溃每个人的灵魂，甚至是尤兰特自己。然而，世上却还有像这位圣徒一样的奇迹。

"帝皇保佑。"尤兰特在犀牛运兵车的隆隆行驶声中喃喃说。她朝女孩望去。圣徒安静地坐着，双眼笔直地凝视前方。

当他们的车被一个弹坑卡住的时候，少女没有出手做任何帮助。薇蒂修女打了发动机一枪，咒骂出一连串不适合从帝皇的勇武修女口中说出的话。最后在修女们的祈祷下，履带终于从泥潭中被拖了出来。在那之后，地面变得越来越难行。赫卡顿的大地曾经灌溉良好，土壤肥沃，适合任何作物的生长。沼泽淹没了这片土地，虽然如今这片泥沼正在干涸，但依然很潮湿，污泥和沙砾形成了一层厚厚的悬浮物，甚至比自由流动的河水还要危险，无论是谁陷入其中，都难以脱身。在没有那些摇摆不定的流沙陷阱的地方，地面在反复炮击下隆起变成了松软的山丘。临时道路在山丘上汇集在一起。随着越靠近前线，可用的道路就越少。很多时候，她们遇上堵车、轰炸，或是被伤员们挡了路。在这些情况下，尤兰特就命令司机沿着这个地区的城镇之间的原有道路行驶，但这些路上也挤满了试图寻找出路的车辆和士兵。她们经常不得不绕道穿过危险的地面，祈祷着能找到更清晰的路线。

但少女依然保持着沉默。

她们通过了大军的战场后防线，指挥中心就设置在那里，配置了大量的工作人员，他们都在忙碌地活动着，随着战役每一阶段的进展，指挥中心就会被拆除，再向前移动一公里。低矮的山丘都被成排的远程炮组所占据，但泥地依然保持着原状。炮击毫无停顿间隔，它们的炮管都烧得发烫。导弹呼啸着从发射架上射出。军官们则朝机仆毫无意义地大喊，让他们从货车上取下弹药。炮火拨弄着浓雾。噼啪作响的枪声从远处传来，尖锐得就像枯叶，或是被踩扁的口粮罐头。犀牛运兵车缓缓从六辆正准备发射导弹的死亡之击发射车旁边驶过，它们的导弹都已倾斜着立起。这些导弹看起来都很温和、迟钝、无害。当第一枚导弹从发射架上爬升起来的时候，它慢得仿佛飞不起来，甚至像是会腹部着地掉进不远处的泥沼里。但它还是升起，升起，直到化作迷雾中的一个移动的太阳，随后消失了。其他导弹也像羽翼未丰的雏鸟第一次离开鸟巢般，不自信地飞向早晨的天空。

三分钟后，白光照亮了世界，大地震动。犀牛运兵车正经过一整团等候命令加入战斗的男女士兵，他们全都按照规定的姿势缩成一团。原子能的爆炸让他们在白光照耀中都变成一团团黑影。当最初的闪光消失后，哨声响起，士兵们立刻跳起来奔跑。热风冲刷着淤泥，雾气先是被吹散了，但大量的水蒸气从被烤干的大地上升腾而起，迅速又覆盖上了浓雾。在刚涌出的水雾的遮蔽下，部队都从视野中消失了。

她们在路上又经过了许多个前去执行战斗任务的兵团。快要到前线的时候，道路陷入了片刻的安宁。犀牛运兵车向旁边让路，让一辆携带情报袋的星际战士侦察摩托车从泥泞的路上冲过。不久后，后卫部队已经被彻底抛到了身后，她们来到了杀戮场的边缘。

在最前线之外的战局很容易让人产生错误的印象。随着帝国军的推进，不断变化的战线自身分崩离析，整个平原上到处都在发生小规模的战斗。在后防线和主战区之间，上演着一系列绝望的苦战，就像无人关注的火焰般自生自灭。各式各样的军事力量互相交战。在一座农场废墟周围正发生着一场激烈的交火。轻步兵和哨兵机甲在迎击叛逆星际战士们；另一处，双方的坦克中队正在对决。在前方，两架泰坦脱离了彼此的战斗群组，互相对射着能量的怒火；机械修会的智控军团，正与它们脚边的一大群山羊头的瘟疫变种人交战。尽管在帕梅尼奥沦陷的早期战斗中留下的战壕仍到处可见，但双方都没有特意去占领它们。只有到靠近最前线的地方，这些零星的冲突才汇聚成一场巨大的战役。一整个战团的星际战士，与他们被诅咒的兄弟在泥泞之中作战。星界军的士兵们举起刺刀，迎击着像潮水般尖叫着涌来的憎恶之物的利爪。

犀牛运兵车也越过了这片地带。尤兰特本以为当她们进入叛徒和忠诚派激烈交战的火线时会遇到麻烦，但这辆运兵车并没有引起注意。她们根本就没有被人看见。战线上出现了缺口，让她们顺利通过。尤兰特心怀感激地祈祷了一次，她知道这一定是帝皇的所作所为。

悠闲的状态并未持续很久。为了达成她的目的，尤兰特必须在大军中找到一个人，而那人无疑会因为她的行为而处死她。尤兰特必须去见罗保特·基里曼。她感到自己的骨头、心脏和头颅都在阵阵作痛。身体在催促着她前往原体面前。是帝皇正在告诉她要去什么地方。

她们来到了成群的神之机械交战的场所。那些泰坦的躯干和头颅消失在头顶高高的黑暗之中。它们抬起仿佛没有上半身的脚，掀起泥水和鲜血，沉重地踏在翻腾着的大地上。光束在高空中闪耀着。当这些引擎在作战的时候，天空中不断传来隆隆的爆炸声和怪诞的呻吟。在近处目睹帝皇的这些强大化身，尤兰特被震撼得几乎陷入茫然。这儿有这么多的泰坦，排成了长长的战线和方阵。在经历了漫长的发展后，战争的形式仿佛循环了整整一圈，回到了远古人类的部落战争。那种最初的战争方式，是由挑选出的几位冠军在一个场地中进行，彼此近身肉搏，直到一方投降为止。而现在唯一改变了的，只有这些斗士的体形大小而已。

"高阶修女，我已经定位到了基里曼大人的利维坦指挥车。"薇蒂修女的声音打断了尤兰特的沉思。尤兰特从观察孔转过身来。

"带我们去那里，用最快的速度。"尤兰特说。她话音刚落，犀牛运兵车立刻猛地以一侧的履带为支点转了一圈,轻轻打滑了一下,随后就平稳地行驶起来。尤兰特看着少女说:"帝国的命运,就在我们手中。"

第二十六章
无生者

不顾护卫们的再三请求，罗保特·基里曼还是第一个下了车。

"我将带头出阵，这是理所当然之事。"他如此坚持。

马德瓦·柯肯和他部下的禁军们不情愿地遵从了，以新月队形跟在原体身后。在他们周围，还有十几位寂静修女会的骑士保护着侧翼。冠军护卫们紧随他们之后，安静地走下了升降梯，一边扫描着白茫茫的浓雾，一边稳稳地举着枪。众人在被污染的泥地里散开。他们的彩色铠甲一开始就像是发亮的小点，但很快，就像油漆在水中溶解一样，周围的昏暗让他们变得不再起眼。雾气浓得就像是垫子，甚至可以弄破和捏成形状。一种令人恐惧的恶意潜伏在旋转的水珠中，用贪婪的目光注视着人类的冠军们。

基里曼观察着雾墙。雾气在他的铠甲上凝结成了水珠。水滴顺着甲片向下滑落。原体就像一位站在他敌人的城堡之前的来自遥远岁月的大骑士。他的骑士任务的终点就在前方。在那终点，死亡和成功的可能性一样高。一切本该如此。但此刻他的眼前却……什么也没有。

在数百公里宽的平原上，枪声犹如有规律的雷鸣般轰响着。泰坦踏着怪物般的节拍。在利维坦的左右两侧，镶嵌着奥特拉玛纹章的毒刃坦克和风暴之锤坦克从浓稠的泥地中开辟出道路。一辆甲壳虫超重型坦克嗡嗡作响地驶过，它的反重力场把地面压成了渗水的烙饼。但所有这些噪声，都被浓雾吞噬了。它们的颜色被抽走了，它们的外形轮廓被侵蚀，在往目的地移动的途中渐渐隐没，最终完全消散了。原体和他的随从们或许在某个与世隔绝的高地上迷路了。尽管他们离履带指挥车很近，近得伸手就可以触及升降梯，沐浴在车内射出的纯净蓝光之下，但仍然感觉很遥远。纳垢的迷雾使得他们之间的距离变得仿佛越来越远。战火正在四处蔓延，但原体所在之处却是例外。在基里曼前方，只有一片潮湿的虚空。没有敌人，没有兄弟，只有空虚、寒冷和侵入灵魂的湿气。

基里曼对莫塔瑞恩的诡计嗤之以鼻，他向通讯器快速下达了命令。

几百名穿着不同颜色铠甲的星际战士步兵从履带指挥车周围出现，组成阵形，爆矢枪上膛，安静而又紧张，黄色、绿色、蓝色和红色的护目透镜像幽灵般闪烁。

"我的兄弟是个懦夫。"基里曼说。随后他拔出了帝皇之剑，将它高高举起。火焰从剑的边缘迸发出来，远处爆炸吹来的微风使得火焰的边缘摇曳不定。迷雾逆着风向移动着，就像是躲避这把剑的火焰。

"莫塔瑞恩！"基里曼叫喊着，他神明般的声音被铠甲放大了千倍，"我在此地。出来面对我！"

一片沉寂。

"莫塔瑞恩！我是你的兄弟，帝皇最后的忠诚之子。如果你还有一星半点勇气，就出来面对我！"

基里曼清澈嘹亮的嗓音，被无声无息地吞没了。

基里曼放低了剑。"来面对我。"他说，"你叫我出来，却又不敢过来。"

"他不会来的，大人，他只想激怒您。"西卡留斯不安地说。他的声音比原体要小得多，像是被勒住了脖子仅能发出低语。

"那就当是我被激怒了吧，"基里曼说，"他想要把我引出来。我也想要把他引出来。我们在这场战争中目标一致。我们的战斗是不可避免的。我为他设下了圈套，他也为我准备了陷阱。我要他现在就到这里来。这样，我们就可以给这件事画上一个句号了。"

大地震动着。柯肯瞥了一眼被浓雾遮蔽的天空。

"我们没有太多时间等这一切结束，"柯肯说，"加拉坦已经来了。它的巨大质量扰动了这个世界。我们不清楚是谁控制着它，很快它就会开火。这个地方已经不再安全。我们必须让你离开此地。"

"我同意护民官的话。我们必须做两手准备。"西卡留斯说，"我恳求您撤退。那些凋零塔——"

"在我的兄弟来见我之前，我不会撤退。"基里曼坚定地说。

"那些恶魔在哪里？"柯肯问，"泰坦部队看到了它们。指挥车内的灵能者们也说有成千上万的恶魔就在附近。"他和其他禁军都围绕着原体，仿佛与数量更多的冠军护卫们在进行着微妙的护卫竞争。

"它们就在此地。"基里曼说,"瘟疫之神喜欢制造一点戏剧感,仅此而已。"

仿佛是回应了基里曼的话,一声钟声带着痛苦的音符响起,所有听到这个音符的人都会被一种极度的悲哀拨动心弦。

"它们来了!"西卡留斯说。

"杀光它们。我要杀到莫塔瑞恩怒气冲冲地来找我。"基里曼说,"准备作战!"

第二次钟声鸣响,雾气犹如龙的吐息般涌起。一阵腐臭的狂风吹过,翻腾的雾中浮现出许多张脸孔,而后又迅速化为乌有。

柯肯和禁军们都抬起了各自的守护者长戟。当冠军护卫们扇形展开时,西卡留斯喃喃自语着阵亡的第二连兄弟们的名字,这是他自己的战前祈祷文。星际战士部队一个小队一个小队分散到不同的射击点,以最大限度保证他们的战斗效率。

"我是罗保特·基里曼。"原体喊叫,"我不允许你们出现在这个世界!"在他的怒火鼓动之下,帝皇之剑上的烈焰燃烧得更高了。

第三次钟声传来,距离已经很近而且声音洪亮。雾气在痛苦中扭曲。朦胧的人影在痛苦的狂欢中起舞,被撕裂、重组、惨叫,随后消散。

泰坦号角的战歌又徘徊而来。大地在它们的践踏之下颤抖着。基里曼挺立在金属众神大军的最前阵。

在嬉戏般的战场上,演奏起了忧郁和恶作剧杂糅在一起的音乐。从雾中出现了一支腐烂的狂欢节队伍。一群咯咯发笑的矮个小恶魔最先小跑着出来,一边在彼此背上打滚嬉闹,一边急迫地寻找着新鲜的血肉。慵懒的轮廓在头顶浮现,那是从后方爬来的带角巨兽。一阵嗡嗡响声盖过了管乐器和铃铛的声音。就像一阵白色的暴风雪掠过,车上的三角旗在烈风中鼓动作响。那是大群喧闹的蝇群,在恶魔大军的上空来回盘旋。不久之后,强烈的恶臭扑鼻而来。

基里曼握紧了剑,说:"开火。"

后方的坦克几乎同时开炮。

在雷鸣般的连续炮轰中,原体带头冲锋。

尤兰特的犀牛运兵车朝着利维坦前进。那辆履带指挥车在迷雾中浮动着，以不可思议的变幻无常的方式，时而显现，时而消失。尽管它的履带没有在运动，它的位置却不断改变。片刻前的距离是四百米，接着是二百米，再接下来又变成了一千米。一会儿在左边，一会在右边，最后甚至到了后面。

"我没办法维持对履带指挥车的定位。"薇蒂的声音中明显带着沮丧，"它一直在动！"薇蒂尝试着保持正确的行驶方向，犀牛运兵车因此颠簸摇晃。

少女动了，抬起头。她的头发肮脏失去光泽，肌肤变得苍白。脸上都是汗水。她的嘴唇开裂发白，但在她的双眸中闪耀着微弱的金光，她看起来比以往任何时候都要更加圣洁。

"我们快到了，"少女说着，抬头望向尤兰特，"你一定要带我去见帝皇的儿子。"

"我会的，"尤兰特说，"但你必须先指引我们。"

在这短暂的交谈后，少女又垂下了头。但现在利维坦停在了它应该在的位置上。犀牛运兵车迅速到达了它的目的地，以难以置信的速度来到了履带指挥车的虚空盾保护下。

"在这里停下，"少女虚弱地说，"我们必须走过去。修女，请你帮帮我。我的力气正在消失。"

她恳求的脸打动了尤兰特的心灵。少女太年轻了，在她体内的力量正在不断耗尽她的灵魂。但当一个灵魂的损失能抵消数十亿灵魂的损失时，这一切都只能如此。

尤兰特弯下腰，帮助少女站起来，这个动作让她受伤的那一侧身体颤抖了一下。她让少女将柔若无骨的手臂放在她肩膀上，说："你准备好了？"

少女点点头。

"那我们就该去了。"尤兰特拉起少女的身体。她几乎不剩半点重量。

车后升降梯开启，降到松软的地面上，黑暗侵入车厢，伴随着一阵刺耳的枪响、呻吟和恐怖的尖叫。

尤兰特部下的战斗修女们在前头跑了下去，她单手举着爆矢枪，另一只手扶着少女。

坦克的炮火在她们周围爆炸。利维坦履带车前方的巨炮喷吐出雷鸣和烈焰。少女害怕地朝上方看了看。

"不用在意，我们会带你过去的。"尤兰特说。

六名战斗修女在少女两侧呈扇形散开，爆矢枪射击穿过奔涌的迷雾。战斗正在继续。恶魔布满水泡的残躯散落在泥泞中，偶尔零星出现几具阿斯塔特修士的尸体。他们明亮的制式铠甲在大面积的恶魔尸骸中，就像几座彩色的孤岛。

"沿着尸体密度最大的路线前进，"尤兰特说，"我们会在那里找到原体的。"

浓雾减弱了声音的传播。战斗似乎很遥远，但突然间就迎上了她们。

一个流着口水的怪物毫无预兆地从迷雾中跃出，猛地扑向尤兰特部下的一名修女。那只怪兽热切地舔起她，用嘴把她叼起来扔向空中。酸液烧穿了她的战斗装甲。当怪兽跌跌撞撞地跑过去还想再玩的时候，那名修女已经死了。在这一切结束时，尤兰特小组的其他人甚至还来不及做出反应。

恶魔怪兽用鼻子拱着尸体，失望地发出抱怨的声音。第一声枪响让它兴奋地旋转过身体，毛发般茂密的触手狂野地舞动着。这儿还有些新朋友，它那蠢笨的脸上仿佛在这么说着。怪兽发出一声欢快的尖叫，朝她们奔跑过来。

这个东西非常丑陋，一部分是软体动物，一部分是犬科动物，还有一部分是人体，那是一种不应该成为一个整体的各种躯体部位的结合。所有的部位都腐烂了，仿佛很快就会死去。但它却依然以自己的方式充满热情地活着。它身体上冒着泡，咯咯笑着，吠叫着。

爆矢弹打进了它黏糊糊的皮里，但它依然还在奔跑。

"击倒它！"尤兰特叫喊，"立刻！"

薇蒂追踪着它的行动，稳稳地握着爆矢枪。她等待着最合适的时机。因为时间等得太久，尤兰特甚至觉得就要来不及了。

那只纳垢兽贪玩地尖叫着，朝她们奔来。

薇蒂开了一枪。那只怪物滑行着停下，皱着眉，看着它那带着鳞片的前额上被打穿的洞。血正在往外涌出。它发出了好奇的声音。

爆矢弹爆炸了，怪兽失望地抽泣了一声，跪倒在地上，在泥土中渐渐融化消散。

"它们的信仰并不像我们一样坚定，"尤兰特满意地说，"瞧瞧它们腐烂得多快。亚空间的主宰们在此地并无影响力。"

"它们在这里的力量很有限，而且还在持续变弱。"少女疲倦地说，"但前面的情况很糟糕。"

　　罗保特·基里曼猛冲进一大群臭气熏天的怪物当中。尽管它们还有很多其他名字,但最常用的称呼还是瘟疫使者。它们咬着漆黑的牙齿,呻吟着念着基里曼的名字。深绿和黑色的死亡结晶之剑朝他挥去,当它们战斗时,口中仍在不停地计算着,那是对无意义的数字的毫无感情的低语。

　　炮弹倾泻入恶魔大军中,泰坦的武器扫过血肉和大地,将它们混合在一起蒸发成高热的气体,融入雾中。

　　"你们太弱了!"基里曼对一个腐烂的恐怖怪物喊叫,"你们的灵魂对我的国土毫无价值!你不受欢迎!滚回你来的那片污秽之地!滚回去!"

　　帝皇之剑在他周围高速挥动,化作难以分辨的炽热的橙色弧线,所有的恶魔在被火光触及后都发出悲惨的尖叫,它们的精髓被帝皇的怒火焚烧。这柄剑用来对付任何敌人都是一件强大的武器,但在对付无生者时,世上没有任何一件武器可以与它比拟。它灌注了帝皇的力量,足以将恶魔烧成乌有,将它们的非自然灵魂割裂成灵能的碎片。慢慢地,纳垢的记账员们意识到,基里曼对它们的不朽存在造成了威胁。它们动摇了,惊恐地后退,它们的计数声在颤抖。基里曼奋力前进,利用它们对自己的恐惧,直杀入恶魔大军的深处。

　　"我给你们带来了末日,带来真正的死亡,带来你们邪恶灵魂的最终毁灭!在我的右手中是人类之主的荣光。你们在这里无处遁身!"

　　剑劈着,砍着,喷吐着火焰,任何触碰到它的恶魔都立刻死亡,它们在基里曼面前以惊人的速度不断倒下。护民官柯肯和他的战士们紧随基里曼左右。他们彼此相隔一段距离作战,每位金色战士周围都有一大群染病的瘟尸。他们的守护者长戟嗡嗡作响地在空中高速穿梭,切断肢体,劈开躯干。他们每个人的武技都是独一无二的,除了他们自己之外谁也无法施展出来。

　　在蓝铠原体和他的金色护卫们周围,有一圈寂静修女在战斗着。她们所到之处,无生者们都尖叫着死去,在修女们如深海般深邃的灵魂制造的虚空领域中,它们的精髓被拆碎消散。

　　西卡留斯连长和冠军护卫们表演着另一种形式的战斗技艺。寂静修女和禁军们都以松散的个人形式作战,星际战士们则都以部队的组织战斗,每个部队都是毁灭机器的一个组件。他们的爆矢枪同时齐射，将成群的恶魔轰成碎片。在更远处，其他不如冠军护卫们那么显赫的星际战士们构成了楔形阵势的两翼，当基里曼带头深入敌军中的时候，他们进一步扩大敌阵的缺口。在他们背后，奥特拉玛的超重型坦克滚滚驶来，它们的重炮在近距离内轰落了恶魔，就连坦克上的纹章都沾满了凝结的血块和亚空间生物瓦解残渣的黏液。

方才的沉寂已化作狂暴的旋涡，而基里曼就在这旋涡的风暴眼中。

巨大的蝇群在头顶呼呼作响。它们的骑手向坦克后方的步兵投掷腐烂的头颅。基里曼命令凡人战士们撤退，但当那些头颅爆炸，释放出饥饿的孢子云时，就算是星际战士也纷纷倒下，就连星际战士的身躯也受到了疾病的蹂躏。白色疤痕战团的摩托就像一阵白色的暴风雪掠过，车上的三角旗在烈风中鼓动作响。跳跃前进的怪兽深情地舔舐着坦克，它们强酸性的唾液溶穿了装甲，让里面的机组人员暴露在剧毒的大气中。亚空间能量瞄准了战斗车辆。纳垢灵们潮水般涌向破裂的装甲车。星际战士们与恶魔搏斗着，尽管它们外表显得虚弱，但力量却依旧可怕。

恶魔大军抵抗着帝国的攻击。战线陷入了停滞，唯一例外的，只有基里曼昂首挺进之处。当他的坦克被大群敌人阻拦，他的星际战士难以前进时，唯有他继续推进。在他身边的，只有冠军护卫和帝皇的利爪。

赫卡顿的原野陷入了巨大的骚动。基里曼曾将荷鲁斯之乱时的兄弟阋墙之战视为疯狂的举动。但在直面过那些操控了他的兄弟，毒害他们的心灵，将人类逼到毁灭边缘的力量之后，基里曼终于理解了：对抗恶魔就是在对抗噩梦。它们是那些陷入疯狂、变态、孤独和恐惧的人的狂热病态的想象。每个异想天开的念头，每个邪恶的渴望，每个任性的想法，都是在亚空间的乱流中成长的种子。在泰拉围攻战中，成群结队的恶魔践踏着泰拉的大地。很长一段时间以来，基里曼都在心里质疑，为什么父亲要对自己隐瞒亚空间的秘密？他曾经与恶魔作战过许多次，甚至对这些不可思议的怪物习以为常。但直到基里曼复活之后，当他面对诅咒瘢痕时，他才真正理解了帝皇曾经试图做的是什么事情。这些怪物并非他父亲的真正敌人，导致这些怪物出现的根源才是。揭示恶魔的真相，反而会极大增强它们的力量，因为人类永远不可能将这些念头从自己的思想中抹去。

帝皇一直在试图将人类从他们自己产生的恐惧中拯救出来。

宇宙已处于毁灭的边缘。天平倾斜到了对恶魔们有利的角度，基里曼找不到改变天平两端重量的办法。在战场之外，反复无常的命运给他加上了沉重的枷锁。

但在此时此刻，这些想法并不重要。基里曼抛弃了所有他对秩序和进步的标榜，施展出全部的毁灭技能。他的使命是为凡人而战，就让帝皇去面对那场更高层次的战争吧。

罗保特·基里曼已化身为一件活生生的武器。

命令艰难地穿过被恶魔的噪声堵塞的通讯网，终于召唤来了巨大的爆炸。大炮瞄准发射，轰炸机呼啸着掠过，精确地投下燃烧弹。

恶魔们将它们的地狱音乐吹奏得更加嘹亮。基里曼现在必须从那些最强大的敌人当中斩杀出一条血路：高大的冠军、肠穿肚烂的战争领主、长着带触手的大嘴的巨型怪物。他击倒了有许多只眼睛的象鼻怪兽，从一支令人毛骨悚然的行进乐队中穿过。还有带着一张尖叫的脸的大鼓、发出哭泣声的铃铛。各式各样的疯狂从他面前掠过。帝皇之剑的火焰吞没了它们，将这些恶魔都化为灰烬。

基里曼砍倒了一名哀号着的瘟疫使者，发现自己来到了一块空地上。六个硕大的怪物摇摇摆摆地向他包围过来。它们的外貌各有特色，它们有的肥胖、有的消瘦，有的忧郁、有的快乐。但所有怪物都一样彻底腐烂，全都散发着恶臭。它们拿着的巨大武器都是用生锈的铁和发绿的铜做成的。

"很好，很好，很好。这不是最可诅咒之人的最无趣的儿子吗？"其中一个怪物说，摇晃着走上前充当它们的发言人。它把用生锈的铁链和布满青苔的石首组成的连枷从肩膀上取下："我一直都在找你。我是败血病·赛文，第七魔殿的第七领主。我可以大大方方告诉你，没有一个凡人能用他的力量叫出我的名字并控制我。当然你也一样。"

当柯肯带着溅满全身的绿血冲进这个包围圈时，基里曼已经咆哮着挥动他的燃烧之剑。败血病开怀大笑，也在自己的头顶旋转着连枷。

"那就让我们试试吧，罗保特·基里曼。"败血病说，"我早就期待这一刻了。"

恶魔之铁撞上了神圣之火。产生的冲击波捶打着巨人们，迫使周围那些更弱的生物向后退开。败血病的武器变成了冒烟的残骸。柯肯召唤禁军们都赶到他身边。寂静修女们也随着出现，然后是已经损失了半数的冠军护卫。基里曼的战士们的呼喊和命令对周围的那一圈肉山而言似乎毫无意义。原体与古加斯副手之间的对峙，吸引了整个宇宙的注意力。

"真有趣。"败血病说，它从背后抽出一柄硕大无朋的剑。"让我们再比试一次，好不好？"

接下来的，是一场真正的死斗。

第二十七章

帝皇的计划

古加斯避开了混战。它懒洋洋地从轿子架上摘下培养疾病的烧瓶扔向敌人。从它那黏糊糊的手指间射出亚空间能量的枪矛，将那些低等的战士笼罩在巫术的闪光之中。它的大嘴喷吐着恶臭的风，使得陶钢崩裂、血肉脱落。

瘟疫守卫的其他领主们，正在凡人的队伍中挥舞着利爪和剑刃作战。乞徒奋力从星际战士们中间穿过，疯狂摆动残废的双腿把他们都打翻在地，用瘦弱的胳膊把他们砸飞。星际战士们的爆矢弹打进它的身躯，却造成不了任何伤害。坏喉咙耍弄着半个连的盔甲鲜明的战士们。饥荒用那肥硕的肉体将人们压得窒息而死。但是凡人们仍在英勇地苦战着，让古加斯感到还是有点缺乏安全感。他们的坦克推进到恶魔大军之中，差点包围了古加斯。他们的大群战争机器突破了忠于纳垢的泰坦们的战线，在古加斯的军队里造成了巨大的损害，向前直逼凋零塔。炮火剧烈搅动着迷雾。苍蝇之云和嗡嗡作响的瘟疫机蜂夺取了制空权，但这只是一个短暂的优势。古加斯一方的士兵防御力欠佳，正在惨遭屠杀。只有莫塔瑞恩的那些腐化子嗣——死亡守卫们——在少数战线上还有一战之力。

"诅咒和爆炸。"古加斯抱怨说，"这些手段，根本不应该由我这样一位艺术家来施展。"它把一个肮脏的烧瓶扔向推进中的坦克。玻璃瓶在一个履带板上撞得粉碎，一大团黏糊糊的物体溅满了整个坦克。坦克继续前进了一小段距离，但铁锈已经像野火般在上面蔓延开去，蚀穿了它的装甲，锁住了它的履带。坦克的大炮还在继续开火，直到它也被迅速腐蚀为止。一枚炮弹卡在炮管里爆炸了，只喷出一点火花，就将整个炮塔都炸飞了。换另一位大不净者或许会对病毒吞噬金属的效果兴高采烈，但古加斯只是叹了口气，无精打采地从空气中变出一块木片，投掷出去刺穿了一名极限战士。"我真应该留在亚克斯，酿造那个大瘟疫。"它呻吟着，"或许我永远都不应该再笑，永远不要，我发誓。为什么我就不能把任何一件事情做好呢？"

在另一边，败血病正自得其乐。在离主人不远的地方，它咯咯笑着与原体战斗。他的那把巨剑嗡嗡作响地划过空气，与基里曼的武器展开一连串的响亮撞击，喷发出大量的火焰和毒液。毒液溅到命运之铠上，腐蚀出了气泡。而当火焰灼烧到败血病身上时，它的肉体冒出了黑烟，但它的脸上却一直带着欢笑。

"为什么我就无法从战斗中获得这样的乐趣呢？"古加斯抱怨着，"为什么？"

成群的瘟疫机蜂飘浮而过，残破的翅膀用肉眼看不清的速度扇动着。

"我希望你们都能停下。你们都太盲目了。"古加斯对帝皇的战士们宣告，"你们误入歧途太深了。"它朝前方探出身子，迫使纳垢灵们把它往前抬，靠近它的听众们。"你们的神是个骗子，而且沉默寡言。他根本就不说话！用那具尸体的微笑来回应你们所有的努力，除此之外什么也不给。你们能得到的只有死亡，在那之后，你们的存在就会在无比辽阔的亚空间中彻底湮灭。但是！"它宣布，"如果你们来到纳垢的花园，你们就会获得一个完全不同的命运。那座花园是所有人的天堂，在那里什么东西都不会死。每一个灵魂，每一种生命力，从最微小的病毒到最庞大的巨兽，都可以从淤泥中复活。在那里没有死亡，没有痛苦，受难将成为一种甜美而持久的快乐！你们的主不会让你们重生，也不给任何希望！为什么你们还要为他而战？"

它的说教没有任何效果。星际战士们对此充耳不闻。

"好得很。"古加斯生气地说，"随你们的便。"然后它继续杀死这群人。

矮子是第一个被放逐回亚空间的。禁军和基里曼的子嗣们从三面包围了它，用爆矢弹将它炸得全身是窟窿，矮子变得虚弱下去。寂静修女们靠近过来准备结束它。

她们的逼近让矮子一阵惊慌，因为被寂静修女杀死后它就将真正死亡。矮子放了一个大臭屁，随后用自己的剑砍掉了自己的脑袋。当矮子的灵魂尖叫着脱离尘世时，古加斯吸了吸鼻子。这不妙，一点也不妙。它死得太快了。帕梅尼奥的亚空间能量流对恶魔而言已经稀薄得就像是稀粥，要是没有莫塔瑞恩的时钟联接，就无法维持它们的存在。它们的时间正在流逝。

"噢，莫塔瑞恩大人，您在哪儿？"古加斯朝天空发问。它紧张地关注着乞徒与禁军首领的对决。

另一股灵魂力量的爆炸震撼着造物的血肉。凡人战士们看不见它，在恶魔眼中，那是一种痛苦之光，它预示着失败。那道光在灾难中闪烁着。古加斯寻找光的源头，发现黑死病背朝下躺在地上，双臂张开，它那原本大笑着的嘴闭上了。

"噢，亲爱的，哦不！"古加斯说，"黑死病再也不笑了！"

放逐这两名大不净者，让凡人们付出了巨大代价。但基里曼的军队还是受到了鼓舞，趁机加强了攻势。禁军们把数百名瘟疫使者送回了它们圣父的病房，听候它们的神的宽恕。这些恶魔算是幸运的了。寂静修女也杀死了几十名恶魔，将它们的灵魂切成碎片，永远结束了它们的存在。

古加斯紧张地舔了舔嘴唇。这一天的战斗现在已经系于败血病一身。它可能需要一些帮助。古加斯这么想着，环顾四周。乞徒正在与那名金盔金甲的领主交战。坏喉咙摇晃着一个疯狂鸣响的手提铃铛，朝攻击它的敌人们发出凄惨的哀鸣，这响声把周围的恶魔们都吓得蹦跳起来。饥荒继续打着滚，就像在暴风雨中飘摇的船上的一个疯狂翻滚的肉桶。基里曼已经和他的部下们被分隔开了，但他依然强大无比。事态看起来很严重。

古加斯拧着自己的双手。"毫无疑问，我也帮不上他的忙。"它嘟囔着，"但这太重要了。"它很害怕原体的剑刃。"如果我去攻击的话，我可能会死掉，永远的死亡！上吧，败血病，只要让他流一滴血，一小滴就够了，这就是我们的全部要求。这样就可以让契约完成了。"

古加斯抽着鼻子。它的沮丧情绪减轻了，甚至几乎笑了出来。血很快就会流下。古加斯甚至能在扭曲的时间线中闻到它滴下时的气味。

基里曼以可怕的技巧战斗着。古加斯认为他是一个以自己的方式存在的神明。尽管基里曼是从培养皿中诞生的，就算是与从纳垢巨釜中出生的古加斯相比，这也是一种极其不神圣的造物方式。但他战斗起来就像一个神，无情，强大，没有任何凡人能比拟他的速度，即便在恶魔当中也很少有能与他相提并论的。尽管基里曼也犯过错误，但与神明联系紧密的古加斯知道，任何神都无法完全避免犯错。

基里曼在败血病的肚子上划出一道火焰的沟槽。大魔的咯咯大笑突然升高了一个音阶，笑声终止，惨叫开始了。但它控制住了自己的痛楚。当原体准备发出下一击时，败血病伸出了手。

败血病发现了一处极小的破绽。它那长长的黑色爪子摸向原体的手臂。尽管那只爪子在被诅咒者之子周围的不洁光环上烫得起泡，它还是奏效了，在基里曼肘部铠甲的软密封的凹陷处划开了一个口子，使得前臂甲和上臂甲之间的空间向外敞开。

原体的身躯迅速进行自我防御。他的免疫系统将败血病最强的病毒迅速歼灭。装甲上流出了密封胶封住了棱纹塑料。但在这一切完成之前，一滴半神之血已经从伤口滑落出来，闪闪发光地落下，但还没掉到地上就消失了。

败血病发出了胜利的尖叫。

"现在，亲爱的古加斯，就是现在！"

"哦吼！"古加斯说。它几乎就要到达幸福的边缘了。古加斯高举左臂，打了个响指。

这个动作发出的响声，并不是肉质的碰撞声，而是一阵雷鸣般的咆哮。腐烂的号角发出了呼唤，随后那些隐藏在雾中的凋零塔也鸣响回应。它们的灵魂熔炉现在转变出一个新的用途。塔顶上肮脏的透镜在底座上吱吱作响着转动。

在古加斯的手中出现了一个细小的烧瓶，瓶子干净得令人作呕。在这个玻璃瓶中，盛放着一滴红宝石色的水滴。

"我终于得到你了。"古加斯心满意足地笑了笑。

迷雾中绿光闪烁。旋转的能量光束从黑暗中穿梭而来，从每一座看不见的塔上都有一束光射来。基里曼正要举剑击倒败血病，第一道光抓住了他握剑的手腕。第二道光缠住了他的脖颈。第三道光围住腰间。每一个光圈都紧紧套住他，抓住了他，直到原体再也无法行动。

败血病阴险地咧嘴大笑。古加斯发出胜利的号叫。

"我们抓到他了！我们逮住原体了！"

呼应着古加斯的召唤，一股凉爽的下降风搅动了迷雾。死亡之主——死亡守卫的原体莫塔瑞恩从天而降。他落到地上，双翼伸展开来，手握沉寂之刃。大地为之震动。

莫塔瑞恩从呼吸器中发出一声咔咔作响的呼吸。黄褐色的云气从呼吸器的底端喷出。

"你好啊，兄弟。"他开口说。

基里曼在束缚中挣扎着。刚才和他作战的恶魔后退了一步，露出了幸灾乐祸的表情。周围的战斗依然在持续着。帝国的装甲车向敌军深处推进中。柯肯和其他人继续奋战着，但都被瘟疫守卫的领主们牵制住了，无法赶来协助主人。基里曼动弹不得。缠绕他握剑手臂的能量鞭是最弱的，它的亚空间能量被帝皇之剑的力量逐渐削弱。或许，只要再给他一些时间，基里曼就能让这支手臂获得自由。但他已经没有时间了。

基里曼抬头盯着他兄弟的脸。就像福格瑞姆和马格努斯一样，莫塔瑞恩已不复是一位古代科技创造的生物，而是或多或少地在不同方面发生了变化，成了一个被混沌扭曲的半人。

莫塔瑞恩一向都比基里曼要高，但成为恶魔之后，他已经变得如此巨大，以至于再比较双方的身高已毫无意义。莫塔瑞恩成了和基里曼不同种类的生物。一位半神被重塑为童话故事中出现的怪物。在他的斗篷下，他的脸庞已腐烂透骨。他身上所有的人类特征，都膨大到了荒谬的程度，一切都涂上了疯狂的色彩。

从他的背上，两只巨大的飞蛾翅膀伸展开去。他的战争装备也没有逃过被改造的下场。那件巴巴鲁甲从最初的白色变成了池水般的绿色，并且随着主人的身材变化而一同变大。铠甲上用链子挂着散发恶臭的香炉和小饰品，以显示莫塔瑞恩对瘟疫之神的忠诚。他的战镰已经变长到了通讯桅杆的尺寸，长出了骨质的纹饰。他那把异形手枪神龙灯发生的变化最少，只是随着他身材的变化而放大了。

瀑布般的光球从莫塔瑞恩的长袍里滚落到地面上，使得雾气之中布满了幽灵般的脸庞。那些恶魔苍蝇和小虫在他周围庄严地盘旋，排列出伪神信仰的符号。

"我终于见到你了，我的兄弟。"基里曼说。

莫塔瑞恩低沉地笑了笑，"你说得就好像是你把我逼出来了，然后会在战斗中击败我一样！在一万年之后，你还是这么自命不凡。好好看看周围吧。我抓住了你。我赢了。"

"你还没有赢。"

"要是这还算不上一场胜利。"莫塔瑞恩说,"那我大概应该翻翻你那些冗长乏味的战术手册,以便更好理解一下胜利这个词的定义。"

"我们还没结束。"

基里曼一边说着,一边继续奋力挣脱手臂。莫塔瑞恩瞥了一眼帝皇之剑。

"我明白了,你还留着父亲的剑。不过我想这无关紧要。你没办法用它来对付我的。"

"和我战斗吧,你这个懦夫。"基里曼怒吼。帝皇之剑上火焰大作。

莫塔瑞恩大笑起来。

"你以为我会屈尊和你打架吗,我的兄弟?看着我!"莫塔瑞恩张开了围绕着自己身躯的双翼,朝基里曼扇去瘟疫之风,"你远在我之下。我的强大远非你所能企及。我为何要浪费我的精力,来碾碎你这样一只小虫?"

"没错,你只会用你的邪恶伎俩来对付我的人民,他们根本无法反击你。"基里曼说,"你真高贵。"

"邪恶伎俩?"莫塔瑞恩说,"你就是这么想的吗?我把他们从我们父亲创造的地狱中解救出来。我给他们带去了无尽重生的欢乐。我赐给了他们新的生命。"

"你自我标榜是一位战争先知,但其实只不过是个奴隶。我可怜你,兄弟,你骗了你自己。"

"你才是个奴隶!我们那个冷漠无情的父亲的奴隶!"莫塔瑞恩嘶嘶说,"他制造了我们,只是为了让我们听命于他!你毫不质疑地踏上了他给你铺好的道路,还相信了他告诉你的所谓真理。你是那么愚蠢,那么盲信,甚至没有在心里问问自己。你从来不知道他对我做过什么。我第一次遇到他,他就夺走了我一生为之奋斗的事业。这种事对他来说无关紧要,只是他升神的康庄大道上的一块绊脚石。他夺走了我为之奋斗和受苦的东西,而且完全不在乎!他还自称帝皇!什么样的人有资格宣称这样的头衔?一个接受了儿子们的爱,却几乎从不回报的人吗?他甚至不肯屈尊告诉我们他的真名!你接受了这一切,你喝下了我们的机器母亲产出的毒奶。那是他创造的机器,就像他创造我们一样。我已经厌倦了他的道路。我根本就不应该放弃我的原则。但我这么做了。我曾经是凡人们的冠军。我因为一个全银河的暴君而抛弃了他们。现在,我又要再次回来为人们服务了。"

莫塔瑞恩用乳白色的眼睛怒视基里曼，蔑视他竟敢挑战自己的宣言。

"如果我是个冷漠无情主人的傀儡，那你又是什么？"基里曼说，"一个沉溺在亚空间巫术之中，却又声称极度仇视巫师的人？一个腐败和疾病的玩物？你一直以来都气势汹汹地声称自己敢视灵能力量，还宣称你无所畏惧又不屈不挠，谁也无法与你相比。然而，当你面对死亡这一终极挑战的时候，你却失败了。"

莫塔瑞恩退缩了，在空中站直了身体，他的昆虫翅膀快速地扇动着。

"你根本不晓得自己在说什么！你不知道那种感受！我经历过一种你永远无法想象的深沉痛苦，当死亡即将来临时，我被赋予了抵抗那种痛苦的力量。"

"我不知道痛苦？"基里曼冷冷一笑，"我见到我的兄弟们、许多我爱的人们、许多我尊敬的人们，都背弃了我们的造物主，将整个银河投入了战火。我见到人类即将到达一个和平的黄金时代，甚至能用手指轻抚到它。然而我却见到你和其他人唾弃了它，将它撕了个粉碎。我被自己的亲人杀害。当我醒来时见到的这个银河，已经远离了帝皇的光荣启示，更像是一个宗教迷信的地狱。你卑怯又不假思索地背弃了所有你曾经宣誓支持的人。我的那位兄弟去哪儿了？他能经受住任何风暴，他的身体不受任何毒害，他永不屈服。他发生什么事了？那位过去的莫塔瑞恩绝不会允许这一切发生。他会光荣地死去。当你的战士们变成这些庞大的怪物时，你一定知道，当你对得救的希望点头时，你将会变成什么样子。你曾经自夸是我们当中最强壮的，是不可战胜的，是所有痛苦和悲伤的主宰！这些夸口在今天看来是多么的空洞。我至少知道我是什么。我审视自己，尽管遇上过许多次失败，但我坚信我一定会履行自己的职责。我被创造的意义，就是为保护人类而战。"

"那么，你不想为帝皇而战了？"莫塔瑞恩问，他的嗓音中带着暗示的咔咔响声。

"我为他的理想而战。"

"一个诡辩家的狡辩。你只是为你自己而战。"

"我还是人类的拥护者，而你只是恶魔的走狗。"

"是吗？"莫塔瑞恩说，他的翅膀轻轻拍动，"那你告诉我，罗保特，如果我们的父亲真这么完美，看着我的眼睛告诉我，说他爱我们所有人，就像每个父亲都会爱他的孩子们一样。"

基里曼瞪视着他，因为愤怒而收紧了下巴。

莫塔瑞恩发出大笑。开始时是肺部的一阵带着浓痰的喘气，然后从他干涸的喉咙中咔咔地吐出气，他的牙齿在呼吸面具后咀嚼作响，最后喷出一股黄色烟雾。"你很清楚，不是吗，基里曼？你早就知道了。"他用一根长长的骨瘦如柴的手指，指向他的兄弟，"我知道你有点不一样。"他向前探身："你在泰拉和他谈过话吧。告诉我，他说了什么？有没有恳求被释放？他有没有乞求过你把他从黄金王座上放出来？"

基里曼一言不发。

"噢，我的兄弟，这不可能。"莫塔瑞恩假装害怕说，"他什么也没说吗？我们的父亲真的死了？"他往后退了退，摇了摇枯尸般的脑袋。"当然他没有死。不是吗？这当然不是真的。像他那样的一个存在，早就超越了人类，你真是误入歧途太深了。他想要升神，某种程度上他已经实现了目的。他是一个尸体之神，一个比收养我的圣父还要可怕和邪恶的死亡主宰。要知道，我的圣父会赐予追随者无尽的新生！"莫塔瑞恩用沉寂之刃做了个手势，"在这片土地上你只看到了毁灭。真为你感到害臊，你竟然看不见纳垢的潜能。你看到的是被毁灭之地，我看到的却是在死亡、重生、繁衍和腐烂的大循环当中的一个阶段。它是光荣、多彩而又充满活力的！比我们父亲的虚假谎言要好得多。""在亚空间中可以发现所有的秘密。那里没有时间概念，永恒不朽。在此地发生的一切都会在那里无休止地反映出来。每个时刻都可以进入，每个谎言都可以被听见，每个失信的承诺都可以被重温。我一直深入其间，离开纳垢的花园，进入了秘密就像死尸上的苍蝇般云集的领域。在那里我发现了许多有趣的事。你知道他为什么要制造我们吗？"莫塔瑞恩收回了巨镰，"你觉得是因为喜爱吗？我想，等我把你弄残废了，让你瞎着眼，无能为力地躺在一个铁笼子里乞求死亡的时候，我可能会告诉你。然后，你刚才说过的那些漂亮话，就会在你自己的嘴里灼烧起来。"莫塔瑞恩在面具背后发出了潮湿和堵塞的声音。它的白眼睛在基里曼的四肢上来回打量，"但这个时机还没到。先是双腿吧。我想。"莫塔瑞恩说："你很快就用不着它们了。别担心，我的兄弟，我的镰刀很锋利，痛一下就完事了。"

沉寂之刃落下。

一道炫目的光芒让它停住了。

禁军保民官马德瓦·柯肯，最先看到了那位少女的出现。

他正在与那个双腿残废的长臂恶魔作战。那个恶魔的样子就像个断腿的猿猴，如炮弹般穿过帝国军的队伍。柯肯挡住了它，抓住一条肮脏瘦削的胳膊，把它拖到自己面前。他们一直战斗到现在。

柯肯长戟上的爆矢枪发出了闪光，爆炸性的弹丸近距离射中了那个生物，在肉体上炸出了弹坑。恶魔并没有倒下。它用坚硬如铁的前臂挡下了柯肯的刺击，撞开了长戟的利刃。恶魔没有带任何武器。它只不过是一堆包裹在发霉的肉里的骨架，透过所谓的肌肉可以直接看清楚它的肋骨。但它却异常强悍，仅用一只胳膊支撑自己，另一只胳膊朝他横扫过来。柯肯的铠甲承受不了它那肮脏爪子的打击，只能依靠敏捷的移动来确保安全。全副武装的禁军体形极为巨大，但他仍以天使般的优雅动作快速移动着。

柯肯并不信任基里曼的动机。在一万名禁军当中，有少数人质疑原体回归的真实意图是夺取王位，柯肯正是其中之一。但柯肯更憎恨混沌。当基里曼被困住，莫塔瑞恩在原体面前落下时，柯肯发出大喊，催促禁军们赶往基里曼身边。但他们都被恶魔的肉山挡住了。四名大魔还在战场上横冲直撞，对那些足以击碎山崖的攻击不屑一顾。数不清的小恶魔从四面八方围攻过来。柯肯的两名部下倒下了，他们金黄色的躯体被压进泥浆中。那个阻碍他前去援救原体的怪物吼叫着，幸灾乐祸地打着嗝，用一对长臂加倍猛烈地向他攻击。

"为了原体！"柯肯叫喊，"为了原体！"

恶魔从饱受疾病折磨的喉咙里发出一声怪笑。这只被诅咒的怪物似乎说不出话，只能通过暴力和狂笑来表达自己。柯肯快速刺向它，将它逼退。恶魔拖着长满老茧的下肢笨拙地转着圈，避开了每一次攻击。

就在这最绝望的时刻，她来了。一个少女从巫术产生的恶魔们中间走过，就好似她不过是在通过一个拥挤的市场。只有一名战斗修女走在她身旁，与其说是护卫，不如说是先导。少女浑身金光闪闪，步伐轻快。尽管地面被搅拌成了泥浆，她脚上却没有留下任何脏污的痕迹。而她的同伴则在泥地里打滑，挣扎着前进。

"提洛斯的圣徒。"柯肯喃喃自语。他想不出其他的称呼。时间的流逝变慢了。战场的声音仿佛后退到了遥远的天际。他的守护者长矛也停止了移动。

战斗正从他身边离开。少女攫住了他心灵里的某个东西，使得他一时忘却了自己身在何处。

少女的眼窝深陷，皮肤上出现了斑点。她披散着长发。她身上的白裙被烧坏了。她仿佛即将分崩离析。但在她周围有一团摇曳的柔光，当她穿过战士们中间，向两位原体走近时，光芒变得更强了，点燃了迷雾，将它从某种污秽之物转变成了一张光辉之网。柯肯的视线无法从她身上移开。他甚至都已经听不见原体兄弟们的交谈了。那个与他作战的怪物已经不再值得关心。他本可能就此被恶魔杀死。然而，那个无生者也同样被施了魔法。当少女从旁边走过时，它那没有肉的鼻孔颤抖着。它举起发抖的手指，用嘶嘶作响的漏风嗓子说话，就像是被墓穴的泥土堵住喉咙般嘎嘎作响。

"诅……咒……者……"

这个词，在空中游动着，向那少女飘去，柔软得就像是风中的丝绸。

时间静止了。原子停止了运动。光一动不动地悬在空中。喷溅出的血液在战场上形成一个拱形，爆矢弹挂在半空，子弹背后推进器的火光停滞着。一股永恒的寒意笼罩着柯肯。只有他，出于不为人知的原因，可以自由地环顾四周。所有的战士都被静止地锁定成了活生生的舞台群像。基里曼被有生命的光束缚着。莫塔瑞恩正将镰刀高举过头顶。

但尽管所有的事物都停止了运动，宇宙被困在了这一瞬间，一切都像是海市蜃楼般虚幻，但少女依然在移动。她转过头看了一眼柯肯。在她的脸上，一双金色的眼眸就像时间本身一样古老，从她口中迸发出恒星般的光芒。

戴着华丽头盔的柯肯开口了。

"主人？"他低声问。

可恨的时间再度流动，将现实的时钟压回去开始转动。世间万物的变化重新回到了不可阻挡的道路上。

一切被停止过的事物，都在匆忙弥补刚才失去的几秒钟，几乎在瞬间所有事情都发生了。

那个瘦高的恶魔震惊地倚靠在毁坏的下肢上，因为刚才看到的事而惊讶不已。柯肯发现自己恢复了刚才的知觉。他将长戟挥舞一圈。利刃呼啸着穿过空气，通过一道弧线的能量之桥将柯肯与无生者的脖颈联系在了一起。恶魔转身想要反击。但这时候他那丑怪的头颅已经从肩膀上掉下去了。它的灵魂伴随着一群苍蝇分离出来，躯体嘶嘶冒着泡最终消失。

少女腾空而起，越过混战的场面。一个光球从地面上升腾而起。它以光速膨胀，将一切都笼罩进闪光的圆周之内。凡人和星际战士们都陷入了震惊。无生者们发出惨叫。莫塔瑞恩的武器还没来得及挥落，就被立刻抓住了。

一阵强风掀起，吹动着大雾。在少女身边的迷雾已经消散。在更远的地方，雾气正在快速后退，越来越多地显露出了战场的面貌，只有目力所不及的远方还被雾气遮蔽。太阳破雾射入，照亮了破碎的平原。那些较低等的恶魔就像掉进炉子里的冰块一样蒸发了，哭号着被放逐回亚空间。大魔摇摇欲坠，它们的身躯被少女发出的光芒破坏，皮肤上起了水泡，眼睛被烧得陷进了脑袋里。它们都在哭号惨叫。现在大部分是恶魔，只有少部分是人类的莫塔瑞恩，被向后甩了出去，他的翅膀弯起环绕自己的身体。束缚着基里曼的光芒碎裂成了发光的微尘，原体重获自由。

基里曼并没有停下来思考他获救的不可思议之处，而是立刻大步向前，挥舞起他父亲的宝剑。

"莫塔瑞恩，已经够了！现在你必须面对我，领受你背叛的奖赏。"基里曼呼喊。

死亡之主摇摇晃晃地站直身体，举起了镰刀，但他并未攻击那个纯洁的兄弟。他向后一挥沉寂之刃，镰刀的锋刃切裂了时间和空间。恶魔古加斯第一个摇摇摆摆地穿过裂缝，它的轿子已经化作燃烧的废墟，它自己的后背也着了火。

"我会面对你的，罗保特·基里曼。"莫塔瑞恩说，"在亚克斯。跟我去那里，我们将会进行最后一次对决。我们将会把一切都做个了断，你和我两人。你的生命将会被剥夺，我将会把你的王国据为己有。就在亚克斯！"

"站住，该死的，你这个懦夫！到这里来和我决一死战！"基里曼咆哮。

莫塔瑞恩摇了摇头，纵身跳进了裂缝。那道裂缝在他身后关闭了。

"莫塔瑞恩！"基里曼大叫，"莫塔瑞恩，你这个背信弃义的杂种！给我回来！"

原体纵声长啸。沮丧和愤怒在他胸中翻腾不已。他一把扯下了命运之铠的头盔，对着正在变亮的天空大喊。他脸色通红，脖颈上的那一圈伤疤变得更加醒目。柯肯从未曾想过罗保特·基里曼会露出这样的表情。

"莫塔瑞恩！"

"到原体身边去！"柯肯再度呼唤，"保护原体！"

这一次，禁军们终于都不受阻碍地达成了命令。

败血病·赛文被困住了。当它摇摇摆摆地走向亚空间裂缝时，他背后大面积烧伤的皮肤正在剥落着。当它就快赶到的时候，裂缝在莫塔瑞恩身后砰然关闭了。败血病转过身，它对现实的控制正在不断被削弱。它的身躯受到了损伤，正在不断地分崩离析。大地因为地壳板块的运动而震颤着。星堡正在逼近它那巨大的质量正在拖曳着帕梅尼奥的核心。

其他的恶魔正在倒下，它们和自己的短暂躯壳之间的联系被切断了，灵魂被从这个世界放逐出去，回到了亚空间的翻腾能量流之中。在那些洪流中，它们粉碎的精髓将会被重组，羞愧地把自己拖回纳垢的花园。要是圣父能宽恕它们的失败，它们就有机会从花园中不朽的纳垢毒树的孢子中重生。乞徒已经随着矮子和黑死病一同穿过了通往亚空间的薄纱。其他大魔也将很快步其后尘。坏喉咙全身的脂肪都已经剥落，它已经双目失明了，巨大的瘟疫武器掉在泥浆里冒烟。随着亚空间能量从帕梅尼奥飞速离去，现实世界正在对它们施加着严酷的压力。

饥荒躺在它自己半融化的脂肪中，再也无法站起。那些更低等一点的瘟疫守卫已经都被放逐，或是正在被放逐的途中。败血病看到一群瘟疫机蜂正在空中化为乌有。纳垢灵们就像悲伤的气球一样爆炸。帝国军如潮水般涌向前方。坏喉咙被四十名星际战士包围了，在上千发爆矢弹下炸得四分五裂。饥荒总算站起身，发出一阵得意的欢笑，却发现自己面前就是一辆风暴之锤坦克的主炮炮口。它毫无意外地被炸成了碎片。它们的灵魂飞掠而过，悲惨地哭号着，但都还相信自己能获得重生。

败血病自己曾经历过无数次这样的历程，但它害怕这一次将会是最后一次。

罗保特·基里曼以不亚于他兄弟安格朗的疯狂朝败血病扑来。它的剑拖曳出一轮新月形的火焰。这火焰还没碰到败血病，就已经烤焦了它。在高热下，败血病的黑色灵魂的边缘都开始蜷曲起来。

"让我们来谈一个停战协议！让我们赌一局也成！"败血病呼唤着。用它的大剑接下帝皇之剑。金铁交鸣的响声震撼着它的灵魂深处。

"谈判？和你？我会把你们全部毁灭！"基里曼咆哮，"所有你们这些恶魔，你们这些瘟疫怪物、变幻使者、血腥崇拜者、诱惑者。我会把你们全都扔进虚空。我会从现实中抹去你们这些污点。我绝不停手。"他叫喊着，单手将帝皇之剑举过头顶劈下，败血病侧身躲过了攻击。"直到你们每一个恶魔眷族——"基里曼刺向败血病的腹部，大不净者再度闪过，往后退避，"——都被毁灭，整个银河中不再有尔等存在为止！"

"我们无法被毁灭！"败血病说，"我们属于亚空间！"它挥剑反击基里曼。原体用统御之手将剑击退。败血病无法击败复仇之子，至少现在绝对不行。它所能做的就是尽可能拖住他，直到自己的身躯瓦解，灵魂可以从中逃脱为止。它能感觉到这个进程，感觉到肉身的束缚正逐渐从灵魂周围松动。以它的自身意愿，败血病让这个进程继续加快，期待着当它从敌人手中逃脱时，指着原体脸上的苦涩表情放声大笑："你赢不了。加拉坦来了！"败血病用正滴落着黏液的手指向天空。雾气正渐渐散去，一个庞大的轮廓森然浮现。"泰丰斯在那里。你也许能把我们像宰猪一样都杀光，但你不可能把那座星堡也干掉！我们的数量无穷无尽。我们永远不可能被毁灭。"

"或许吧。"罗保特·基里曼说，"但我可以从你开始毁灭。"

帝皇之剑光芒大盛。败血病在那把剑燃烧的咆哮下畏缩了。它的双眼在脑袋上枯萎，眼珠融化成大量的泪水从脸上流淌而下。败血病甚至未能看见结果它的最后一击。

剑上的火焰深入它的内脏。败血病用失明的眼睛往下看着齐柄插入它心脏的那把武器。

"当你被赶出这个宇宙时。"基里曼说，"我也会将你清除，直到整个亚空间都被净化，直到人类的思想和灵魂都恢复平静为止，尽管你永远没有机会看到那一天了。"

任何编年史都不会记录下败血病的遗言。它说的话只有一句："但是——"

基里曼怒吼一声，用帝皇之剑撕裂了败血病分崩离析的身躯。

一团黑暗从被杀的恶魔身上爆发出来。基里曼的剑再度发光，将它赶进阴影之中，消失了。

帝皇之光将败血病永远焚烧殆尽。

阳光像是被日食吞没了。加拉坦划过天空，给平原带来了虚假的黑夜。基里曼从败血病·赛文的恶臭残骸前退开，环顾四周。他控制住了自己的怒火。这场战役仍有失败的危险。

敌军的核心部分已被摧毁。它们倒下的数量越多，其他的恶魔就越快丧失对现实的掌控。死灵军团正背转身从战场上撤离，但它们的战线已陷入了帝国泰坦正在收紧的包围圈之中。基里曼认为它们的毁灭已不可避免。他眯着眼越过平原向远处望去，原体的视觉使他能一眼望到几公里之外，直到战场的硝烟和迷雾的残余遮蔽了他视野的尽处。凋零塔仍然需要解决。尽管它们看起来很脆弱，但它们喷吐出的魔法攻击，给基里曼的军队造成了重大伤亡。

"莫塔瑞恩。"他还在喃喃自语，"莫塔瑞恩。"

柯肯走到他身旁。剩下的禁军在他周围列队。加拉坦那巨大的质量正在与这颗行星的地心相互牵引，大地发出了更强烈的震动。

"敌人在撤退，"柯肯说，"加拉坦来了。"

"那我们很快就能知晓胜负了。"基里曼说。他寻找着那道释放了他的光芒的来源。但他看到的，只有躺在利维坦指挥车前的许多具尸体。那辆指挥车正在隆隆开炮。在迷雾散尽之后，它看起来硕大无朋。"那个女孩，"基里曼说，"是那个女孩救了我。"

"是的，大人。"

"她是怎么来的？"基里曼问。

"这重要吗？"柯肯说。他向天空中的星堡的黑影做了个手势。

"是的，那很重要，护民官。那非常重要，我必须找到她。来吧。"

几分钟后，他们找到了少女。因为失血过多而面色苍白的高阶修女尤兰特坐在她身旁。少女的身躯已经被曾经控制她的力量毁坏了，但她还有呼吸。她的胸口缓慢地起伏。死亡已近在眼前。她的双眼都已被烧空了。她的嘴唇被烤焦了，任何一个凡人都无法长时间容纳如此巨大的力量。在这个战场上，她显得格格不入，但另一方面，她很像基里曼在整个帝国境内都见到过的那些如恒河沙数的无辜死者。原体跪在她身边，把她细小的手掌放在自己硕大的护手中。

"你们退下。"基里曼说。

柯肯转身离开，示意部下们退后。

"她还活着吗？"基里曼问战斗修女。

"暂时还活着。"尤兰特回答。

"她是怎么来的？"

"我带她过来的。"尤兰特说。

"我命令过让她留在提洛斯。"

"有时候，帝皇会让我们执行有悖常理的任务。"

"结果是，她现在就要死了。"基里曼说。

"您在乎她的死？"

"你不在乎吗？"

"现在您不担心她或许是一个敌人的圈套，或是一个危险的灵能者了，大人？"尤兰特苦涩地说。她已经不再顾忌是否会被惩罚了。

"我只看到一个垂死的女孩。"基里曼说，"不管她是什么，或曾经是什么，她首先是一个泰拉的孩子。"基里曼仰头望向已经遮蔽了天空的加拉坦。光芒闪烁之处，是正在捉对厮杀的战斗机，它们在疯狂的格斗中躲闪、交错、射击、爆炸。与巨大的星堡相比，那些战机显得微不足道。"片刻之后，只有两种结果——我们全面胜利，或者彻底毁灭。"基里曼说，"告诉我，修女，你认为这是人类能求得的最好结果吗？你相信我们有一天能幸存下去，迎来和平吗？"

尤兰特对他的问题感到惊诧。

基里曼认真地看着她。

"我有信仰，大人。"

"信仰？"

"是，大人。对你父亲的信仰。"

基里曼点了点头："有时候，我希望我也能有信仰。"

少女呻吟着，把失去眼睛的脸朝他转去。

"你是帝皇新的肉身吗？"少女轻声问，声音很小。她现在清醒了，但身上的伤势比刚才更严重了。这些话有种支离破碎的感觉，令人很难理解。

"我不是他，"基里曼说，"他创造了我。我是他的造物。我是他的儿子，第十三个和唯一的原体。奥特拉玛的罗保特·基里曼。"

"你看起来很像他。"少女说，然而她已经瞎了。她叹了口气，脸上浮现出一抹微笑："我曾见过和你一样光芒万丈的东西。"

"你是谁？"基里曼问，"马格努斯？"他犹豫了一下，说出了那个可憎的词："父亲？"

她的头垂了下去，结束了最后一次呼吸。

"你是谁？"基里曼喝问。

少女再也无法回答他了。

尤兰特手按着受伤的一侧，拖着脚走近他。"振作点，"尤兰特说，"那些在帝皇的恩典中死去的人并不会迷失，而是在永恒的天堂中沐浴他的光辉。噢，大人，那非常美好。"她伸手从少女脸上移开一缕头发。"帝皇保佑。"尤兰特脸上露出血腥的微笑说，"永远不要忘记帝皇保佑我们。"

基里曼看着少女那残缺的尸体。

"我永远不会相信这些。"他说。

那座用强大武器不断开火的建筑正呼啸着冲来，声音响彻云霄。基里曼望向加拉坦。

"但我们很快就会知道战争的结局了，修女。"

加拉坦的大炮开火了。在等离子光矛的周围包裹着一圈燃烧的空气。新的光芒照亮了原体的脸庞。

一座凋零塔在一击之下烧成灰烬，接着是第二座。在太阳之火结束后，另一波弹雨紧随而至，碾压向撤退中的敌方泰坦。一架叛逆战将级泰坦在炮击下摇摆着，虚空盾被剥夺，坍塌成一座燃烧的废墟。炸弹如雨般向山脉倾泻而下，将敌军阵势淹没在像浓雾一样不断弥漫的火焰波浪中。

基里曼注视了一会儿加拉坦对帕梅尼奥的审判，然后放下少女的手，起身离去，命令部下将领们前往利维坦指挥车，向他汇报。

第二十八章

亲缘关系

针扎般的疼痛刺穿了黑暗。一道柔和的光照亮了查士丁尼的头盔内部。一曲音乐响起。

光芒来自头盔的一个备用缩略显示图。因为汗腺改进器官分泌的保护黏液在他的双眼上方结了壳，查士丁尼只能看到一片模糊。他用力眨了眨眼把黏膜弄掉。

显示屏已经碎了。荧光液从玻璃上滴下来。在屏幕依然还在工作的地方，信号显示出悲惨的伤亡数字报告。他的铠甲已经在最低能耗的状态下运作了好几天。查士丁尼进入过冬眠状态。他从荧光屏上看到了自己伤势的全面报告，如果他能幸存下来的话，恐怕还得花不少时间进行康复治疗。

在他胸腔内的心脏泵还在工作，让他与生俱来的自我恢复体系加速运转。心脏泵使得他处于危险的状态。尽管维持了他的生存，但将体温升高到了危险的地步，消耗了大量体力资源。要是他无法尽快获救，心脏泵最终会杀死他。以查士丁尼掌握的知识，推测不出自己还剩下多少时间。

但至少他还活着。他背上的疼痛就是一个好证据。查士丁尼尝试动一动，但唯一能做到的只有转转脑袋。在头盔护目镜外响起了金属摩擦声。他在铠甲内部的躯体被汗腺改进器官的分泌物包裹着，这更妨碍了他的活动。数据符文闪烁着警报。战斗装甲的反应堆正在低效运转，无法承受他的强化肌肉束的额外能量消耗。他很虚弱，唯一能做的事只有等待。

他渴得要命。查士丁尼要求战斗装甲给他提供养料，但没有得到任何回应。过了一会儿，他的铠甲给他注射了镇静剂，查士丁尼再度坠入无梦的睡眠。

当他再度醒来时，查士丁尼感觉自己变强壮了一点。但他还是动弹不得，左耳响起的一声轻轻的电子音，告诉他空气供应已接近枯竭。

在他脸部上方，响起了动力锯的巨大轰鸣。这个声音停下后，响起了金属被扭动的刺耳尖叫。接着又是锯子响声，随后是气动剪的嘶嘶声和塑钢被切割开的柔软弯曲声。有人正在向他这边挖掘。查士丁尼不知道是什么人。即将来临的是拯救，还是折磨？他上一次认真考虑死亡还是在学校里的那天，当时那些板着脸的征兵官出现在他面前，永远改变了他的人生。

不知为何，他忽然觉得这一切很可笑。

当最后一个巨大的重物从他身上取走时，查士丁尼还在大笑着。直到一切都结束后，他才反应过来之前他被挤压得多么严重。他的装甲自动打开呼吸面罩补充空气储备。查士丁尼弓起背大口喘息，但他还未完全获得自由。胸前的一长条塑钢板就已将他牢牢地卡在原地。

一个傻张着嘴的机仆正俯视着他，糊状的灰色大脑安放在两个巨大的起重爪中间。它弯下腰，张开夹子去抓他。这玩意的白痴大脑把查士丁尼当成了一块需要被夹走的残骸。他在被救起的同时也会被碾个粉碎。

"等等，停下！"查士丁尼喊。

机仆的大夹子更近了。

"停止！"一个声音命令道。机仆站直了身体，转向一旁。钉在他头颅上的一个运行显示灯闪烁着空闲的序列信号。刺耳的脚步声越过瓦砾堆传来。一名身穿铁锈红色的火星神父制服的新星战士出现在洞口上方。一对伺服颅骨悬浮在他头顶，朝洞里的星际战士发射着扫描光束。

"这里发现了一个！"那名技术军士对某个查士丁尼视野外的人叫喊，"药剂师兄弟！请你来帮个忙，这个人还活着。"随后技术军士又对他说："别动，兄弟。救援来了。"

"只要你能让我自由，我可以自己爬出来。"查士丁尼说。他的通讯发声器噼啪作响，"我想离开这个洞。"

"你们原铸战士确实很强壮。"技术军士羡慕地说。另一道光束上下扫描着查士丁尼的身躯。"你受了重伤。"技术军士说，"我会帮助你的。"

技术军士的伺服臂从他的动力装置侧面展开，一边向前移动一边开启。在伺服臂下方的等离子火焰点亮了。技术军士用它开始切割那条塑钢板。

"我们赢了吗？"查士丁尼沙哑地说。

"我们赢了。"技术军士说，"泰丰斯撤退了。加拉坦及时赶到战场，奠定了原体的胜局。星堡内的敌人残兵，都被从地表派来的援军赶走了。"

"多瓦罗。"查士丁尼咽了口唾沫，"他活下来了吗？"

等离子火炬切断了金属。它随着一声脆响断裂了。查士丁尼身上的重量又减轻了许多。他终于可以活动手臂了。

"战团长战死了。"技术军士难过地说。

"我的部下呢？我是唯一一个幸存者吗？"

"在这个碉堡里的其他原铸战士吗？"技术军士小心翼翼地把伺服手臂移动到塑钢板的另一端。等离子火炬再度点亮。"还有两个人得救了。他们都在药剂室里，应该能活下来。"

"太好了。"金属板断开了。查士丁尼想要将它从身上推开。但因为能源耗尽了，他的铠甲动起来很吃力，查士丁尼使了两次劲才移开了金属板。

他尝试着站起身。

"别动！"技术军士喝令，"你的铠甲已经没有作用了，而且你身上还被汗液包裹住了。"

"我会站起来的。"查士丁尼说。

"好吧，要是你坚持的话。"技术军士朝查士丁尼的这个临时墓穴里踏出一步，伸出一只手，可以看见他红色铠甲上的蓝白交错的肩铠。查士丁尼抓住了战士的手。

技术军士小心翼翼地将查士丁尼拉了出来。大腿的一阵刺痛让他抽搐了一下，查士丁尼不得不靠在技术军士身上维持平衡。

"慢慢来，"红甲兄弟说，"你不需要坐一下吗？"

"不用了。"查士丁尼忍痛独自站着。他让技术军士帮忙扶着他。

"洛克兄弟在哪儿？"技术军士抱怨着，"洛克！快过来！别让我们的原铸兄弟自己走路。"

到处都是机仆，它们在十几名技术军士的指导下挖掘着十字堡第二门的废墟。一个白色铠甲的药剂师匆匆赶来，擦拭着他血淋淋的回收工具。

"我已经来了。你别老是责备我了。要是一有什么新发现我就得赶紧过去的话，迟早我会累得吐血而死。"洛克说。

"好了，我不说你了。而你，也得到帮助了。"技术军士分别对两人说。

"谢谢你。"查士丁尼对技术军士说。他停顿了一下。"兄弟。"查士丁尼补充了一句。

在帕梅尼奥，人们在安静地守灵。穿过提洛斯黑暗的街巷，一盏盏蜡烛被送往大教堂。人们哭着瞻仰躺在棺材上的圣徒尸体。人们祈祷着，用颂歌向原体和帝皇献上感谢。

停泊在轨道上的马库拉格之耀号内，笼罩着另一种不同的气氛。在一场秘密会议中，基里曼和他的最高官员们正坐着审判尤兰特。基里曼坐在宝座上，其他人坐在他周围呈半圆形排列开的黑钢椅子上。尤兰特的穿着很朴素，与凯莉娅去世时穿的裙子差不多。她的双手和赤脚都戴着镣铐。但她仍骄傲地抬着头，坚定地注视着基里曼的眼睛。

"你承认违反了我的命令吗？"基里曼说，"你这么做，是为了将提洛斯的凯莉娅从拘禁中解放出来吗？"

"我做了，大人。"尤兰特说，"但这只是为了救你。"

"你的部下在犯下这桩罪行时杀害了我的仆人。"

"她们都是听命于我才这么做的，大人。"尤兰特说。

"有其他人煽动你做这件事吗？"基里曼说。

"没有，大人。"

"你能发誓吗？"

"我可以。"

"以人类帝皇的名义？"

"是的，大人。"尤兰特说，"我以坐在黄金王座上的陛下之名义发誓。"

"很好。"基里曼转过他那雕像般的头颅，盯着马蒂厄。他的脸上带着冷酷无情的敌意，令马蒂厄心魂皆碎。

"大法务官，请告诉法庭上的人们，叛国罪将处以什么刑罚？"基里曼持续怒视着战争使徒。

基里曼的首席法务官从座位上站起身。他是一位从前线退休多年的老人，那双鹰眼毫无怜悯地注视着尤兰特。

"任何违抗了帝国摄政的神圣意志的人，都不允许再活下去。因为蔑视了您的缘故，她将被判处死刑。"

"根据国教法，违背了她的誓言的刑罚呢？"

"处以火刑。"

"被火烧死？"

"规定的刑罚就是如此，大人。"首席法务官说。

马蒂厄能感觉到基里曼的怒火正从他平静的外表下涌起。他就像一座随时可能爆发的火山，但原体唯一流露出的感情，只有上唇轻轻抽动了一下。马蒂厄很庆幸原体又将目光投向了尤兰特。

"你现在后悔吗，尤兰特修女？"

"我没什么可后悔的，大人。"尤兰特骄傲地说，"我不会向你请求宽恕。我违逆了你，但如果有机会重来的话，我还是会毫不犹豫地再做一次。就算在那时候还有无数个可以挽救我生命的其他的选择，为了我的灵魂、帝皇的爱，还有你的缘故，大人，我也会带着那孩子奔赴战场。"

"那就这样吧。"基里曼说，"宣布我的判决。"

"以违反原体命令之罪，死刑。"首席法务官说。房间里陷入一片沉寂，"以谋杀罪，死刑。以危害帝国摄政人身安全之罪，死刑。以释放未经认证的灵能者之罪，死刑。"

基里曼站起身。他的形象变得比他的真实体格更具压迫感，使得马蒂厄几乎喘不过气来。

"由于你先前的功绩，你应该被公正对待。"基里曼说。他向两名冠军护卫示意，"把她带走。给她一个干净利落的死刑。"

星际战士们带着尤兰特离开了房间。她昂着头，目光笔直注视前方。

基里曼环顾四周："散会。"

基里曼幕僚团的领主和将军们纷纷从座位上起身，鞠躬退下。马蒂厄也打算和其他人一起离开。

"没让你走，战争使徒。"基里曼说。

"遵命，帝国摄政。"马蒂厄说，他回去坐下了。

"你得站着，牧师。"一个巨人说。那是马德瓦·柯肯。护民官的脸上带着凶狠的表情，使得他高贵的外表变得丑陋。在房间里只有他穿着铠甲，用一根金色的手指指向刚才尤兰特修女站着的地方。"去那里。"他说。

英杰菲利克斯瞥了一眼基里曼。他们对视一眼。菲利克斯轻轻一点头。马蒂厄不知道他们之间交换了什么讯息。在此之前，他们已经私下对他定过罪了吗？他会被处决吗？马蒂厄做好了准备面对这种可能性。没有比在侍奉帝皇中牺牲更伟大的死亡了。他要表现得勇敢点。

"英杰，确保没有人会来打扰我。"基里曼说，"这个房间必须不受任何外界监视。关闭通讯器和显像仪。这次谈话绝不能泄露。柯肯，你来做唯一的证人。你必须写一份誓书，记录下所有的谈话内容，并复制下来密封存放在泰拉审判庭、元老院和我的档案室三处。以防国教为他们的目的来画蛇添足地记述这次事件。"

"是，大人。"柯肯说。

菲利克斯离开了。大门紧紧关闭。

基里曼等待着菲利克斯的信号。当一个音乐声通知所有在场的人，私密程序已经完成后，他再次注视他的牧师。马蒂厄在原体憎恨的压力面前感到畏缩。

"你有什么话为自己辩护吗，战争使徒？"

"尤兰特修女是在她自己的意志下行动的，大人。帝皇的真诚忠仆辨认出了那个女孩的本来面目，仓促地决定前去帮助你。"

基里曼向前踏出一步，森然向下俯视着牧师。

"你再也不要对我撒谎了，战争使徒。"他直截了当地说，"你正在骗我。你甚至让尤兰特修女在誓言中撒谎。以王座的名义，牧师，在你心里到底有多少阴谋诡计！"

"大人，能让我——"

"你不能！"基里曼的怒吼既突然又可怕，"这就是你干的。"他又平静了下来。"一个好人撒着谎死去。我的战士们互相攻击。一位帝皇的冠军身负重伤，另一位被处以死刑。所有这一切，都是因为你的傲慢。你坚信你比我更懂真相。我希望让你明白，事实并非如此。"

"我发誓，尤兰特并非在我的命令下行事。"马蒂厄说。

基里曼从喉咙深处发出咆哮，这是一种非人类的声音，不该从如此完美的存在身上发出。这让马蒂厄害怕得只想找个地洞钻进去。

基里曼不屑地哼了一声。

"你又一次违反了我的命令。你撒谎。坦白吧，你对这件事负有责任。"

"我的摄政大人……"马蒂厄开始说。他看着基里曼的眼睛，明白如果他胆敢再次否认的话，这场怒火就将吞噬他。"你知道发生了什么事。"他说。

"坦白，牧师。"基里曼说，他愤怒的火焰直逼向马蒂厄，"告诉我你做了什么。我要听你亲口说。"

马蒂厄向后退了一步。"难道您没发现吗！您的父亲通过那个孩子在战场上现身了。"马蒂厄说，"她是您父亲力量的容器，被他选中的人。他的意志通过那女孩发挥作用！"当基里曼朝他逼近时，马蒂厄又后退了。"她放逐了恶魔们。任何孩子都不可能做到这种事！她放射出一道金色的光……帝皇就在那里，和我们同在，在我们周围。他帮助您取胜！帝皇与您同在！"马蒂厄喋喋不休。

"那他现在呢？"基里曼说，"我只发现无穷的灵能力量被释放了。它可能来自任何来源，尤其是那些与我兄弟的守护神敌对的那些神。"基里曼探身向前，在他宽阔的额头上青筋毕现。"你们一直这么说，你们这些牧师，就好像你们很懂我所谓的父亲，就好像你们独占了他的意志和他的言语，就好像他必须通过你们才能说话一样！"他紧握着拳头。尽管没穿铠甲，基里曼却似乎比全副武装还要更加危险。"你们从未和他交谈过。你们这些该死的狂热分子当中，甚至没有一个人和帝皇说过一句话。我和他一同生活。我在他身旁战斗过整整一个世纪。我向他学习。我听见他亲口告诉我他对人类的梦想。而我举起我的剑，抛洒我的热血，让他的梦想化为现实！"

"但大家都看见了异象——"

"那是谎言！"基里曼叫喊，"我是一万年来唯一与帝皇交谈过的还活着的生灵。一万年，马蒂厄，你还敢说你理解他的想法？你们牧师仅仅出于自己的猜测，就烧死、残害、定罪他人。你们以一位蔑视宗教并且想要推翻所有这些玩意的人的名义，推行你们的野蛮宗教。帝皇的目的是带领我们走出黑暗。你，马蒂厄修士，你和你的同党就是那个黑暗！"他厌恶地转过了头，"这些信仰之举可以用亚空间的行为来解释。没必要牵扯到任何神明。就算有一个神，他也很少会是被召唤出来的那个东西。在亚空间中，确实有一些会聆听这些恳求的生物。但我可以向你保证，它们绝对不是神，帝皇也不是它们当中的一员。你信仰的一切都不可信。没有一事可信！"他提高声音到了谴责般的喊叫，在大理石墙壁之间回荡。柯肯的表情很震惊。马蒂厄恐惧地跪在地上。他低下头，缩成一团。

基里曼控制住怒火，他的声音压低成了刺耳的低语。"你不可信任。"他咽了口唾沫，用更谨慎的语气说，"创造我的人做得很好。但如果没有亚空间能量的任何干预，这场战斗也会胜利。那个女孩是一个拥有特殊能力的灵能者，除此之外什么也不是。她在战场上出现，很可能会给我们带来巨大的损害。你命令尤兰特——"

"但是，大人，我没有下过任何命令！"

"别打断我！"基里曼说。他举起双手，就好像他要抓住马蒂厄那件朴素的长袍，将他举到空中碾碎他的头颅，但他的手指停在牧师身前，愤怒地颤抖着。"你命令尤兰特——"基里曼重复说，"带那个女孩去了战场。你让我们处于全军覆没的风险之下。如果她无法控制自己的能力，如果她已经成为一条通往亚空间的通道……"基里曼咬牙切齿。

马蒂厄从未想过原体会愤怒到这种程度。人们总是把基里曼描述成一个平和的人，一个实干的天才，从不会发很大的脾气。在圣籍中，是他的兄弟们，大多数时候是那些叛逆的恶魔原体，才会表现出非神圣的愤怒特质。但这位原体已经发怒了，就像是在快速燃烧的恒星或是饱受折磨的行星的内部诞生的那种原始怒火。他的愤怒高潮之处，就像是帝皇本人的愤怒一样可怕。

马蒂厄非常恐惧，但他却感到宗教狂喜正逐渐在他内心深处蔓延。一想到他会被帝皇唯一活着的儿子——基里曼本人杀死，他几乎陷入眩晕。

马蒂厄双眼中闪烁着的狂热崇拜，让基里曼为之畏惧。"你让我恶心。我不会杀你。我不能这么做。选择了你是我的误判。我当初就应该任命一个寄生虫坐在你的位置上，就像杰森他们一样。然而，我还以为最好让一个能鼓舞人心的人在我身旁，赢得你的宗教的赞美。这就是我重视你们的信仰得到的回报？你差一点就杀了我们所有人！混沌曾试图欺骗过我无数次！你觉得你不会引起它的注意？它会不择手段来促成我们物种的灭绝。小心你的信仰变成它潜入你内心的途径！"

"您看到了，大人。您看到了您父亲的光！"

"他不是我父亲，"基里曼说，"他创造了我，但我向你保证，牧师，他不是我父亲。马库拉格的康诺王才是我父亲。"

马蒂厄眨着眼睛："大人，请不要。"

"好好听我说。你之所以能活着，只是因为我的纵容而已。你可能利用过菲利克斯英杰。你甚至可能蒙蔽过我。为你的侥幸沾沾自喜吧，这种事再也不会发生了。"基里曼伸出了拳头。马蒂厄又一次觉得原体想要勒死他，但基里曼只是伸出一只责备的手指。"再违抗我一次，马蒂厄，无论是违抗我的命令，还是违抗我的指导精神，或是哪怕篡改我的一个字，我会不计代价地用你们教派所喜欢的火刑来净化你。你或许想通过赢得我来让你的宗教获得更多的力量。但我告诉你这件事绝不会发生，永远不会。我绝不会让自己屈从于帝皇崇拜。我不会把我自己托付给你或是其他任何牧师。我视国教为一种必要的邪恶，因此才容忍了它。不要逼我重新考虑这个安排。"

马蒂厄卑微地跪伏在地。

"我只想为您服务，大人。"

"这件事到此为止。"原体的怒火渐渐退去。杀气离开了这个房间。他仿佛恢复了原来的体形。

"谨言慎行，牧师，"柯肯说，"基里曼大人或许不会亲自对你动手，但没什么会阻止我出手。"

"柯肯，"基里曼说，"够了。"

柯肯指向马蒂厄。

"我会一直盯着你。"

"柯肯！"基里曼走向门口，"护卫，我们结束了。"他的嗓音因为刚才的愤怒而变得沙哑。

门开了。马蒂厄从地上站起身，在原体身后高声叫喊。

"总有一天，"马蒂厄说，"总有一天您会看见，大人！您会领悟真理！那一天将会是一个荣耀之日，一个感恩之日。我会永远试着拯救您！我不能放弃！这是您父亲给我的使命！"

当基里曼走出大门时，西卡留斯连长立正敬礼，随后他和冠军护卫在柯肯身后站成一排。

"您会看见的！"马蒂厄呼喊。大门关上了，只留下他独自一人。

"帝皇注视着我们所有人。"他说。

他紧握双手，闭上眼睛祈祷。

"荣耀，荣耀。"他低声说，"基里曼看见了！他开始领悟了！荣耀,荣耀啊。"

在一艘星舰上，白昼和黑夜都是随心所欲的。把灯关上，瞧！这就是夜晚。再按一下开关，白昼降临。这样的权能，曾经只属于神明所有。

罗保特·基里曼独自坐在一个他选择的黑夜中。书房空荡荡的。这艘船上的生命活动在密封的舱门外继续着，但在书房内的寂静中，基里曼可以欺骗自己，他又回到了小时候，外头的星星只为他一个人闪耀。

他坐在书桌前。自从他上次抽出一小段时间坐下来思考以来，这张桌上几乎没有什么变化。数据字符串依然还在无休止地在显示屏上卷动向下翻，通常他会在工作的时候开着它，不管在做什么，一旦发生紧急事态就可以及时处理。但这一次，原体完全没把心思放到上面。一行行的数据生成绿色的文本，在显示屏上往下推动，直到消失在屏幕底部的黑暗之中。而基里曼对此视若无睹。

基里曼的注意力，都集中在了亚辛莉·苏里曼亚给他的那个静滞盒以及里面的那本书上。现在，盒子关闭着，看着只不过是一个在盖子上装饰着朴素花纹的木盒而已。但它在书桌上却非常醒目。基里曼想起了在古老传说中的一个灾厄魔盒，在这个时代已经没有人记得它了。

基里曼内心挣扎着是否要打开盒子，看看里面的书。

"不要对里面的东西有任何期待。"他提醒自己。

基里曼从未读过盒子里的书。在那本书刚公布时他就拒绝了。他从未对任何其他书作过这样的决定。他公开表示过不会看这本书。早在帝皇启蒙时代，基里曼就一直认为自己是原体当中最理智的一个。他曾经很爱学习，理性是他唯一的诉求，然而他却公然谴责了这本书。为什么？他这么做其实是为了取悦帝皇，就像当年他所做的一切一样，但这并不是唯一的原因。基里曼应该自己来做决定。他应该先阅读这些论点再分析它们，而非直接驳斥。他曾经严格坚持的帝国真理就是这样的一个信条。那个信条有很多缺陷，甚至大部分基于一个谎言。

他之所以拒绝阅读这本书，其实是一个故意的侮辱。他与洛加彼此之间从来都看不顺眼。基里曼是个理性主义者，而洛加是个追求形而上学真理的人。信仰是洛加的基本思维方式，基里曼则对此深感鄙夷。怀言者的战争之道惹恼了他。他是多么小心眼啊。基里曼很清楚，是因为他自己那么直白地摒弃了他兄弟的信仰，才导致了帝皇梦想中的一切的加速毁灭。

基里曼宣称已经纠正了自己的错误。他从来没有机会与帝皇谈论帝国真理。战争阻碍了这件事。而当战争结束后，谁也无法再与帝皇进行沟通了。只有一次，在他回到泰拉的时候，基里曼得到了帝皇的接见，从他的造物主那里得到了超出沉默之外的某些讯息。

他像过去很多次一样回想起那次会面，但仍然无法把他见到的那一幕与本该发生的事情之间关联起来。

"或许，"基里曼想，"我之所以没有读这本书，是因为我害怕知道洛加才是对的。"

"我怎能没有读就知道呢？"基里曼并不在乎自己是否冤枉了洛加，而在意他是否抛弃了自己严谨的理智。他曾经与洛加一样都是个狂热信徒，只不过彼此的方式不同。

理论上：我必须纠正这一点。实践上：我必须读这本书。

基里曼掀开了盒盖。那本书很细长，放在一个浅隔层的内部，沐浴着静滞场的静谧光线。书非常古老，几乎和基里曼本人一样老。他们同样都是另一个时代的遗物，被时间遗忘的人与物。

从表面上，很难看出这本书内部蕴藏的力量。但它很强大，强大到基里曼在荷鲁斯之乱后亲自禁止了它。每一个能找到的抄本都被焚毁了，上面的文字被认为沾染了叛徒的谎言。它从历史中被抹去，从记录中被擦掉。人们为了保护这本书而死，信徒们称这些人为殉道者。但那时候的国教规模小得可笑，基里曼忽略了他们。如今，大错已经酿成。思想已经扩散，一种病毒在人类的头脑之间传播，它无法被治愈。这本书的内容，一个大逆叛徒的思想和信仰，成了帝国国教的基石。

基里曼很怀疑国教的大祭司们是否知道这个事实。

这本书通常印刷得很糟糕，通过偷偷摸摸的盗印行为，从地下印刷所里制造出来。但这一本制作得很精良，是一个富有的男人或女人的藏品。这也能解释它为什么能幸存到今天。书名单独用剥落的金叶印在浅棕色的皮革封面上，没有作者落款。这本书的主人手上的油脂弄脏了封面的右下角，这是一位在一万年前去世的人留下的唯一痕迹。这本书已经被读过许多次。基里曼很想知道那些读者是什么人。但想象是一种徒劳无益的行为，只会产生无穷无尽的理论和没有结果的实践。不过是对时间的浪费罢了，基里曼打断了自己的思绪。

自从这本书被写下后，帝国哥特语一直在发展变化，即使是最高级和最僵化的书法，也被变化的浪潮改变了形态。这本书的字体是最古老的那种。看着这本书，原体陷入了许多突如其来的回忆片段。这些回忆加重了基里曼的错位感。他差点就想要放弃，宁愿毁掉这本书和盒子。

但他没有这么做。基里曼的手指按下了隐藏的按钮，关闭了静滞场。他盯着那本书看了一会儿。

基里曼拾起了书。封面的皮革干枯剥落，纸张闻起来就像所有的旧纸一样：一种模糊的锐气，一股深埋的智慧和垂死的记忆的味道。

在洛加·奥瑞利安挥笔在纸上创作这本小册子的一万年后，基里曼开始读它。

欢喜吧，只因我为你带来了光荣的福音。

神明行走在我们当中。

这，就是《圣言录》最初的两行。

关于作者

盖伊·哈雷是泰拉围城系列小说《迷失者与被诅咒者》的作者，同样也创作了荷鲁斯之乱系列小说中的《泰坦之死》《狼毒》《法罗斯》，以及原体传系列小说中的《康拉德·科尔兹：午夜游魂》《科拉克斯：暗影之主》和《佩图拉波：奥林匹亚之锤》。他写了许多战锤40000系列小说，包括《复仇之子》《贝利撒留·考尔：伟大事业》《黑暗帝国》《巴尔毁灭》《但丁》《血中黑暗》《阿斯托瑞斯：慈悲天使》等。他也创作西格玛时代背景的小说，包括《战争风暴》《碎颅者》和《艾查恩的呼唤》。目前他和妻子、儿子一同生活在约克郡。

关于译者

韩之昱，曾用笔名正雪。出版历史小说《匈奴》《东晋妖异谭》。独立做过 Paradox Interactive 游戏《欧陆风云 2》的民间汉化。后转战游戏圈十年，参与《完美世界》《赤壁》《笑傲江湖》《剑魂之刃》等游戏的核心策划工作。2017 年辞职，开始制作混沌银河世界观下的系列大战略题材独立游戏《混沌宙域》《混沌银河》，并先后在 Steam 和 Wegame 发布，目前正在制作系列新作《混沌银河 2》。热爱战锤 40000 的宏大设定和悲壮故事，曾从第一版设定开始读完过上百本战锤 40000 的核心规则书（Codex），受到深刻的影响和激励。

图书在版编目（CIP）数据

黑暗帝国 .2，纳垢战争 /（英）盖伊·哈雷著；韩之昱译 . — 杭州：浙江科学技术出版社，2021.11（2024.4 重印）

书名原文：Dark Imperium: Plague War

ISBN 978-7-5341-9871-7

Ⅰ．①黑… Ⅱ．①盖… ②韩… Ⅲ．①幻想小说—英国—现代 Ⅳ．① I561.45

中国版本图书馆 CIP 数据核字 (2021) 第 201411 号

著作权合同登记号　　图字：11-2020-233号

书　名	黑暗帝国 2：纳垢战争
著　者	［英］盖伊·哈雷
译　者	韩之昱

出版发行　浙江科学技术出版社
　　　　　杭州市体育场路 347 号　邮政编码：310006
　　　　　办公室电话：0571-85176593
　　　　　销售部电话：0571-85176040
　　　　　网址：www.zkpress.com
　　　　　E-mail：zkpress@zkpress.com

排　版　浙江新华广告有限公司
印　刷　浙江海虹彩色印务有限公司

开　本	710×1000　1/16	印　张	18.5
字　数	307 000		
版　次	2021 年 11 月第 1 版	印　次	2024 年 4 月第 3 次印刷
书　号	ISBN 978-7-5341-9871-7	定　价	55 元

版权所有　翻印必究

（图书出现倒装、缺页等印装质量问题，本社销售部负责调换）

责任编辑　吕路明　　　　　责任校对　张　宁
封面设计　孙　菁　　　　　责任印务　叶文炀